Abenteuer Trekking

Grönland

mit Baffin Island

In Zusammenarbeit mit

BIG PACK
Hoechst Trevira

SALOMON®

HAUSER
EXKURSIONEN
international GmbH

Bruckmann

»Die Arktis ist die Zone der Welt,
wo der Himmel die Erde berührt.«
(Christiane Ritter, Autorin des
Buch-Klassikers »Eine Frau erlebt
die Polarnacht«)

Abenteuer Trekking

Michael Vogeley und
Ingrid Ferschoth-Vogeley

Grönland
mit Baffin Island

Herausgegeben
von Bruno Baumann

Bruckmann

Eine Produktion des
Bruckmann-Teams, München

Umschlaggestaltung: Uwe Richter unter Verwendung von Fotos von Michael Vogeley
Lektorat: Dr. Helmut Kremling
Layout-Entwurf: VerlagsService Dr. Helmut Neuberger & Karl Schaumann GmbH, Heimstetten
Layout und Herstellung: Ina Hesse

Bildnachweis:
Archiv M. Vogeley: 24, 56, 165, 167, 179, 181 (G. Müller); 143 (North Winds); 75, 76, 78, 210, 242/243 (W. Obster / M. Vogeley); 26, 27, 63, 157, 158, 160/161, 162, 220 (Parks Canada); 153 (T. Pientka); 109, 111, 113, 114/115, 117, 130, 132, 135, 137, 171, 192, 194, 196/197, 214 , 222/223, 240, 248 (TGSE); 2/3 (I. Ferschoth-Vogeley); 22, 67, 68, 144, 177, 213 (E. Wilts); alle übrigen Michael Vogeley, Wörthsee.

Die Kartenskizzen zu den Touren und die Übersichtskarte wurden vom Ingenieurbüro für Kartographie, Heidi Schmalfuß, München, erstellt.

Umschlag-Vorderseite:
Die Arktis ist auch »weiß«! Doch die Überzahl der in diesem Trekkingführer erstmals beschriebenen Touren führen über blumenreiche Wiesen und auf schneefreie Berge.

Umschlag-Rückseite:
Eine der faszinierendsten Trekkingformen an den unendlichen Küsten Grönlands und Baffin Island ist das Kanufahren – im Ursprungsland dieses bewährten »Transportmittels«.

Gedruckt auf chlorfrei gebleichtem Papier

Die Deutsche Bibliothek – CIP-Einheitsaufnahme

Vogeley, Michael:
Grönland mit Baffin Island / Michael Vogeley und Ingrid Ferschoth-Vogeley. Hrsg. von Bruno Baumann. – München : Bruckmann, 1996
(Abenteuer Trekking)
ISBN 3-7654-2948-1
NE: Ferschoth-Vogeley, Ingrid:

Gesamtherstellung: Bruckmann, München
Druck: Gerber + Bruckmann, München
Printed in Germany
ISBN 3-7654-2948-1

Inhalt

Die Trekkingtouren

Weitere Trekkingtouren

Serviceteil

Vorwort des Herausgebers

Hast du das große Schweigen erlebt, ... dann lausche auf die Weite, sie ruft dich zurück«, so umschrieb Fridtjof Nansen seine immerwährende Sehnsucht nach Grönland und den Polarregionen. Nansens Erfahrungen mit Grönland beruhten vor allem auf seiner legendären Durchquerung des Inlandeises mit Schneeschuhen. Aber Grönland – das »grüne Land«, wie es die Wikinger nannten – besteht, wie schon der Name besagt, nicht nur aus Eis.

Die größte Insel der Erde hat viele Gesichter. Der Sommer ist zwar kurz, aber an der Küste erstaunlich mild. In den Tundren entlang der eisfreien Küstenstreifen finden sich Blumenteppiche und Wiesen mit Wollgras, wandern Herden von Karibous, und in den Fjorden tummeln sich Wale und Robben. Die wenigen menschlichen Siedlungen der grönländischen Inuit krallen sich am Küstenstreifen fest, trotzen dem kalten dunklen Winter und der Einsamkeit eines schier unendlich großen Raumes. In der Tat, wenn die skandinavischen Landschaften bereits weit und leer sind – wie soll man dann die der Arktis charakterisieren? Die ungeheure Masse des grönländischen Inlandeises, dessen Ausläufer donnernd ins Meer kalben, überzieht wie eine weiße Kappe die Insel. Wer sich diese Naturlandschaft mit eigener Kraft erschließen möchte, benötigt Boot und Ski, das hat sich auch seit Nansens Zeit nicht geändert.

Daß sich eine derartige Wildnis für Trekkingtouren eignet, liegt auf der Hand, wie vielfältig und begeisternd jedoch die Möglichkeiten sind, zeigt erstmals das vorliegende Buch. Es ist eine zusätzliche Bereicherung, daß die Autoren ihre Tourenvorschläge auch auf Baffin Island ausdehnen, das zwar politisch zu Kanada gehört, aber geologisch und kulturell mit Grönland verbunden ist.

Michael Vogeley ist unbestritten ein Polarexperte, einer, der vom »Arktis-Virus« infiziert ist, das ihn immer wieder dorthin zurückkehren läßt. Seine Unternehmungen im hohen Norden lesen sich wie ein Abenteuer-Almanach: Ski- und Hundeschlittenüberquerungen, anspruchsvolle Kajaktouren, Erforschung von Eishöhlen, Bergbesteigungen. Er ist deshalb geradezu prädestiniert, einen derartigen Trekkingführer zu verfassen. Seine Tourenvorschläge lassen auch kaum Wünsche offen. Leichte, schwere und schwierigste Routen, zu Fuß, mit Ski, Kajak, Kanadier oder Hundeschlitten, zeigen das volle Spektrum an Möglichkeiten, die Grönland und Baffin Island bieten. Die Spannweite reicht von der »Wikinger-Route« im »sanften« Süden Grönlands, über eine Langlauf- und Hundeschlittentour in Tunu (Ostgrönland) bis hin zur anspruchsvollen Grönlanddurchquerung. Hinzu kommen noch Routen im Auyuittuq-Nationalpark auf Baffin Island, darunter ein Wintertrekking.

Seine Frau Ingrid, die ihn auf einigen seiner Touren begleitete, steuert ergänzendes Material über Flora und Fauna sowie Geschichte und Kultur der Inuit bei. Trotz mancher Gefahr und auch Härten, die Unterwegssein in den Polarregionen wie in jeder Wildnis manchmal mit sich bringen können, geht eine unwiderstehliche Faszination davon aus. Man möchte sofort aufbrechen und man kommt wieder – Hand darauf!

Bruno Baumann

Zu diesem Buch

Wir widmen dieses Buch den Inuit von Grönland
und Nunavut voller Dankbarkeit dafür,
daß wir ihr unvergleichliches Land erleben durften.

Ingrid Ferschoth-Vogeley und Michael Vogeley

Reif für die Inseln

Trekker sind Individualisten! Dieses Buch wurde für sie geschrieben. Grönland und Baffin Island sind ein Brückenschlag zwischen der Alten und der Neuen Welt, ein Bindeglied zwischen dem winzigen Europa und dem riesigen amerikanischen Kontinent. Obwohl politisch getrennt, sind sie ethnisch und geographisch einander verwandt.

Für den Trekker bedeutet die Begegnung mit den Inuit das Eintauchen in eine uralte Kultur. Das lebenstüchtigste Volk dieses Erdballs, die »Eskimos«, die in einer der unwirtlichsten Regionen der Erde überlebten, macht uns überzivilisierte Europäer fassungslos.

Die größte (Grönland) und die fünftgrößte Insel (Baffin Island) des Erdballs besitzen eine der unberührtesten und großartigsten Landschaften und Wildnisse unseres Planeten. Ihre Trekkingzentren sind erstaunlich leicht zu erreichen. Es ist egal, ob der Trekker nur einen erholsamen Abendspaziergang macht, sich im warmen Schein der Mitternachtssonne über einem Eisfjord auf einem Felsen aalt, sein Kajak durch Packeis und steile Fjorde paddelt oder eine strapaziöse Inlandeisüberschreitung wagt: Die Arktis hat für jeden etwas parat, der bereit ist, sich aus eigener Kraft fortzubewegen. Der Weg zum persönlichen Paradies ist offen. Es zählen nur die eigene Kraft und Fähigkeit.

Ob Sie ein Bad im Angesicht treibender Eisberge in den heißen Quellen von *Uunartoq* nehmen, im Sommer in einer explodierenden Natur durch Blumenfelder waten, Eisbären, Robben und Wale beobachten, sich vom Hundeschlitten über gefrorenes Meer ziehen lassen oder Ihre Ski über die tausende Meter mächtige Eiskappe Grönlands schieben: Fast immer sind Sie allein!

»*Qaa qaqqanu kanna qisa*« bedeutet »Komm, wir gehen in die Berge«. Wohl dem Trekker, dem diese Aufforderung zuteil wird! Spricht sie eine grönländische Schöne gegenüber einem Fremden aus, so bedeutet dies Verfängliches: Sie möchte mit ihm Liebe machen. Dieser traditionelle Spruch erinnert daran, daß das Volk der Inuit noch vor wenigen Jahrzehnten, isoliert von der modernen Welt, seine eigenen Gesetze hatte. Bei der Liebe wollte man der Enge der eskimoischen Siedlungen und der Inzucht entfliehen und in den Bergen die Freiheit zu zweit finden.

Die Trekkingformen der Arktis sind vielfältig: Langlaufen, Skitouren, Bergsteigen, Fjellwandern, Kajak- und Kanutouren, Hundeschlittenexkursionen, Eiswanderungen und Expeditionen: Von »easy« bis »sauschwer« wird eine Auswahl in diesem Buch angeboten. Dieser einmalige Naturraum beherbergt eine der letzten wenig berührten Wildnisse dieser Erde. Daran will auch dieser Trekkingführer nichts ändern!

Dem »Normalbergsteiger« bietet Trekking in arktischen Regionen die Möglichkeit, seine Entdeckerfreude in einer der letzten Wildnisse dieser Erde zu befriedigen.

Während Grönland dem dänischen, sprich europäischen Einfluß unterliegt, ist Baffin ein Teil Kanadas. Die geologischen und kulturellen Gemeinsamkeiten sind nicht zu übersehen, die geschichtlichen ebensowenig. Deshalb wurden beide Trekkinggebiete in diesem Führer vereint.

Die Inuit beider Inseln haben die »üblichen« Probleme eines Naturvolks, das innerhalb weniger Generationen den Sprung aus der Steinzeit ins Atomzeitalter schaffen mußte. Ähnlich den Indianern bestanden sie diese Zeitreise nicht unbeschadet. Alkoholismus, kulturelle und soziale Probleme bis hin zur Verelendung waren die Folge. Die Entscheidung, einen Führer wie diesen zu schreiben, wurde nicht ohne Bedenken getroffen. Wir, das sind meine Frau, die ebenfalls ihre Liebe zur Arktis entdeckte, und ich, kamen jedoch zu dem Schluß: *Reisen kann mehr sein als touristischer Konsum. Es kann der Beginn von Verständnis und Freundschaft sein, die gezielt dort helfen, wo die Not groß ist. Da Tourismus allemal besser ist als Verelendung, muß beim Trekker die Sensibilität geweckt werden, die Nebenwirkungen möglichst gering zu halten.* Mehrere Dutzend Mal waren wir auf Baffin Island und Grönland: Geruhsame Wanderungen bis hin zu extremen Expeditionen führten zu einer Begeisterung für diese Polarregionen. Mit diesem Buch – das wissen wir – geben wir diese Besessenheit weiter. Auch Sie sind »reif für die Inseln«! Auch Sie werden immer wieder dorthin zurückkehren, werden »arctic bitten« sein, d. h. »angefressen« sein von der polaren Urnatur.

Ohne Freunde wäre manche meiner Expeditionen und unserer Trekkingunternehmungen nicht zustande gekommen oder gescheitert. Mein Dank gilt allen meinen Begleitern im hohen Norden. Aber auch zahlreichen Firmen, die manches teuere Projekt unterstützt haben. Allen voran seien genannt: *Big Pack GmbH, Bissingen/Teck; Hoechst AG, Frankfurt/Main; MIB GmbH, Saarbrücken; Ortovox GmbH, Unterhaching; DAV Summit Club GmbH, München.* Und vor allem Dank meinem Freund *Erich Wilts* für dessen hervorragende Bilder, von denen einige in diesem Buch veröffentlicht sind.

Soweit nicht anders erwähnt, gelten alle Aussagen – um ein Beispiel zu nennen: über Fauna und Flora – für beide Inseln. Die Nordteile, wie Thule oder der größte Nationalpark der Welt in Nordostgrönland, wurden ausgeklammert, da diese Regionen wegen der Genehmigungsverfahren touristisch nur schwer, wenn nicht gar unmöglich, zu besuchen sind. Unvollständigkeit liegt bei diesem Riesenterritorium mit einer Größe fast wie Europa in der Natur der Sache.

Für uns war immer »der Weg das Ziel«. Wenn Sie, verehrte Leser, mit aktivem Einsatz Ihrer körperlichen und geistigen Kräfte die beschriebenen Trekkingrouten nachvollziehen oder durch sie angeregt neue Wege gehen, dann haben wir unser Ziel erreicht: Wir weckten Ihr Interesse, eine gefährdete und einmalige Natur in sich aufzunehmen und sich mit einer uralten und faszinierenden Kultur auseinanderzusetzen. Sie werden erkennen, daß »Primitivität« im High-Tech-Zeitalter Erholung bedeutet. Alles wird weit und geruhsam und friedlich.

Michael Vogeley

Tikilluaritsi heißt »Willkommen«

Mein »persönliches« Vorwort soll all denen Mut machen, die Polarregionen als kalte weiße Wüste sehen, die nur unter Lebensgefahr zu bereisen sei, und die nicht den Schneid haben, dort ihrer Leidenschaft zu frönen: dem Trekking.

Das Interesse und die Liebe zum Norden wuchsen auch bei mir nur langsam und allmählich und für mich selbst überraschend. Denn ich bin jemand, der Sonne und Wärme bevorzugt. Doch Michaels umwerfende Begeisterung für die Arktis färbte auf mich ab.

Es begann für mich, als er mitten in einem heißen August zur »Expedition Inlandsis« in die Eishöhlen Grönlands aufbrach und sein abenteuerlichstes Erlebnis, eine unterirdische Eiskletterstelle, »Elf Meter für sie« taufte und mir widmete. Wem »gehört« schon eine senkrechte, wunderschöne, glitzernde Eiswand in einer Gletschermühle des grönländischen Inlandeises? Mittlerweile bin ich auch noch stolze »Besitzerin« einer südgrönländischen Bergspitze mit dem Namen *Ingrids Toppen*, ein anspruchsvoller Berggipfel, den Michael erstbestieg.

In unserem Haus hängen Bilder von Inuit-Künstlern aus Baffin Island. Ein Eisbärenfell ziert unser Wohnzimmer, und seit neuestem steht eine meterhohe Eisbärplastik aus weißem Speckstein in unserem Haus. Michael hatte meinen eher scherzhaft geäußerten Wunsch nach einem »tanzenden Eisbären« brav in die Tat umgesetzt und weder Kosten noch Mühe gescheut, um dieses einmalige Exemplar von Baffin mitzubringen. Aber mein schönstes und liebstes »Andenken« an meine erste Reise nach Südgrönland ist unser Hund *Nanooq*, den Michael und ich gemeinsam einem Inuk in Brattahlid als Baby abgekauft haben und den ich, an meinem Busen versteckt, in den Tiefen des Anoraks nach Deutschland eingeschmuggelt habe.

Wenn ich »Zivilisationsabhängige« auch manchmal die »Entbehrungen« einer Arktisreise scheue, so zieht mich doch die Erinnerung an die durchsichtige Klarheit des Lichts, die Ursprünglichkeit der Natur und die Einsamkeit des erwanderten Landes immer wieder dorthin zurück. Unverändert empfinde ich diese Landschaft wie bei meinem Ausruf auf dem Gipfel eines Berges bei Narsaq: »Wie nach der Erschaffung der Welt!«

Ingrid Ferschoth-Vogeley

Grönland ist die größte, Baffin Island die fünftgrößte Insel der Welt. Europagroß ist dieses enorme Gebiet von nur etwa 70 000 Menschen »besiedelt«. Des Trekkers Paradies – die Wildnis beginnt nur einige Kilometer hinter jeder der oft winzigen Siedlungen.

Das Land

Landschaft, Geschichte, Kultur

> *Wir haben kein Wort in unserer Sprache, das »Wildnis« bedeutet. Überall, wo wir hingehen, ist unser Zuhause.*
>
> Georg Barnaby, Inuk

Viele träumen davon, die Arktis zu erleben. Wer sich diesen Traum erfüllt, für den ist der Besuch wahrscheinlich ein Erlebnis fürs ganze Leben. Dies gilt ganz besonders für den Trekker. In der gewaltigen Urnatur ist der Mensch nur ein winziger Punkt, und die verstreuten Spuren menschlicher Zivilisation entlang den weitläufigen Küsten erscheinen unendlich klein. Die Attraktionen, die ein Trekker in der Arktis findet – unberührte, unverdorbene Natur, Urtümlichkeit und Kultur mit einer ganz besonderen Prägung –, stellen Anforderungen an den Besucher. Grönland und Baffin Island, arktische und subarktische Gebiete, sind äußerst empfindliche Ökosysteme. Verstehen Sie sich als Gast, gehen Sie rücksichtsvoll und schonend mit dem Geschenk Natur um.

Wikinger und »Eskimos« lebten hier. Eisberge und Blumen. Trekken »Wo »Berge segeln.«

Der Tourismus ist weltweit zu einer gewaltigen Industrie angewachsen. Mancher wird dies beklagen. Andererseits ist er der Hoffnungsträger für arme Länder. In Grönland beträgt die Arbeitslosenrate um 50%! Auch der Trekking-Tourismus hat seinen Preis: Der Trekker konsumiert Kultur und Natur. Beide sind empfindlich. Zum Tourismus gibt es jedoch oft keine Alternative, um Arbeitsplätze zu schaffen und wirtschaftliche Existenz zu sichern. Tourismus ist nicht zu verharmlosen, er ist aber auch nicht zu verteufeln. Positive Nebeneffekte sind die Erhaltung kultureller Eigenarten, die sonst in der Härte des täglichen Lebens untergehen würden. So helfen touristische Hundeschlittentouren, die Kunst des Schlittenfahrens und die Hundezucht zu erhalten. Sowohl in Grönland als auch in Kanada hat man aus diesem Grund die Jagd mit Motorschlitten weitgehend verboten. Tourismus ist dann zu rechtfertigen, wenn die negativen Auswirkungen geringer sind als die durch Handlungsverzicht verursachten Übel. Trekking kann der Völkerverständigung dienen. Sie (!) können Beispiele geben, indem Sie Erkenntnisse über Müllvermeidung und Müllentsorgung vorleben!

Das Ozonloch, das sich auch auf der nördlichen Erdhalbkugel ausbreitet, die Industrialisierung der Arktis, wie der Bau der Alaska-Pipeline, die Katastrophe, die das Leck des Öltankers Exxon-Valdez verursachte und die das Meer in eine

»Artic bitten«, so nennen die Bewohner des »Hohen Nordens« den süchtigen Zustand. Wer einmal »dort oben« war, kommt wieder. Er ist von der »Arktis gepackt«. Er ist »gefesselt« von der unverfälschten Natur. Als Trekker erlebt man eines der letzten Naturreservate dieser Erde – auf eigene Faust und aus eigener Kraft.

Kloake verwandelte, der Eisbrecher-Tourismus zum Nordpol, der Smog in den Eisregionen, tausende Kilometer von rauchenden Schornsteinen entfernt: all das sind Alarmzeichen. Wir müssen die letzten Wildnisse dieser Erde erhalten! *Die Natur braucht den Menschen nicht, aber der Mensch braucht die Natur.* Der hohe Norden ist eine der wenigen noch halbwegs intakten Urlandschaften der Erde. Gefähr-

Abenteuer und Grenzerlebnisse im hohen Norden

Das unbestritten »bunteste« Buch für den deutschsprachigen Trekker ist der Bildband *nunatak – Abenteuer und Grenzerlebnisse im hohen Norden* von Michael Vogeley. Es gibt kein Werk, das sich so umfassend mit den verschiedenen Trekkingmöglichkeiten in der Arktis auseinandersetzt: Kanufahren, Wandern, Hundeschlittentouren, Langlaufen, Klettern und Eisklettern, Bergbesteigungen, Segeln, Skitouren. – Mit Widmung des Autors ist das Buch bei Unlimited Activities, Fax ++49-81 53-8 91 02, DM 98 plus Versandkosten, zu bestellen.

Fünf »Goldene Arktis-Trekking-Regeln«

Erstens: Müllvermeidung ist oberstes Gebot. Problemmüll, zum Beispiel Batterien, nehmen Sie wieder mit nach Hause zurück und entsorgen ihn dort fachkundig. Es ist kein Platz für Abfall in der Wildnis!
Zweitens: Sie sind Gast. Nutzen Sie die offene Warmherzigkeit der Inuit nicht aus.
Drittens: Sie sind kein Vertreter einer überlegenen Rasse oder Zivilisation. Die Inuit sind seit Jahrtausenden bewundernswerte Survival-Künstler, das lebenstüchtigste Volk der Geschichte. Wir modernen Mitteleuropäer können mehr von ihnen lernen als umgekehrt.
Viertens: Menschen zu fotografieren ist ein Privileg und kein Recht. Ungehemmter Voyeurismus mit der Kamera ist ein aggressiver Akt.
Fünftens: Bereiten Sie sich intensiv auf die Begegnung mit einer fremden Kultur vor. Informieren Sie sich über Verhaltens- und Umgangsformen und handeln Sie danach.

det genug ist dieses empfindliche Ökosystem. Denn die Kälte verlangsamt nicht nur das Wachstum, sie bremst auch den Verfall. Abfälle, die in gemäßigten Breiten von Bakterien aufgezehrt werden, sind hier noch nach Jahrzehnten konserviert.

John Todd, Minister für wirtschaftliche Entwicklung, Transport und Tourismus in den kanadischen Northwest Territories, spricht unverblümt davon, daß es darum gehe, die Armut im Lande zu bekämpfen. Er folgert, daß es in der Arktis nie zuviel, sondern immer nur zuwenig Besucher geben könne. Dagegen stehen die Überlegungen der Nationalpark-Ranger des Auyuittuq-Park auf Baffin Island, die Besucherzahlen zu kontingentieren. Hundert Jahre dauert es, bis eine Flechte über einen Stein wächst. Mit nur einem einzigen Schritt kann ein Wanderer sie vom Fels schaben. Man sollte die vielfältige Natur genießen. Aber nie sollte das Tier- oder Pflanzenleben bedroht oder die natürliche Umgebung zerstört werden. *Hinterlassen Sie nicht mehr Spuren als ein Karibou oder ein Eisbär. Selbst diese sind unübersehbar!*

Trekking in der Arktis hat eine völlig andere Dimension, als Sie sie sonst erlebt haben. Nur sehr selten gibt es Wege oder Markierungen. Sie treffen keine – oder kaum – Menschen. Die daraus resultierenden, vor allem psychischen Anforderungen sind beispielsweise mit solchen eines Nepal- oder Neuseelandtrekking schwer vergleichbar.

In diesem »Führer« geht es weniger um die Beschreibung von *Wegen*, die es auf Baffin Island und Grönland so gut wie nicht gibt, sondern um *Richtungen* für den kreativen und orientierungskundigen Trekker. Er ist Pionier! In den oft menschenleeren Gebieten ist vor allem der Trekker gefragt, der sich in der Wildnis zu Hause fühlt und neben Orientierungsfähigkeiten auch eine »Nase« hat.

Dafür erwartet ihn eine erstaunliche Vielfalt an Trekkingformen. Die eisfreien Küstenbereiche eignen sich für *Bergunternehmungen* jeder Größenordnung, bis hin zur Expedition. Tausende von unbestiegenen Gipfeln, vor allem an der Ostküste Grönlands, warten auf ihre Erstbesteiger. Viele der Berge sind namenlos. Das Grundsatzproblem ist oft, wie man zum Ausgangspunkt kommt – und wie wieder zurück. Hubschrauber- oder Bootstransporte können von fast jedem Ort aus arrangiert werden.

Expeditionen über das Inlandeis oder Touren auf der Eiskappe mit Ski stellen eine der großen Herausforderungen an den alpinorientierten Trekker dar. Zur Überquerung Grönlands oder der Penny

Icecap auf Baffin Island wird eine Genehmigung benötigt.

Als *Wanderer* mit Rucksack und Zelt unterwegs zu sein, wird für jeden Nordland-Fan zum »Highlight«. Auch relativ einfache Trekkings in den sanften Fjellen Südgrönlands oder dem klimatisch gesegneten Soper River Valley in Süd-Baffin sollten Sie nur angehen, wenn Sie über genügend Erfahrung mit der Wetterkunde, dem Kartenlesen und dem Umgang mit der Bussole unter Berücksichtigung der Mißweisung haben. Beste Ausrüstung ist Selbstverständlichkeit.

Die Inuit sind die Erfinder des Kajaks. An den äquatorlangen Küsten Grönlands und in den Sunden Baffins bieten sich unendliche Möglichkeiten, mit dem *Seekajak* oder einem *Kanadier* Touren zu unternehmen. Leihkajaks sind an einigen Orten vorhanden. Gute Vorbereitung und seemännische Kenntnisse sind unerläßlich.

Hundeschlitten sind die ursprünglichsten Transportmittel der Inuit. Jäger und Fischer, die mit Netzen und Langleinen auf dem zugefrorenen Meer Robben und Fische fangen, brauchten – und brauchen – Hundeschlitten für den Transport der mehrere hundert Kilo schweren Beute. Die Monate März, April und Mai sind die besten, da das Meer noch gefroren ist, es hell genug ist und die Temperaturen ansteigen.

Der Fantasie des Trekkers sind keine Grenzen gesetzt, der Leistungsfähigkeit schon. Selbst einfache Wanderungen führen durch menschenleeres Gebiet. Die Wildnis beginnt abrupt hinter den Häusern eines jeden Dorfes. Der Anfänger sollte sich erfahrenen Freunden anschließen oder einer erfahrenen Reiseagentur.

Grunderfahrungen des Lebens können bei einem Trek durch die Urnatur Grönlands vertieft werden. Ein Biwak am Auslauf der Eiskappe kann Naturerleben, Abenteuer und körperliche Herausforderung zu einem Höhepunkt verschmelzen.

Grönland – größte Insel der Erde

Wir fliegen über das endlose Inlandeis. Von hier oben in 10 000 Meter Höhe wirkt es weich und flauschig, erinnert an die feine Wolle am Bauch weniger Wochen alter Lämmer. Der pechschwarze Kaffee schmeckt besser als in Europa. Oder sind wir nur verklärt durch den wilden Ausblick, der uns milde stimmt? Ist es die Euphorie, daß das Abenteuer jetzt wirklich beginnt?

Reisen in Grönland ist so, als ob man das allererste Mal unterwegs wäre. Geografisch gehört es zu Amerika, politisch wird die Insel noch immer von Dänemark beherrscht. Die Lage im nördlichen Atlantik, umgeben vom Eismeer, läßt kalte Meeresströmungen entstehen, die die Insel umspülen. Die Küstengebiete werden auf diese Weise ständig gekühlt, was zusammen mit der Kälteabstrahlung des mächtigen Inlandeises, der größten Eismasse der nördlichen Globushälfte, arktisches Klima verursacht.

Der Panzer des Inlandeises bedeckt 1 833 900 km^2 und damit etwa 85% der Gesamtfläche Grönlands. Unglaubliche 2500 km sind es in nord-südlicher Richtung, und in West-Ost-Richtung sind es immerhin noch 1000 km. In der Mitte der wie eine Schüssel geformten Landmasse ist das Inlandeis bis zu 3000 m mächtig. Die Küstengebirge stellen dabei den Rand dar und hindern die Eismassen daran, in den Ozean zu fließen. Nur an wenigen Stellen lappen Gletscherzungen in das packeisgespickte Meer und füllen es mit Eisbergen auf.

Arktis pur bietet in ihrer Vielfältigkeit ein Erlebnis mit vielen »Sternen«. Uummanarsuaq im Süden Grönlands ist Start- und Endpunkt einiger Trekkinghöhepunkte.

Des Trekkers Eldorado

Eiszeitliche Gletscher haben die Landschaft Grönlands geformt. Diese ständige Veränderung ist noch immer im Gang.

Spuren von geologischen Prozessen – Erdbeben, Gebirgsaufwerfungen und Vulkanismus – findet man rund um die äquatorlangen Küstengebirge. Grönland ist nicht nur ein Eldorado für geologisch interessierte Besucher, sondern auch für Bergsteiger, Bergwanderer, Outdoor-Freaks, Trekker und Naturfreunde.

Kalaallit Nunaat nennen die Grönländer ihre Insel. Das ist *Inuktitut*, die Sprache der Inuit, und bedeutet »Land der Menschen«. Würde man es mit »Land fast ohne Menschen« übersetzen, so wäre dies nicht verfehlt. Denn Grönland hat nur etwa 55 000 Einwohner, die Bevölkerung einer deutschen Kleinstadt. Und wieder

Ein Nunatak ist eine Felsinsel im Eisstrom. Nunatakker gab es auch während der Eiszeit in Mitteleuropa. Sie spielten für Flora und Fauna eine große Rolle. Hier konnten Pflanzen- und Tierarten mitten in der Eiswüste überleben. Zieht sich das Eis zurück, breitet sich von den Nunatakkern neues Leben aus.

ein Superlativ: Die Insel ist 52mal größer als das Mutterland Dänemark. Nicht vorstellbar? Ein Bild? Legt man die Karte Grönlands über die Karte Europas, so reicht die Insel zwischen den nördlichen *Kaffekluppen Inseln* und der Südspitze, dem *Kap Farvel*, von Oslo bis etwa zum afrikanischen Tunis! Die dünne Besiedlung ist erklärbar, wenn man die mächtige, nach wirtschaftlichen Gesichtspunkten völlig nutzlose Inlandeisdecke betrachtet.

Nur die Küsten sind im Sommer eisfrei. Hauptattraktionen sind die arktische Szenerie und die einzigartige Natur, die man am besten in den Sommermonaten, Mitte Juni bis Mitte September, sowie zu Ausgang des Winters, Mitte Februar bis Mitte Mai, erleben kann.

Reise in die Eiszeit

Das gewaltige Inlandeis ist keine starre Masse. Zu den Randzonen hin gleitet es langsam aus, zwängt sich durch Bergengen, schmilzt und bildet Gletscher oder durch Kalbungen gewaltige Eisberge. Diese Gletscher schicken Gebilde von bizarrer Schönheit und Vielfalt ins Meer und auf die Reise rund um die Insel: Eisberge. Sie reisen mit dem Ostgrönlandstrom rund um die Insel von Nord nach Süd und wieder nach Norden und sind pittoreske, gefrorene Fotomotive. Zerkleinert machen sie selbst in Whiskeygläsern eine gute Figur. Denn während der Umwandlung von Firn zu Eis wurden Luftbläschen eingepreßt, die im Gletscherkörper während der jahrtausendelangen Wanderungen einem enormen Druck ausgesetzt waren. Schlägt man kleine Stücke von einem Eisberg ab und wirft diese in ein Whiskeyglas, so zerplatzen die Luftbläschen beim Schmelzen mit lautem Stakkato: die »whispering icecubes«. Sie sind begehrte Exportartikel für Leute, die sonst schon alles haben.

Inuit haben eine Tradition, die bis in die Prähistorie zurückreicht. Mehr als 4000 Jahre liegt die erste Einwanderungswelle von Asien über die gefrorene Beringstraße bis zum amerikanischen Kontinent zurück. Erste Kontakte mit Europa gab es vor etwa 1000 Jahren, als *Erik der Rote*, der legendäre Wikinger, in Grönland siedelte. Danach gab es Kontakte mit Missionaren, Kolonialbeamten, Abenteurern und Seefahrern, die im Volk ihre Spuren hinterließen.

Erst seit ungefähr 30 Jahren hat sich die Insel dem Tourismus geöffnet. In dieser kurzen Zeit hat Grönland eine überaus rasante Entwicklung genommen. Einerseits versucht man, die eigenen »Wurzeln« wieder zu entdecken und neu zu beleben, um so zu einer kulturellen und sozialen Identität zu finden. Denn die Inuit wurden innerhalb weniger Generationen aus der Steinzeit in die Moderne katapultiert, was sie nicht unbeschadet überstanden haben. Andererseits bringen der technische Fortschritt und der Import westlicher Wertmaßstäbe und Statussymbole eine Fülle von wirtschaftlichen, ökonomischen und sozialpolitischen Problemen. Trotzdem sind die Grönländer ein liebenswertes Volk geblieben. Optimistisch blicken sie in die Zukunft, was vielleicht eine Folge der langen Tradition des Überlebens in einer der unwirtlichsten Umgebungen dieser Erde ist. Tradition und

Fast alle Berge der Insel Eggers Ö sind unbestiegen. Uummanarsuaq, der äußerste Süden Grönlands, von einem Gürtel aus Treibeis »beschützt«, ist fast menschenleer. Ein »Playground of Europe«, wie es vor zwei Jahrhunderten die Alpen für Bergbegeisterte waren.

Wer in Grönland oder auf Baffin Island Igloos erwartet, wird enttäuscht: Die bunten Holzhäuser sind nicht nur moderne Behausungen, sondern auch prächtige Fotomotive.

Moderne begegnen sich in Grönland auf Schritt und Tritt. Hier der Inuk (der Singular von Inuit), der die *matjak*, die rohe Haut des Wals, wie seit Jahrtausenden am Mund mit dem Messer abschneidet und roh verzehrt. Dort ein Hundeschlittenführer, der im modischen Shirt und mit Schirmmütze in die Kamera lacht.

Die Wüste lebt

Vielfach verbindet man mit der Insel die Vorstellung einer dunklen, eiskalten Wüstenei. Vereinfacht gesehen ist es auch so. Aber das ist nicht die ganze Wahrheit. Grönland ist auch Sonnenbad, Schweiß auf der Stirn und grüne Gebirge, die von einer Vielfalt arktischer Blumen bedeckt sind. Es ist ein Land, wo Eisberge vor den Küsten segeln oder wo man in einem sauberen, klaren See schwimmen kann.

Grönlands Klima ist arktisch. Der Durchschnitt des wärmsten Monats übersteigt 10 °C nicht. Als Polargebiete werden jene Regionen bezeichnet, in denen Permafrost herrscht, wo also auch in den Sommermonaten der Boden nur oberflächlich auftaut. Trotzdem kann man sich an einem sonnigen Tag in einer windstillen Ecke einen Hitzestau und Sonnenstich holen. Selbst in der Wintersaison wird man sich staunend das Thermometer ansehen, das weit unter Null gesunken ist. Und man wundert sich, daß man so wenig die Kälte fühlt. Die Luft ist sehr trocken, deswegen empfindet man die Temperaturen etwa 15 °C wärmer, als sie tatsächlich sind. Willkommen in der warmen Arktis!

Als die Kontinentalverschiebung vor etwa 70 bis 100 Millionen Jahren einsetzte, trieb Grönland weg von Eurasien. Diese nordwestlichen Bewegungen haben noch nicht aufgehört, sondern setzen sich Jahr für Jahr um wenige Zentimeter fort. Nach und nach wurde das Klima kühler, und vor rund fünf bis sechs Millionen Jahren begann das Land zu vereisen. Gletscherströme bohrten sich aus dem Zentrum des Eises ihren Weg durch die weichsten Stellen des Landes, entlang den großen Verwerfungen aus vulkanischer Zeit, und gruben tiefe Täler, die jetzigen Fjorde.

Die Trauminsel unter der Mitternachtssonne liegt nahe an Europa. Kaum fünf Flugstunden sind es von Kopenhagen nach Süd- oder Westgrönland. Superlative gibt es zahlreiche: die größte Insel der Welt, die größte Eiskappe nördlich des Äquators, die meisten Inuit-Siedlungen, die aktivsten Gletscher des Globus, der größte Nationalpark – und die freundlichsten Menschen! Dazu 4000 Jahre alte Eskimogeschichte, eine tausendjährige Wikingerhistorie, 500 Jahre alte Mumienfunde, uraltes Eis – die »Sensationen« machen schwindlig und neugierig!

Trotz des Motorzeitalters gibt es noch etwa 15 000 (!) Schlittenhunde im Westen und Osten der Insel, die für Jagd, Fischerei und Tourismuszwecke eingesetzt werden und eine alternative Existenz erhalten helfen.

Grönländer sind fröhliche Leute. Ihre Gastfreundschaft ist beispielhaft. Die Inuit haben noch nie einen Krieg geführt, stellen sich jedoch wehrhaft den Unbilden der extrem harten Umwelt und pflegen bis heute eine alte Kultur. Die Igloo-Zeit jedoch ist vorbei. Auch in Grönland wohnen die Menschen in Häusern.

Für Entdeckertypen

Grönland präsentiert sich mit Hunderten unbestiegener Berggipfel. Ein Paradies für Bergsteiger und Kletterer: Land, das nie begangen wurde. Tausende Kilometer unbewohnter Küstengebiete. Eine Herausforderung für jeden fantasievollen Trekker. Nordische Landschaft, unermeßlich, unberührt, einmalig. Mächtige Gebirge, gewaltig, rauh, grandios und in ihrer Wucht herausfordernd. Eineinhalb Kilometer hohe Felswände, die direkt vom Meer aufsteigen. Eisgipfel und Schneeberge, die alpine Dimensionen erreichen. Jahrtausendealtes Eis, ständig in Bewegung, bizarr, skurril, fantastisch. Und dann die Eisberge. Gebirge im Meer, wohnblockgroß, städtegroß, winzig. Alle Formen und Größen gibt es, Farbsymphonien in Blau, Türkis, Weiß, Grau, Schwarz und Rosé, matt und durchsichtig wie Glas. Und der Kontrast: im Süden Felder, Wiesen und Weiden, Schafe, Pferde, Kühe, moderne Bauernhöfe.

Wo auf dieser Welt findet man bessere Trekkingvoraussetzungen? Sind Sie ein Trekker, der die Natur in den Vordergrund stellt, dann sind Sie richtig in diesem noch zu entdeckenden Naturparadies.

Und schön ist es – tierisch schön. Der Trekker wird respektvolle Entfernung zu Eisbären halten, Walrosse sichten, die ziegenartigen Moschusochsen fotografieren, Robben, Wale und Rentiere nicht nur sehen, sondern auch verspeisen, Wolfsspuren der Normalität zuordnen und Füchse, Lemminge und eine unglaubliche Vielzahl an Vogelarten beobachten.

In Grönland sind Sie der Schöpfungsgeschichte ganz nahe!

Baffin Island – gewaltige Berge und arktisches Paradies

Die Insel, westlich an Grönland angrenzend und nur durch die schmale Davis Strait davon getrennt, gehört zu Kanada. Dieses riesige Land – mit 10 Mio km^2 das zweitgrößte der Erde – ist der Inbegriff für landschaftliche Weite, urtümliche Wälder, Seen und Flüsse. Es kulminiert in dem, was man als »wildernes« bezeichnet – in der Baffin-Region.

Baffin Island, die fünftgrößte Insel der Welt, ist einer von fünf Verwaltungsbezirken der kanadischen Northwest Territories. Diese umfassen nahezu 2 Mio km^2, sind also etwa so groß ist wie Grönland. Der gewaltigen Fläche, die eine der größten Wildnisgebiete der Erde darstellt, steht die geringe Einwohnerzahl von nur etwa 11 000 Menschen (!) gegenüber. 85% davon gehören der ethnischen Gruppe der Inuit an. Obwohl politisch unterschiedlich, gehört die Baffin-Region geografisch und kulturell eng zu Grönland. Dies ist erklärbar durch die gemeinsame Geschichte der Inuit, die »Erschließung« durch europäische Seefahrer und gemeinsame kulturelle Wurzeln.

Die 507 100 km^2 große Insel ist rundum vom Eismeer umspült und im Winter vom Packeis eingekesselt. Die wenigen Siedlungen entstanden hauptsächlich nach dem Zweiten Weltkrieg, als die kanadische Regierung die in kleinen Familienverbänden lebenden, über das ganze Land verstreuten Inuit zentrierte. Von den daraus entstandenen 14 »Communities« sind neun auf Baffin Island. Darunter auch die größte Stadt Iqaluit mit knapp 4000 Einwohnern, die ab 1999 die Hauptstadt des neu zu gründenden Inuitstaat Nunavut wird.

Grönland und Baffin Island sind im Jet-Zeitalter nähergerückt und ohne »Expeditionskram« für jeden Trekker erlebbar. Fjorde, die bis zu 300 Kilometer tief ins Land reichen, bis zu 2000 Meter hohe Wandabbrüche, bizarre Berge, zerrissene Gletscher, »diamantüberzogenes« Eismeer, unberührtes Fjell, Gebiete ohne Namen. Wer sich in die goldenen Zeiten des Trekkens versetzen will, ist richtig in der Arktis!

Baffin Island ist eine der größten Inseln der Welt. In dieser Region leben nur etwa 11 000 Menschen. Aus dem »engen« mitteleuropäischen Blickwinkel ist die dünne Besiedlung kaum vorstellbar.

Eine ungewöhnliche Natur wartet

Die Insel beherbergt auf der *Mega Incognita Peninsula* mit dem Soper River Valley ein Gebiet, das zu den klimatisch mildesten der Arktis gehört. Weiter östlich auf der Cumberland-Halbinsel stehen die höchsten Granitwände dieser Erde! Der *Auyuittuq National Park* ist ein rauhes Gebirge, das mit der Inlandeismasse, der Penny Icecap, grönländische Verhältnisse aufweist.

Das eisbedeckte Eiland ist die Heimat seltener Moschusochsen, Karibous, Polarfüchsen, Wölfen und Eisbären. Eine reiche Vogelwelt wird den ornithologisch interessierten Trekker in Entzücken versetzen.

Die hier lebenden Inuit haben als Maler und Bildhauer Weltruf. Iqaluit ist nur etwa eine Flugstunde von dem grönländischen Kangerlussuaq oder Nuuk entfernt. Grönland kennt fast jeder in Europa. Es wird mehr und mehr auch in Trekkerkreisen bekannt.

Baffin Island: Wer kennt das schon?

Übersicht der Trekkinggebiete

Wir haben die größten »Appetitanreger« unter den Regionen herausgesucht, die sich für Trekker besonders anbieten und in ihrer Unterschiedlichkeit einen repräsentativen Querschnitt darstellen. Für eine erschöpfende Darstellung der enorm großen Region müßte man eine Enzyklopädie schreiben! Bei der Auswahl ließen wir uns auch davon leiten, wie leicht erreichbar und wie spannend die Gebiete und empfohlenen Trekkingformen sind.

Südgrönland

Es ist wegen seiner lieblichen Landschaft, dem relativ milden Klima und der guten Erreichbarkeit *das* Trekkinggebiet. In dieser subarktischen Region beginnen die beliebtesten Routen bei *Qassiarsuk* und *Igaliku*. Diese beiden Siedlungen liegen nicht allzu weit vom Flughafen von Narsarsuaq entfernt. Die Wanderrouten, die in den gängigen und kleinmaßstäbigen Karten (1:100 000) oft eingezeichnet sind, führen durch die einsamen und unbewohnten Landstriche im Inland oder entlang der Küsten zu den »Städten« *Narsaq, Qaqortoq* und *Alluitsup Paa*. Das Trekkinggebiet erstreckt sich vom äußersten Süden der Insel, dem *Kap Farvel*, bis *Paamiut* im Nordwesten.

Das Meer wird im Frühjahr und im Sommer vom Packeis dominiert – fünf bis sieben Jahre altes Salzwassereis aus der Nordpolgegend. Der Ostgrönlandstrom führt das Eis entlang der Ostküste um das Kap Farvel herum und treibt es die Westküste hinauf bis nach Baffin Island. Gespickt mit schwimmenden Eisbergen, die von den ostgrönländischen Gletschern produziert werden, ist dieser Eisstrom ein Naturphänomen von erhabener Schönheit. Die Grönländer lieben das Packeis, weil es Robben und Eisbären bis in die Nähe der Städte führt.

Seit Beginn dieses Jahrhunderts haben in Südgrönland die Landwirtschaft und die *Schafzucht* stark an Bedeutung gewonnen. Diese Erwerbszweige verleihen der Gegend ein Besiedlungsmuster, wie es ansonsten in Grönland unbekannt ist. In den langgestreckten Fjorden liegen die Bauernhöfe an den Küsten oft nur wenige Kilometer voneinander entfernt. Die dazwischen leuchtenden Flecken auf den Fjellhängen sind bestellte Felder. Die Höfe sind oft durch Pfade und Wege miteinander verbunden: für den Trekker ein Glücksfall. Die relativ windgeschützten, tiefen Fjorde bieten sich für den Kanufahrer als perfekte Wasserwege an.

Hochinteressant ist die Berührung mit der normannischen Kolonisation. Die Ruinen liegen entlang den Trekkingrouten wie Perlen an einer Kette aufgereiht. Überall finden sich Spuren von Wohnhäusern, Ställen, Klöstern und Kirchen der Wikinger, die ab 985 n. Chr. »Grünland« besiedelten. Die am leichtesten zugänglichen Ruinen liegen nahe der Siedlungen Igaliku und Qassiarsuk in der Region des Flughafens von Narsarsuaq, aber auch im Süden bei *Nanortalik*.

Die Natur Südgrönlands ist abwechslungsreich. Majestätische Fjelle, grüne weißgesprenkelte Fjorde, steile Granitberge und die unermeßliche Masse des Inlandeises bilden einen Kontrast von archaischer Schönheit: ein Eldorado für Naturfreaks. Von der leichten Bergwanderung bis zur extremen Kletterexpedition ist alles geboten. Die Gegend ist wildreich und bevölkert von Rentieren, Polarfüchsen, Lemmingen und einer Vielfalt von Vögeln, von denen der Seeadler der stolzeste Vertreter ist.

Die Vorteile dieser Region sind nicht zu übersehen: Die Jets von Island und Dänemark landen in *Narsarsuaq*, mitten in einem der interessantesten Wandergebiete. Von dort lassen sich die wichtigsten Siedlungen mit Schiff oder Helikopter relativ leicht erreichen. Die vielen Schaffarmen erhöhen gleichzeitig die Sicherheit für den Trekker, da auf jedem Hof ein Funkgerät vorhanden ist.

Die wichtigsten Trekkinggebiete sind:

- *Narsarsuaq mit dem Mellemlandet* in der Nähe des Flughafens.
- Die *Halbinsel Narsaq* mit einer beein-

druckenden Natur und der Siedlung Qassiarsuk, die aus dem Hof Eriks des Roten entstand. Die moderne Stadt Narsaq ist eines der wirtschaftlichen Zentren Grönlands.

- Die *Halbinsel Qaqortoq* beeindruckt mit hohen Bergen und dem gezackten Granitgipfel des Redekammen. Sie war Schwerpunkt des Wikingerlebens, dessen Überreste in Igaliku, der Kirchenruine Hvalsey und Qaqortoq zu besichtigen sind.
- Die weite Landschaft der *Halbinsel Vatnaverfi*, deren Trek von Igaliku bis Alluitsup Paa zu einem der schönsten Grönlands gehört.
- Die zerklüftete Bergwelt bei Nanortalik, vor allem der *Tasermiut Fjord* und das »unentdeckte« Gebiet um Kap Farvel.

Jedes dieser großartigen Gebiete ist ein exzellentes Wander- und Kanugebiet. Das Gelände ist oft leicht begehbar, da die Schafe ganze Wegsysteme ausgetreten haben. Das Schimpfwort »dummes Schaf« stimmt nicht, denn die schlauen Tiere gehen immer dort, wo es am bequemsten ist.

Das Wetter ist mild, allerdings auch regenreich. Bewölkung und Niederschlag halten jedoch nie allzu lange an.

Westgrönland

Das Gebiet schließt nördlich an Südgrönland an und reicht etwa bis *Sisimiut* am Polarkreis. Aufgrund der besonderen Strömungsverhältnisse sind die Städte oft auch im Winter eisfrei und das ganze Jahr per Schiff zu erreichen.

Die Hauptstadt Grönlands *Nuuk* hat bald die 14 000-Einwohner-Grenze erreicht und ist nach arktischen Verhältnissen eine Großstadt, mit Bussen, Geschäften aller Art, lebhaftem Verkehr und sogar einem Nachtleben. Sie ist das administrative Zentrum Grönlands. Doch auch hier beginnt die Wildnis wenige Kilometer hinter der Stadt mit imposanten Fjorden, hohen Bergen und Spuren früher Eskimo- und Wikingerbesiedlung.

Die enorme Fjordlandschaft *östlich von Nuuk* ist *das* Paradies für Trekker, wobei der Kontrast »Meer – Berge – Inlandeis« besonders fasziniert. Das Gebiet gilt es noch zu entdecken, Trekker sieht man so gut wie nie. Der Wanderer tut gut daran, eher die inneren Berge zu versuchen als die Küstenregionen, da in der Nähe des Inlandeises kontinentales Klima mit weniger Niederschlägen herrscht.

Maniitsoq bedeutet zu Recht »das Unebene«. Die Gegend ist umsäumt von hohen steilen Bergen. Der Ort liegt auf einer Insel, und nicht weit entfernt kann man auch im Sommer Skifahren oder Langlaufen.

Das Flugzeug von Europa landet in *Kangerlussuaq*. Neben der Möglichkeit zu wandern oder Kajak zu fahren bieten sich hier Touren mit dem Mountainbike an. Kangerlussuaq ist Start oder Ziel des *Arctic Circle Trail* sowie Endpunkt der klassischen *Grönlanddurchquerung*. Fruchtbare, grüne Täler wechseln mit rauhen Bergen. Beeindruckend ist die artenreiche Flora. Es dominieren runde, geschliffene Berge, und fast wirkt die Gegend wie eine hügelige Ebene. Doch nur 100 km entfernt steigen bei der *Sukkertoppen-Eiskappe* und dem *Ewigkeitsfjord* kühne Berge auf. Die Landschaft Mittelgrönlands fällt durch die variantenreichen Wandermöglichkeiten auf, die im Klassiker, dem *Arctic Circle Trail*, kulminieren.

Nördlich von Kangerlussuaq werden durch die Küstengebirge Wolken so abgehalten, daß ein fast wüstenähnliches Klima herrscht und die Gegend versteppt ist. Nicht umsonst wählten die Amerikaner

Fjorde gleichen im Licht der Mitternachtssonne einer Schatztruhe. Schwimmende »Edelsteine« sind verschwenderisch auf dem Meer verstreut.

diesen Flugplatz, der zu den wetterstabilsten des Erdballs gehört, im Zweiten Weltkrieg als ihr Sprungbrett nach Europa. Moschusochsen und Rentiere grasen in diesem Gebiet; in der Gegend des Nuuk Fjord werden sie halbwild gehalten und gezüchtet.

Diskobucht

Die Insel Disko und die umliegenden Küstengebiete sind ein einzigartiges Erlebnis. Das Gebiet erstreckt sich etwa von *Kangaatsiaq* bis *Uummannaq*.

Weit nördlich des Polarkreises gelegen

scheint im Sommer die Mitternachtssonne, während im Winter Schlittenhunde zu einer ganz besonderen Atmosphäre beitragen. Der aktivste Gletscher der nördlichen Hemisphäre, der *Jakobshavn Isbrae*, kalbt gigantische Eismassen in die Bucht. Hier findet man die höchsten Eisberge der Welt. Der Spitzname »Hochdruck-Haltestelle« signalisiert, daß hier das *stabilste Klima* der Insel, sowohl im Sommer als auch im Winter, vorherrscht.

Der Süden um *Kangaatsiaq* und *Aasiaat* wird von einem imposanten Schärenkomplex gebildet – mit tausenden Inseln ein

Weit nördlich des Polarkreises gelegen, trägt die Diskobucht wegen des stabilen Wetters den Spitznamen »Hochdruck-Haltestelle«. Östlich der Hauptinsel besteht das Gebiet aus einem imposanten Schärenkomplex, und ist durch den Schutz eines Treibeisgürtels auch ein interessantes Kanurevier.

ideales Fischgewässer. Weiter im Norden leuchten die bunten Häuser der kleinen Stadt *Qasigianguit,* was übersetzt bedeutet »Die kleinen buntscheckigen Robben«. Die Gegend ist bekannt durch ihre vorgeschichtlichen Funde und Grönlands ältesten Holzbau aus dem Jahr 1734. Viele interessante Exponate sind in lokalen Museen ausgestellt.

Charakteristisch für Disko sind die hohen, fast senkrechten Basaltberge mit einer überaus reichen Vegetation im unteren Teil. Einzigartig sind im Sommer die Möglichkeiten, mit Hundeschlitten oder Langlaufski die Gletscher der Insel zu erkunden.

Das Dorf *Uummannaq*, Ausgangspunkt für Kajakexpeditionen und anspruchsvolle Trekkingtouren, liegt am Fuße des gleichnahmigen Berges, der übersetzt »der Herzförmige« heißt.

Ilulissat hat eine wunderschöne Lage am Eisfjord und ist Geburtsort des Polarforschers Knud Rasmussen, der den Norden Grönlands erkundete und den Satz prägte: »Gebt mir Winter, gebt mir Hunde, alles andere könnt ihr behalten.«

Ostgrönland

Tunu, Rückseite des Landes, heißt die Ostküste auf Inuktitut. Wegen der geografischen Lage und der schwierigen Eisverhältnisse war die Gegend um die Stadt *Ammassalik* lange isoliert. Hier hat sich ein spezieller östgrönländischer Dialekt entwickelt, und die ursprüngliche Kultur war weniger europäischen Einflüssen ausgesetzt als an der Westküste. Erst vor 100 Jahren entdeckte der Däne Holms auf einer Bootsexpedition mit *Umiak*, den fellbespannten Booten der Inuit, einen auf steinzeitlicher Stufe lebenden Eskimostamm.

In Ostgrönland, mit einer fast 3000 km langen Küste, an der nur etwa 3000 (!) Menschen leben, sind die Jagd und der Fischfang der wichtigste Wirtschaftszweig. Wochenlange Jagdreisen mit Hundeschlitten sind Normalität und haben die Kunst, ein Schlittengespann zu führen und Hunde zu züchten, auf hohem Niveau erhalten. Der Trekker wird davon profitieren!

Wegen der kurzen Entfernung nach Island und der günstigen Flugverbindungen erhält die Gegend um *Ammassalik* seit langem Besuch von Touristen, die »einmal in Grönland gewesen sein wollen«. Abgesehen von der großartigen Natur wird die Ostküste auch wegen ihrer hübschen Handwerksarbeiten geschätzt. Das Fjord- und Inselgewirr ist ein ideales Langlauf- und Hundeschlittenrevier. Mit dem Kajak ist es noch zu entdecken. Die Berge rundum bieten schöne Skitouren, und die kühnen Gipfel fordern Kletterer heraus.

Der *Ostgrönlandstrom* mit dem vielen Treibeis macht die Schiffahrt entlang der Küste schwierig und nur in wenigen Wochen des Jahres möglich. Zwischen dem Kap Farvel und Ammassalik, immerhin etwa 900 Kilometer Luftlinie, reiht sich ein Berg an den anderen. Die meisten sind unbestiegen und haben nicht einmal einen Namen. Die großen Täler und flachen Gebirge der nördlichen Ostküste sind fruchtbar und haben ein reiches und einmaliges Tierleben, weil der Permafrost Schmelzwasser und Regen daran hindert, im Boden zu versickern.

Eis, Eis, Eis, soweit das Auge reicht. Die winterlichen Biwaks im Cumberland Sound auf Baffin Island gehören zum Eindrucksvollsten, was Trekker erleben können. Das in der Winterzeit oft stabile Wetter zaubert solche traumhaften Arktisstimmungen.

Ostgrönland ist das klassische Land für *Expeditionen*, die diesen Namen noch verdienen. Hinter Ammassalik beginnt die Eiskappe, deren *Überschreitung* bis Kangerlussuaq an der Westküste eine der größten Herausforderungen für Trekker darstellt.

Baffin Island

Bezogen auf die Gipfelhöhen erscheinen die Berge des *Auyuittuq National Park* wie Zwerge im Vergleich mit den »Großen« dieser Erde. Auf der Cumberland-Halbinsel und nördlich davon gibt es eine mächtige Gebirgskette mit einer großen Eiskappe, quasi ein Mini-Grönland. Es ist, nach dem Karakorum, das *zweitgrößte Granitgebirge* der Erde. Obwohl die höchsten Gipfel nur bei zweieinhalbtausend Metern kulminieren, weist dieses Massiv einen hochalpinen Charakter auf, weil die Vergletscherung bereits auf etwa 500 m beginnt. Enorme Gletscher haben Trogtäler gehobelt, an deren Rändern gewaltige Felswände emporstreben. Der Mt Thor hat die größte zusammenhängende Granitwand dieses Erdballs zu bieten: satte eineinhalb Kilometer hoch und drei Kilometer breit.

Der Südwesten wird von der *Mega Incognita Peninsula* gebildet, die ein erstaunliches polares Kleinod beherbergt: einen Nationalpark von anheimelnder Milde und einer überwältigenden arktischen Flora und Fauna. Das Soper River Valley ist vielfach für den Trekker interessant: auf einem uralten Eskimoweg wandern, mit Langlaufski und Hundeschlitten dem Talverlauf folgen oder im Raft und Kanu den wasserreichen Fluß abreiten.

Baffin ist für den kunstinteressierten Trekker eine Fundgrube. Die *Carver*, Specksteinschnitzer, haben ihre Fähigkeiten nicht nur erhalten, sondern weiterentwickelt.

Blick von Pangnirtung zum Akshayuk Pass und Overlord. Die Inuit kennen 30 verschiedene Begriffe für Schnee. Am Wichtigsten ist »Igloogsak«, der Schnee für den Igloo-Bau. »Nauttiaq« dagegen ist der Begriff, der alle Blumen bezeichnet, egal wie groß oder bunt sie sind. Schnee in seiner unterschiedlichen Konsistenz war für den Eskimo lebenswichtig. – Aber was sollte er mit einer Blume anfangen?

Sehenswertes und Sehenswürdiges

Es ist nicht Aufgabe eines Trekkingführers auf Details einzugehen, über die man sich in der Spezialliteratur besser informiert. Hier ein *Überblick über Grönland.*

Die Halbinsel *Narsaq* ist reich an Ruinen aus der Wikingerzeit. Die Wikingersiedlung Brattahlid, heute *Qassiarsuk,* war das königliche Gut von Erik dem Roten, dem Entdecker und »Vermarkter« Grönlands. Man sieht die Reste der Torfmauern, der Viehboxen im Stall sowie der Kapelle Tjodhilds, Eriks Frau.

Auf der Halbinsel *Qaqortoq* stand Gardar, der 1126 n. Chr. gegründete Bischofssitz, heute Igaliku genannt. Ein 10 m langes und 5 m breites Haus aus grob gehauenem Sandstein ist noch in Teilen zu erkennen. Das Mauerwerk und die zwei nach Süden ausgerichteten Türen mit ihren enormen Querholmen stehen immer noch. Die zweite, für grönländische Verhältnisse monumentale Kirchenruine aus der Wikingerzeit, ist *Hvalsey.* Ihre Mauern sind intakt, nur das Dach fehlt. Sie liegt auf halbem Weg zwischen Igaliku und Qaqartoq und gilt als das besterhaltene Beispiel einer Hallenanlage aus dieser Zeit. Man kann den Komplex aus verschiedenen Gebäuden, die mit Wegen untereinander verbunden waren, durchstreifen.

Die Stadt *Narsaq* hat einen alten Hafen mit Handelshäusern aus den Gründerjahren, Lagerhäusern und Kontoren. Im ehemaligen Haus von Henrik Lund ist ein Museum untergebracht, dessen Räumlichkeiten einen Eindruck vom Leben in Grönland während der ersten Hälfte dieses Jahrhunderts geben. Allerdings war es das Leben der hochgestellten und gebildeten Bevölkerung.

Die Stadt *Qaqortoq* hat auf dem Marktplatz den einzigen Springbrunnen in Grönland zu bieten. Die alte Schmiede ist ein sehenswertes Museum. Hinter dem Museum wurde das alte Torfhaus mit Gegenständen aus der Zeit der Jahrhundertwende eingerichtet. Sehenswert sind auch der Hafen und die alte Kirche von 1832.

In *Alluitsoq* (Lichtenau) auf der Halbinsel Vatnaverfi sind die Bauwerke aus der Herrnhuter Missionszeit interessant. Die Herrnhuter kamen bei den Eskimos deswegen gut an, weil ihre Haltung »volksnah« war. Kameradschaft zählte mehr als ehrfurchtsvoller Gehorsam und akademische Ausbildung. Im Vordergrund stand für sie ein Katechetenwesen, das auf der Ausbildung freiwilliger Laien beruhte. Krankenpflege und soziale Belange waren ihnen wichtig. Die Erhaltung der grönländischen Kultur lag einigen besonders am Herzen. Ihr bekanntester Vertreter war Samuel Kleinschmidt (1814–1886), ein gebürtiger Grönländer. Seine »Grammatik der grönländischen Sprache« bildet die Grundlage der grönländischen Schriftsprache bis in die Gegenwart. Er erhielt den Ehrentitel »der Sprachmeister Grönlands« und übersetzte die Bibel ins Grönländische.

Die Insel *Uunartoq* ist eine Insel mit warmen Quellen. Man kann ein Bad im 37 Grad warmen Wasser nehmen, während gleichzeitig kalte Eisberge vorbeitreiben. Schon die Wikinger glaubten, daß die Quellen eine heilende Wirkung haben. Aber die Insel hat auch eskimoische Siedlungen aus den letzten 3000 bis 4000 Jahren. Aus einer Grabhöhle konnte man guterhaltene Mumien bergen.

Die Stadt *Nanortalik* im Süden hat eine echt grönländische Atmosphäre. Das Wetter bestimmt die tägliche Arbeit der Fischer. Die Vergangenheit ist in den Eskimo- und Wikingersiedlungen der Umgebung noch lebendig. *Sandhavn* war Import- und Exporthafen der Wikingerzeit. Das Stadtmuseum hat schöne Kajakexponate.

Die Gegend des *Nuuk Fjord* ist reich an historischen Stätten aus allen Epochen. Die grönländische Steinzeit um 4000 v. Chr. ist ebenso vertreten, wie Ruinen aus der Wikingerzeit bei *Kapisillit. Sandnes* war ehemals ein Herrenhof mit dazugehöriger Kirche. Auch die Überreste einer Herrnhuter Mission befinden sich auf der Halbinsel.

Die Hauptstadt *Nuuk* ist der Kolonialhafen, wo Hans Egedes Haus dem grönländischen Regierungschef als Sitz dient. Das hervorragende Landesmuseum in den Lagerhäusern am Hafen zeigt die Entwicklungsgeschichte Grönlands seit 4000 Jahren auf. Berühmt sind die Mumien von Qilakirsoq: Acht Menschen, zwischen sechs Monaten und 50 Jahren, wurden um 1475 unter einem großen Stein in einer offenen Grotte begraben. Die gute Belüftung, die niedrigen Temperaturen und die geringe Luftfeuchtigkeit führten zu ihrer natürlichen Mumifizierung. Neben der Statue von Hans Egede hat die Stadt einige Denkmäler von Männern, die sich um Land und Stadt verdient gemacht haben. Auch hier gibt es eine Herrnhuter Mission.

In der *Stadt Sisimiut* sind der alte Stadtteil und die Umgebung unverändert erhalten. Der Hafen mit den großen Lagerhäusern aus der Kolonialzeit, der Trankocherei und der Faßbinderwerkstatt ergeben ein vollständiges Bild der architektonischen Entwicklung aus den ersten Jahren der Kolonialisierung.

Die Stadt *Ilulissat* beherbergt das alte Pfarrhaus, in dem Knut Rasmussen seine Kindheit verbracht hat, und ein Museum, dessen überwiegender Teil ihm und seinen Reisen gewidmet ist. Außerdem wird Kunst verschiedener Künstler ausgestellt und verkauft. Sehenswert ist die Zionskirche von 1782, die von 1929–1930 restauriert wurde und damals auch den Turm erhielt. Die ehemalige Handelskolonie ist noch in drei alten geteerten Holzhäusern gegenwärtig. Darunter das schwarze Lagerhaus, das älteste Gebäude der Stadt. Hier ist auch ein Museum untergebracht, in dem Kajaks und Schlitten das Leben der Inuit verdeutlichen.

Am Hafen der Stadt *Qeqertarsuaq* gibt es viele alte Holz– und Feldsteingebäude aus der Kolonialzeit. Von dem gemauerten Aussichtsturm (Udkiggen) auf der äußersten Spitze der Halbinsel wurden früher die vorbeiziehenden Wale beobachtet. Der Walfang war hier seit jeher wichtig für die Nahrungsversorgung der Bevölkerung. In der Nähe gibt es warme Quellen. Sie werden auf radioaktive Prozesse und vulkanische Zonen im Erdinneren zurückgeführt.

Die *Sehenswürdigkeiten von Baffin Island* beruhen in erster Linie auf der einzigartigen Natur. Die oft dramatische Geschichte ist in Historic Parks konserviert und eng mit der Landschaft verbunden. Im Ort *Pangnirtung* unterhält der Canadian Parks Service ein Besucherzentrum, wo man nicht nur einheimische Kunst, sondern auch eine gute Beschreibung der Landschaft und der Tierwelt findet. Eine Broschüre der Wanderrouten der näheren Umgebung ist erhältlich. Im Angmarlik Interpretive Centre gibt es eine Ausstellung von Ausgrabungen und Funden aus der Walfangzeit. Das Centre ist auch Seniorentreffpunkt, hat eine Bücherei, und die Organisation von Touren einheimischer Outfitter kann von hier aus arrangiert werden.

In der Stadt *Iqaluit* ist die St Judes Anglican Cathedral, in Form eines Igloos mit einem Speer auf der Spitze, eine Sehenswürdigkeit aus der Moderne. Sie wurde von einheimischen Inuit entworfen und selbst gebaut. Ihr Innenraum ist durch schöne Wandteppiche, ein Kreuz aus Narwalhorn, Kniekissen aus Seehundfell und eine Altarbegrenzung aus Holzschlitten, die auf die Seite gelegt wurden, ungewöhnlich. Tagsüber ist die Kirche geöffnet. Sonntags wird eine Messe in Englisch und Inuktitut gehalten. In der römisch-katholischen Kirche *Our Lady of the Assumption* ist die Messe sogar dreisprachig: Französisch, Englisch, Inuktitut.

Die Eiskappen: Vermächtnis der Eiszeit

Bei der Betrachtung der nördlichen Hemisphäre unseres Planeten Erde bleibt man unwillkürlich auf einer großen Insel haften, einem sprichwörtlich »weißen Fleck« auf der Landkarte. Grönland ist ein Land der Superlative. Die größte Insel der Welt trägt die mächtigste zusammenhängende Eismasse der Erde außerhalb der Antarktis. Würde sie abschmelzen, so stiege der Wasserspiegel der Ozeane um etwa sieben Meter. Weite Teile der norddeutschen Tiefebene wären wasserumspült, und nur die Kirchtürme würden als Zeugnis einer früheren Kultur aus dem Meer ragen. Holland wäre fast völlig untergetaucht. Eine Zukunftsvision? Die zunehmende globale Erwärmung – wahrscheinlich bedingt durch Ozonloch und Treibhauseffekt und verursacht durch unbedachte Verbrennung fossiler Brennstoffe – verleiht dieser Vision eine bedrohliche Aktualität.

Die größten Gebiete Grönlands und Baffin Islands liegen nördlich des Polarkreises und sind vor allem im Norden und Osten ständig von Packeis umgeben.

Ein Gletscher an der grönländischen Ostküste hat gekalbt, ein neuer Eisberg ist entstanden, der sich in die Prozession der anderen Eisberge einreiht und nach Süden treibt.

In arktischen Regionen gibt es drei Arten von Eis

Festeis ist Salzwasser, das gefroren ist und von Dezember bis Mai/Juni die Fjorde bedeckt. Packeis ist aufgebrochenes Festeis. Es bildet sich im Polarmeer nördlich von Grönland und wird mit der Strömung von der Ostküste um Kap Farvel herum an der Westküste entlang nach Norden geführt. Packeis kann der Schiffahrt große Probleme bereiten und Siedlungen von der Außenwelt abschneiden.

Eisberge brechen vom Rand der Gletscher des Inlandeises ab. Sie sind aus Süßwasser. Das Alter des Eises schwankt von 500 bis 100 000 Jahren am Eisrand, die untersten Schichten sind bis zu zwei Millionen Jahre alt. Das Inlandeis bedeckt in Grönland eine Fläche von ca. 1,8 Mio km^2. Das entspricht 14mal der Fläche Englands. Das Gewicht des Inlandeises hat in Jahrmillionen das ursprüngliche Grundfjell um ca. 800 m gesenkt.

Durch die ungeheuren Kältereservoirs des grönländischen Inlandeises und der Penny Icecap Baffins bildet sich ein *arktisches Klima.* Die größten zusammenhängenden Eismassen unserer Erde findet man in der Antarktis und in Grönland. In beiden Fällen umschließen Küstengebirge das Inlandeis, dessen Ursprung sich durch den Wechsel von der Warmzeit im Tertiär zur Eiszeit des beginnenden Quartärs erklären läßt. Die vergletscherten Randgebirge verhinderten damals ein rasches Abfließen der in der Kaltzeit sich ansammelnden Eismassen zum umgebenden Meer, so daß sich das Eis im zentralen Becken in der Höhe aufbaute und mit zunehmender Mächtigkeit ein geologisches Absenken des Beckens bewirkte. Das heutige Inland Grönlands ist als geschlossene Eiskappe auf bis zu 3000 m Mächtigkeit angewachsen und bedeckt etwa 85% der Insel. Sie gipfelt in zwei Kuppen, deren nördliche eine Höhe von etwa 3200 m und deren südliche eine von etwa 2950 m erreicht.

Nur dort, wo die Randgebirge mit ihren *Nunatakker* – Felsinseln im Eisstrom – zum Meer hin unterbrochen sind, wälzen sich Gletscher in die See. Gigantische Eiskloben lösen sich mit Getöse vom Muttergletscher und verursachen hohe Flutwellen. Eisberge, die nur zu einem Bruchteil über die Wasseroberfläche ragen, werden auf die Reise geschickt, von den Küstenströmungen fortgetrieben und vom »warmen« Eiswasser abgeschmolzen.

Terra incognita

Das Innere der Eiskappe war bis ins späte 19. Jahrhundert unbekannt und unvermessen, eine *terra incognita*. Man vermutete grüne, saftige Wiesen- und Weidelandschaften, ja sogar fruchtbares Ackerland, auf dem Getreide gedeihen könnte. 1883 unternahm der schwedische *Freiherr Adolf Erik von Nordenskjöld* die ersten Schritte zur Erforschung. Er startete an der Westküste in der Gegend von Kangatsiaq und drang etwa 200 km weit nach Osten über das Inlandeis vor.

1888 gelang *Fridtjof Nansen* und fünf Gefährten der große Wurf. Sie überquerten als erste Menschen die Eiskappe. Sie starteten in Umivik an der Ostküste und erreichten nach 42 Tagen die Westküste am Ameragdla Fjord (Tour 4). 1892 erforschte der amerikanische Admiral

»Eisberge nehmen keine Rücksicht, wenn ihnen zum Bersten zu Mute ist... Und die Flutwelle hält den Atem an, wenn der Berg neue Berge gebiert, und sich dann aus der dröhnenden Stille erhebt, zehn Meter hoch, steil aufragend kommt er angestürzt« (Märta Tikkam)

Robert Peary den Norden Grönlands. Er durchquerte das Inlandeis von Qanaq (Thule) bis zum Independence Fjord. Später erreichte Peary wahrscheinlich auch den Nordpol. Im 20. Jahrhundert folgten zahlreiche Expeditionen mit oft wissenschaftlichem Charakter, aber auch solche mit sportlichem Hintergrund, den Spuren der Protagonisten. Auch Nord-Süd-Durchquerungen über eine Strecke von fast 2700 km stehen in den Analen: 1978 glückte in 93 Tagen dem Japaner *Uemura*, 1988 einer internationalen Expedition die Längsdurchquerung mit Hundeschlitten.

Die meisten Expeditionen benutzten Hundegespanne. Moderne Großexpeditionen zur Errichtung und Versorgung von Stationen nahmen Traktoren- und Motorschlitten oder Flugzeuge zur Versorgung aus der Luft. 100 Jahre nach Nansen durchquerte eine deutsche Vier-Mann-Expedition mit *Michael Vogeley* als erste auf der Originalroute und mit denselben Mitteln wie Nansen Grönland. Die heutige »Normalroute« liegt wegen der einfacheren Logistik und der geringeren Kosten weiter nördlich und führt aus der Gegend von Ammassalik nach Kangerlussuaq (Tour 6).

Auch für den weniger »extrem« orientierten Trekker ist ein Besuch der Eiskappe möglich. Beispielsweise kann man von Narsarsuaq bis zum Eisrand wandern (Tour 9), und von mehreren Städten aus werden Bootsausflüge veranstaltet. Von Kangerlussuaq aus ist die Erreichung des Gletscherrandes sogar mit dem Auto möglich (Tour 16).

Das Inlandeis wurde vom Niederschlag im Laufe von Jahrtausenden aufgetürmt und ist schon lange vor der vom Menschen verursachten Verschmutzung entstanden. Es ist das sauberste Eis der Welt.

Schwimmende Schlösser aus Eis

Von Anfang März bis in den Juli hinein bekommen Eisberge an der grönländischen Küste Saison und begeben sich auf eine lange Seereise; Meeresströmungen und Wind bestimmen den Kurs. Flotten von bis zu 40 000 dieser weißen Wunder erreichen jährlich Kanada und werden von Strömung und Wind weiter auf eine Reise nach Süden, vorbei an Baffin Island, geschickt. *Schwimmende Schlösser aus Eis* nannte der irische Mönch St Brendan de

Dimensionen der Eisberge

»Da liegt sie vor uns, die sprichwörtliche Spitze des Eisberges in riesiger Realität. Respektvoll halten wir mit unserem winzigen Kanu Abstand. Immer wieder platscht ein Eisbrocken ins Meer und verstärkt die Labilität. Die wohnblockgroße Masse kann sich um ihre eigene Achse drehen. Weil das spezifische Gewicht des Eises nur geringfügig geringer ist als das des Wassers ragt nur etwa ein Neuntel der Gesamtmasse eines Eisberges aus dem Wasser; acht Neuntel sind unter der Wasserfläche verborgen. Überschlägig berechne ich, daß dieser 50m hohe Brocken bis 200 m unter den Wasserspiegel reichen muß und drei bis vier Millionen Tonnen wiegt. Darüber spannt sich der reine Dom des Arktishimmels. Der andere Eisberg drüben hat eine sichtbare Höhe von etwa 120 m. Das läßt vermuten, daß seine Untergrenze etwa 600 bis 800 m unter der Wasseroberfläche liegt. Löst sich von unten ein Stück Eis, so schießt es, gleich einer Rakete zur Oberfläche des Meeres. Wehe dem Boot, das es dann trifft!«

Von Frühling bis in den Sommer hinein bekommen Eisberge »Saison«. Mit donnernder Kalbung werden sie ins Meer geworfen und beginnen ihre lange Seereise. Strömungen und der Wind bestimmen den Kurs. Tausende der weißen Wunder, an Grönlands Küsten auf die Reise geschickt, stranden an der Felsenküste von Baffin Island. Ein »Gletscher-Manhattan«.

Clofert im 6. Jahrhundert die geisterhaften Eisbrocken. Die »Schlösser« haben die unangenehme Eigenschaft, sich unberechenbar zu wälzen. Eine Materie, die man nicht beherrschen kann: für Wanderer eine Augenweide, auf Schlittentouren eingefrorene Fotomotive und auf Kajakfahrten eine Gefahr, der man nur mit respektvollem Abstand begegnet!

Gletscher schicken sie auf die Reise

Die weit überwiegende Zahl aller Eisberge der nördlichen Hemisphäre wird von grönländischen Gletschern produziert. Von der mächtigen Eiskappe schieben sich ungezählte Gletscherzungen über den »Schüsselrand« der Küstengebirge in die tief eingeschnittenen Fjorde. Eis leuchtet in der Sonne wie gebrochenes Glas oder schimmert wie flüssiges Silber. Die ungeheuere Geschwindigkeit – der *Jacobshavn Isbrae* beispielsweise fließt bis zu 30 m pro Tag, also mit der gleichen Geschwindigkeit wie »schnelle« Alpengletscher im Jahr – läßt mit Donnergrollen enorme Eismassen abbrechen: Der Gletscher kalbt. Jahrtausendealte, schöne, geschichtete Eiskaskaden werden von krachenden Gletschern ins Wasser geworfen, Gebirge aus verformtem Schnee werden auf die Reise geschickt.

Der *Arktisforscher de Quervain* schrieb: »Solch ein mit Eis verstopfter und verrammelter Fjord ... ist ein Chaos, dessen Anblick so wild und abstoßend wirkt, wie ihn die Furchtbarkeit der Natur nur irgend aufweisen kann.« Chaos ist die vollendetste Form der Unordnung – eine Urmasse. Eine grönländische Eislandschaft hat einen Hang zum Grandiosen. *Ernst Sorge*, der bekannte Nordlanderkunder, berichtet von einer 20 m(!) hohen Flut-

Die Fjorde in Grönland und Baffin Island sind eine Märchenwelt aus Wasser und Eis.

welle, die sich nach einer Kalbung auf dem Meer aufbaute. Die Elemente tobten. Das Titanic-Drama, bei dem das damals als unsinkbar geltende modernste Passagierschiff der Welt im Jahr 1912 auf einen Eisberg lief und innerhalb weniger Stunden sank, ist zur Genüge bekannt. Noch in den fünfziger Jahren wurde der Stolz der dänischen Flotte, die »Hans Hedthoft«, mit Mann und Maus von einem Eisberg in die Tiefe geschickt.

Auf der Suche nach Trinkwasservorräten berichtete 1602 der englische *Kapitän Weymouth*: »Während wir Eis abbrachen – was sehr anstrengend war, denn das Eis war fast so hart wie Stein – ließ die Eisinsel ... ein mächtiges Krachen ertönen, wie bei einem Donnerschlag, und bald darauf begann die Insel zu kippen.«

Die schönen kalten Monster präsentieren sich mit einer ganzen Fülle von Formen. Das reine Eis zeigt oft eine deutliche Schichtung, die durch Sommer- und Winterschneefall, aber auch durch das Rollen der labilen Brocken entsteht. Durch immer neue Lageveränderungen tauchen rundgewaschene Partien auf. Während die instabilen Riesen kleiner und kleiner werden, bilden sich vielfältige Formen von oft bizarrer Schönheit: seitwärts geneigte Blöcke, Kuppeln mit gerundeter, glatter Oberfläche, Tore, Gewölbe, aber auch spitze, dem Matterhorn ähnliche oder pyramidenförmige Gebilde. Die Zeichen des Verfalls sind bei den bizarren Spitzenträgern unverkennbar, wenn sie sich nach beträchtlichen Schmelzverlusten in eine neue stabile Position gedreht haben: malerische Ruinen, eiskalte Märchenfiguren von atemberaubender Plastizität – formbar, wandelbar, unnahbar.

Sie sterben in Schönheit

... ein jeder auf seine Art. Im Frühjahr und Sommer bekommen die Eisberge der Arktis Saison und begeben sich auf ihre lange Seereise. Meeresströmungen und

Wind bestimmen den Kurs. Vom *Ostgrönlandstrom* getragen driften die weißen Wunder nach Süden, umrunden Grönlands Südspitze, schwenken wieder nach Norden ab, drehen in kanadischen Gewässern einen fast vollständigen Kreis und segeln mit dem *Labrador-Strom* bei Baffin Island wieder südlich. Mit der in den Wind gestellten großen Fläche können die schwimmenden Gebirge bei Sturm 100 km und mehr am Tag treiben. In den Buchten liegen oft instabile, phantastisch geformte Riesen. Sie sind gestrandet.

Auf die Masse bezogen sind es fünf Sechstel bis sieben Achtel, die von einem Eisberg nicht sichtbar sind. Wie tief der Brocken im Wasser liegt, hängt von der Struktur des Eises und dem Salzgehalt des Meerwassers ab. Hundert und mehr Meter hohe Exemplare sind keine Seltenheit. Die bisher größte zuverlässig bestimmte Höhe betrug 215 m; unter der Wasserlinie muß es Eismassen geben, die bis 1800 m in die Tiefe reichen! Die kleinen, fünf bis 15 m hoch aus dem Wasser ragenden Exemplare werden *growler*, Brummer, genannt. Sie sind für die Schiffahrt besonders gefährlich.

Eine wechselvolle Geschichte

Das lebenstüchtigste Volk

Als Erster hat der antike Geograph und Mathematiker *Pytheas* um 330 v. Chr. vom sagenhaften *Ultima Thule* berichtet, jener Insel am Rand der Welt, mit der vielleicht Island, vielleicht Grönland gemeint war.

Ein Blick auf die Karte macht deutlich: Grönland und Baffin sind direkte Nachbarn, getrennt nur durch die Baffin Bay und die Davis Strait. Es ist daher eingängig, daß Eskimos über den sogenannten *Moschusochsenweg* von Alaska über Zentral- und Ostkanada auf die arktischen Inseln und dann nach Nordgrönland wanderten – eine Wanderbewegung über 4000 Jahre.

Beeindruckend ist, daß die bekannten Eskimokulturen (Independence, Dorset, Thule) über die Jahrtausende, durch schrittweise Anpassung an die unwirtliche arktische Natur, ihr Überleben bis in die heutige Zeit sicherten. Ein Mittel war dabei die Verfeinerung ihrer Jagdtechnik, vom Landjäger und Fischer über die Robbenjagd bis hin zum Walfang. Schon 2400 v. Chr. kamen erstmals Hunde nach Grönland, und auch die ersten Kajaks stammen aus dieser frühen Zeit. Seit dem 9. Jahrhundert kennt man das Leben der Eskimos nicht nur durch im Permafrost erhaltene Funde, sondern auch aus überlieferten Sagen.

Bis 1750 überlebten die »klassischen« Eskimos durch die Jagd auf Wale, Karibous, Robben, Walrosse, Vögel und Fische. Die Menschen lebten in größeren Dörfern mit bis zu 30 Häusern. Auf ein Gerüst von Walknochen wurden Felle gelegt und mit Rasen bedeckt. Schneehäuser, Igloos, wurden als halbpermanentes Winterheim und Fellzelte im Sommer benutzt. Daß diese Art der Besiedlung möglich war, liegt auch daran, daß das Klima nicht immer so kühl war, wie wir es heute kennen. Analysen von Bohrkernen des Inlandeises geben darüber Auskunft.

Um 1800 brachte eine Klimaveränderung auch eine Veränderung der Lebensgewohnheiten der Eskimos. Durch Abkühlung wurden die Meere mit Eis bedeckt, der leicht jagdbare Buckelwal verschwand. Die Menschen verließen ihre festen Dörfer und entwickelten ein Nomadenleben, indem sie in kleinen Gruppen Robben und Walrosse jagten. So begann die Entwicklung der modernen Inuitkultur.

Aus Überlieferungen gewinnen wir ein Bild der in dieser unwirtlichen Region lebenden Gesellschaft. Feste mit Tanz förderten das lebenswichtige Zusammengehörigkeitsgefühl und gaben den Menschen seelischen Beistand. Besondere Bedeutung in dieser Kultur hatte der *Schamane*, der in erster Linie Problemlöser war. Die traditionelle Glaubenswelt der Eskimos war durch den engen Bezug zu der sie umgebenden Natur geprägt. Der Schamane war dabei der Vermittler zwischen immaterieller und materieller Welt, zuständig auch für die Überwachung der Lebensregeln. Daß diese Regeln, wie z. B. *Kollektivpaarungen*, Inzest vorbeugen und widerstandsfähige Nachkommen sichern sollten, leuchtet ein. Die von den christlichen Missionaren diffamierten Sexualbräuche der Eskimos hatten praktischen und überlebensnotwendigen Nutzen. Es ist nicht verwunderlich, daß durch die Christianisierung, obwohl schon im 18. Jahrhundert durch den Dänen Egede eingeleitet, erst 1922 der letzte »Heide« an der Ostküste getauft wurde.

Der Lebensraum der Ureinwohner der Arktis, der Eskimos, erstreckt sich über nationale Grenzen und sogar Kontinente. Die Menschen bewohnen eine arktische Wildnis aus Eis und Schnee, die von Ostsibirien über Alaska und Kanada bis nach Grönland reicht, und ihre Lebensbedingungen sind wohl die härtesten, denen sich je menschliche Wesen angepaßt haben. Seit dem 10. Jahrhundert, als seefahrende Wikinger zum ersten Mal über die Existenz der Eskimos in ihren Chroniken berichteten, haben die Erzählungen über dieses Volk die Phantasien der Bewohner gemäßigter Breiten beschäftigt. Auch heute noch leben Eskimogruppen, die durch gemeinsame Sprache und Physiognomie verbunden sind, über die arktischen Gebiete verstreut. Aber die moderne Zivilisation hat tief in ihr Dasein eingegriffen, und nur wenige leben noch wie ihre Vorfahren.

Wally Herbert, Polarforscher

Rätsel geben uns die Fähigkeiten der Inuit vergangener Tage auf. Wie konnten sie einen großen Wal erlegen und an Land bringen? Basis des Jagdlagers einer Eskimofamilie war das Zeltgerippe aus den Knochen des größten Säugetiers.

Wikinger – die nordischen Rauhbeine

Vor etwa 1000 Jahren kamen die ersten Europäer nach Grönland. *Erik der Rote* erreichte, aus Island verbannt, 982 das heutige Kap Farvel. Drei Jahre lang durchsegelte er die zerklüfteten Fjorde und fuhr von Bucht zu Bucht, um die Siedlungsmöglichkeiten zu erkunden. Er entdeckte im Inneren der Fjorde grüne Täler, fischreiche Flüsse und erforschte die Küstengewässer, in denen fette Robben und mächtige Wale lebten. All diese Vorzüge pries der »Werbestratege« nach Island zurückgekehrt unter der Bezeichnung »Grünland« so eindrucksvoll an, daß sich 25 Schiffe mit Männern, Frauen, Kindern, Pferden, Kühen, Holz, Werkzeugen, Küchengeräten und Fangnetzen auf den Weg machten. Nur 14 Schiffe erreichten jedoch ihr Ziel und entkamen den Stürmen und dem Packeis. Etwa 70 Leute verteilte Erik auf zwei Siedlungen: eine im Süden in der Gegend von Qaqortoq und eine im Westen bei der heutigen Hauptstadt Nuuk. Er selbst siedelte in dem nach ihm benannten *Eriks Fjord* auf einem Hof, den er Brattahlid nannte. Die Reste der Wikingersiedlung sind im heutigen Qassiarsuk (u. a. Tour 11) noch zu sehen. Wenige Jahrzehnte später zählte der Wikingerstaat mehr als 3000 christliche Seelen. *Leif Erikson* war von Norwegen als Anhänger des neuen Glaubens heimgekehrt und bewog die Bewohner Grönlands, seinem Beispiel zu folgen.

Wenn auch die klimatischen Bedingungen in Grönland damals wahrscheinlich besser waren als heute, so war das Leben in einem dumpfen, lichtlosen Hüttendasein an mehr als acht Monaten des Jahres entbehrungsreich. Dies ist möglicherweise ein Grund, warum die Wikinger von Grönland immer wieder aussegelten, um neues Land zu finden. Mit einem hohen Grad an Sicherheit ist aus den schriftlichen Quellen zu folgern, daß die Wikinger, die blendendsten Seefahrer der damaligen Zeit, von Grönland via Baffin Island mehrfach das amerikanische Festland erreicht haben, daß sie dort Siedlungsversuche unternahmen und die seemännischen Schwierigkeiten der Hin- und Rückreise hervorragend meisterten. Gemäß den nordischen Sagen kehrte nach einjähriger Abwesenheit Leif Erikson zurück und berichtete von einem Land, das er *Vinland*, Weinland, nannte. Die Wahrscheinlichkeit ist groß, daß es sich dabei um die Küste von Labrador handelte. Viele Historiker nehmen an, daß das *Helluland* der nordischen Sagen ein Teil der Küste Baffins in der Nähe der heutigen Siedlung Clyde River war.

Die norwegisch-isländische Grönland-Kolonie hatte zeitweise einen gewissen Wohlstand erreicht. Im 12. und 13. Jahrhundert bezeugten ein Bischofssitz in *Gardar* (heute Igaliku), 16 Kirchen und zwei Klöster die Blütezeit grönländischer Wikingerkultur. Die Bevölkerung dagegen degenerierte. Funde aus dieser Zeit, die aus der Kältekammer des Permafrostes unversehrt in unsere Welt zurückgeholt wurden, zeigen eine schlechte körperliche Verfassung durch Inzucht und Vitaminmangel. Rachitis, Zwergwüchsigkeit, Rheuma und Tuberkulose führten zu frühem Tod. Um 1540 waren die grönländischen Wikingersiedlungen menschenleer. So verschwanden die Normannen nach einer Blütezeit von 500 Jahren.

Nach China um Amerika: Die Nordwestpassage

Im 16. Jahrhundert begann die Suche nach einer schiffbaren Verbindung zwischen dem Atlantischen und dem Pazifischen Ozean rund um Nordamerika: Die *Nordwestpassage* wurde gesucht. Diese Bemühungen führten über drei Jahrhunderte Seefahrer, Entdecker und Forscher sowohl nach Grönland als auch nach Baffin Island. Es sind die gleichen Namen, die in der Geschichte beider Inseln in dieser Zeit von Bedeutung sind. Allen voran *Martin Frobisher*, der englische Seefahrer (1535–1594), der das grönländische Südkap umsegelte. Er taufte es, da er wegen stürmischer See nicht an Land gehen konnte, Cape Farewell (heute: Kap Farvel). 1578 landete er an der grönländischen Westküste in der Gegend des heutigen Paamiut, ohne zu wissen, daß er auf Grönland war. Er erreichte schließlich Baffin Island und meinte, dort Gold gefunden zu haben. Das Metall stellte sich später als wertlos heraus. Frobishers Zusammentreffen mit den Ureinwohnern war nicht sehr freundlich. Sie töteten einige seiner Männer. Er nahm drei Inuit gefangen und entführte sie nach England, wo sie bald starben.

Zehn Jahre später war wieder ein Engländer auf der Suche nach der Nordwestpassage. *John Davis* erreichte die Küste Grönlands und segelte weiter nach Baffin Island. Die Seestraße, die er damals befuhr, trägt bis heute seinen Namen. Von seinen Reisen brachte Davis erste Erkenntnisse über Lebensweise und Sprache der Inuit mit. Er berichtete von ihrer bewundernswerten Geschicklichkeit im Umgang mit dem Kajak und ihrer ausgefeilten Technik bei der Benutzung von Schlitten und Hunden. Jahre später segelte *William Baffin* bis in die Gewässer von Thule, erreichte die Südküste von Baffin Island und erforschte und kartografierte die Insel.

In dieser Zeit waren Grönland und Baffin Island für die Suche nach der Nordwestpassage bestenfalls Stützpunkte. Die Küsten blieben weitgehend unerforscht. Erst im 19. Jahrhundert, mit dem sich ausbreitenden Walfang, erwachte das Interesse neu. Der englische Walfänger *William Scoresby* erforschte die damals nördlichste Region Grönlands und segelte 1822 nach Ostgrönland. Etwa zur gleichen Zeit befuhr *John Ross* den Lancaster Sound und erforschte die Küste Baffins südlich bis Cape Dyer. *W. E. Parry* tat das gleiche in der Gegend von Igloolik.

Die letzte und spektakulärste britische Expedition zur Erkundung der Nordwestpassage war zweifellos 1845 die *Sir John Franklin Expedition* und ihr spurloses Verschwinden. Dieser Fehlschlag gab den

Vor dem 20. Jahrhundert wagte man sich nur in die Eisregionen, weil man hoffte, einen Weg zu den Schätzen des Ostens zu finden. Der kürzeste Weg in den Orient führt über den Nordpol. Das Problem: Das Packeis war nicht passierbar.

zukünftigen Expeditionen ein neues Ziel: die Suche nach den Verschollenen.

Erst 1903 gelang dem Norweger *Roald Amundsen* die Befahrung der Nordwestpassage in drei Jahren. Doch es dauerte noch bis 1944, bis zum ersten Mal die »St Roch«, ein Schiff der Royal Canadian Mounted Police (RCMP), die Passage in einem einzigen Sommer durchfuhr.

Die Eroberung des Unnützen

Im 19. Jahrhundert ging es darum, das Innere der arktischen Inseln zu erforschen. In unserer heutigen Zeit technischer Perfektion ist es kaum noch vorstellbar, welche Entbehrungen und Strapazen die Entdecker dabei auf sich genommen haben. Nicht im Süden, sondern ausgerechnet im hohen Norden befindet sich das größte eisfreie Gebiet Grönlands – *Peary Land*, benannt nach einem amerikanischen Admiral. Er war es auch, der 1909 für sich in Anspruch nahm, als erster Mensch den Nordpol erreicht zu haben. Allerdings behauptete sein Konkurrent Frederik Cook, das er diesen schon einige Wochen früher erobert hätte.

Knud Rasmussen fuhr auf seiner »literarischen Grönlandexpedition« mit Hundeschlitten über die Melville-Bucht. Er errichtete mit P. Freuchen die private Handelsstation Thule. Rasmussen, dessen Großmutter Grönländerin war, beherrschte nicht nur die Sprache, ihm waren auch der Umgang mit dem Hundeschlitten vertraut sowie die wesentlichen eskimoischen Überlebenstechniken. Dies war eine hervorragende Vorraussetzung für verschiedene Expeditionen, die er im hohen Norden unternahm. Beeindruckend ist auch die große Schlittenreise, die er 1924 von der Hudson Bay entlang der Nordküste von Kanada bis nach Alaska unternahm.

Obwohl die kanadischen Inseln schon 1880 offiziell von Großbritannien an Kanada abgetreten worden waren, dauerte es bis 1897, bevor eine Expedition Baffin Island besuchte. Die Regierung hatte natürlich Kenntnis davon, daß amerikanische und britische Expeditionen schon seit langem den Osten von Ellesmere Island als Ausgangspunkt dafür benutzten, um den Nordpol zu erreichen. Die Antwort der kanadischen Regierung auf das Interesse, das z. B. Knud Rasmussen den arktischen Inseln entgegenbrachte, war die Gründung von Außenposten der RCMP, die durch Patrouillen per Hundeschlitten die kanadische Herrschaft in diesem Gebiet festigen sollten.

Seit 1911 betrieb die *Hudson Bay Company* in Lake Harbour ihren ersten Posten auf Baffin Island. Von dort verteilten sich im Lauf der Jahre die Handelsposten über die ganze Insel und brachten den Inuit eine größere Warenpalette als früher die privaten Händler.

Die zweifelhafte Moderne

Das Nationallied der Grönländer, geschrieben von Pastor Henrik Lund (1875–1948) aus Narsaq

Unmöglich noch weiter in Ruhe zu verweilen!
Grönländer steht auf!
Wir wollen jetzt als freie Menschen aufwachsen.
Beginnt an die Morgenröte der Tüchtigkeit zu glauben!

Händler, Polizei und Missionare waren ein Triumvirat, das das Leben der Inuit bis nach dem Zweiten Weltkrieg bestimmte. Der Krieg und seine Nachwirkungen öffnete die kanadische und grönländische Arktis gewaltsam der Entwicklung. In

Ist dieser Friedhof an der grönländischen Westküste schön? Kitschige Kunstblumen und Eisberge ergeben einen besonderen Farbkontrast.

Iqaluit wurde ein Flugplatz gebaut. 1955 wurde der Ort Verwaltungszentrum der östlichen Arktis. In dieser Zeit gab es nur etwa 100 Inuit in der Gegend. Ab 1950 brachte die Regierung einige Inuit-Familien aus dem Norden Quebecs auf die Insel, um ihre Herrschaft im Norden zu sichern.

1960 wurden die ersten öffentlichen Schulen in den meisten Dörfern Baffins eröffnet, in denen Englisch als Hauptsprache gelehrt wurde. Die Kinder verließen ihre Familien, um in Schulgemeinschaften getrennt von den Eltern zu leben. Es war unvermeidlich, daß die Eltern ihnen folgten. Ab Mitte 1960 entstand ein staatliches Mammutprogramm, um die Inuit seßhaft zu machen. Mit der Zeit gaben diese ihr Nomadenleben auf und siedelten in den Dörfern.

Handel und Mission hatten auch Grönland über Jahrzehnte beherrscht und die Einheimischen mehr und mehr ins Elend gestürzt. Die kritischen Berichte über die soziale Situation und die Äußerungen über das gestörte dänisch-grönlandische Verhältnis ziehen sich bis weit ins 20. Jahrhundert. 1925 erhielt Grönland ein neues Verwaltungsgesetz, das einen Bruch mit der früheren dänischen Politik bedeutete. Das Ziel war, die Grönländer zu Bürgern in einem modernen Gemeinwesen zu machen, das wirtschaftlich autonom und ohne große staatliche Zuschüsse von Dänemark existieren konnte. Von entscheidender Bedeutung war die Einführung des Dänischen als Hauptsprache: Eine ebenso zweischneidige Neuerung wie die zwangsweise Umsiedlung der Inuit in die künstlich geschaffenen Dorfgemeinschaften.

Der *Zweite Weltkrieg* schnitt die Insel vom Mutterland Dänemark ab. Die Versorgung der Bevölkerung mit Lebensmitteln drohte zusammenzubrechen. In dieser Situation wandten sich die Grönländer an die US-Regierung und unterstellten Grönland ihrem Schutz. Der Preis dafür war die Errichtung von Militärbasen auf der Insel, deren wichtigste in Südgrönland Narsarsuaq war, heute noch der zweitwichtigste Zivilflughafen der Insel.

Der Krieg veränderte die grönländische Situation. Das bis dahin mehr oder weniger von der Welt abgeschlossene Land wurde durch die Stationierung amerikanischer Soldaten mit einer neuen Welt konfrontiert. Der Wunsch nach wirtschaftlicher und kultureller Modernisierung wurde immer stärker. Nach langwierigen Bemühungen wurde Grönland 1952 endgültig dänische Provinz und die Grönländer dänische Staatsbürger. Zwei Abgeordnete repräsentieren die Insel im dänischen Reichstag. Die Industrialisierung hält Einzug. Es entstehen die ersten Mietskasernen aus Beton. Das Leben ändert sich radikal.

Duell auf grönländisch

»Es ist Grönlands Nationalfeiertag. Eingezwängt in ein Bürgerhaus steigt die Temperatur allmählich auf Hemdsärmelniveau an. Der Kaffee ist ausgetrunken, der Kuchen seit langem verspeist. Jetzt kommt der Höhepunkt: Ein Trommeltanz, bei dem zwei Fänger einander herausfordern. Die Inuit rundum sind sichtlich stolz darauf, daß hier eine alte Tradition überliefert wird. Das ist keine Touristenschau, sondern ein echter Kampf. Die Gesänge verstehen wir nicht, der Rhythmus ändert sich abrupt, aber über die Bedeutung gibt es keinen Zweifel. Wir werden Zeugen eines Duells, bei dem es nicht um Leben und Tod, sondern um Ehre und Würde geht. Die Duellanten singen sich abwechselnd an, während die Trommelstöcke auf der Seehundhaut hämmern. Es wird von oben nach unten getrommelt, und der Rhythmus wird durch starke Bewegungen des Unterleibs unterstrichen. Die Spannung ist auf dem Siedepunkt. Die Inuit rundum grinsen. Wir können daraus ablesen, daß es darum geht, einander lächerlich zu machen – und daß dies beiden Duellanten sehr gut gelingt. Der Beifall markiert ein Unentschieden. Das Fest geht weiter.«
Ursprünglich war der Trommeltanz das Medium für die Überlieferung von Mythen und Erzählungen, oder er sollte der Besänftigung der Geister dienen. Aber auch der Lösung von Konflikten, indem man versuchte, seinen Gegner lächerlich zu machen. Der am meisten Beklatschte gewann die Sympathien – und damit den Streit. Früher mußte der Verlierer sein Heimatdorf verlassen, um das Gesicht zu wahren. Mit der Einführung des Christentums wurde der Trommeltanz verboten. Im Rahmen der Wiederfindung der kulturellen Werte taucht auch dieses unblutige Duell wieder auf.

Die Jäger des hohen Nordens

Reizthema Robben

1984 hatten Umweltschutzorganisationen dank spektakulärer Aktionen den Jungrobbenschlächtern auf Neufundland das Handwerk gelegt. Babyrobbenfelle waren nicht mehr abzusetzen. Gleichzeitig war aber auch der Markt für die Felle ausgewachsener Robben zusammengebrochen. Vielen Grönländern, die seit jeher vom Verkauf solcher Felle gelebt haben, war die Existenzgrundlage entzogen. Die gefühlsgeladene Auseinandersetzung hatte keinen Raum für Differenzierung gelassen. Greenpeace räumte dieses Versäumnis ein. Neuerdings scheinen die Grönländer den Absatzmarkt für ihre Robbenfelle wieder beleben zu können.

Jäger aus Leidenschaft

Nie werde ich die umwerfende Gastfreundschaft von Daniel Lukassen vergessen, der uns – obwohl er uns gar nicht kannte – spontan in seinem Haus am Kangeragdla Fjord aufnahm: ein umwerfendes Erlebnis nach 35 Tagen Grönlanddurchquerung. Klein, gedrungen und europäisch gekleidet, ist er der moderne Vertreter des Grönländers, einer Mischung aus Eskimo und europäischem Seefahrer. Daniel ist Lehrer im Hundertseelendorf Kapisillit an der grönländischen Westküste. Das ist sein Beruf. Seine Leidenschaft ist die Rentierjagd, die er auf den elfjährigen Sohn überträgt. Dieser schoß mit zehn Jahren sein erstes Karibou.

Immer wird mir der Jäger Nathaniel auf Baffin Island in seinen unförmigen Hosen aus Eisbärfell und seinem Robbenanorak in Erinnerung bleiben, der auf meine Frage, ob er ein Eskimo sei, stolz antwortete: »I am Canadian.« Seine Heimat ist das Eismeer, viele Menschen gibt es weiter nördlich nicht mehr. Seine Profession ist die Jagd auf Polarbären, sein Hobby sind amerikanische Videos, die Unterhaltung aus der Konserve.

Inuit, Menschen, nennen sie sich. Der europäischen Begriff, das aus dem Indianischen kommende *Eskimo*, ist bei den Jägern des hohen Nordens unbeliebt. Simionie, mit 50 Jahren schon der »Alte«, beherrscht die Kunst des Igloo-Bauens, ist aber sonst ein Vertreter der modernen Inuit. Seine Passion ist die Robbenjagd, seine Pflicht ist der ungeliebte Job in einer modernen Company, und sein Laster ist der Suff.

Der eisgraue, runzelige Inuk in Igaliku, einem kleinen Dorf an der Südwestecke des Kalaallit Nunaat lacht so herzlich, daß sich sein breites Gesicht in noch mehr Falten legt. Seine ausgebreiteten Arme markieren von Hand zu Hand einen guten Meter: »So große Lachse habe ich gestern oben im Fjord gefangen, da, wo das Eis herabfließt.« Auch er, der Schafzüchter, ist aus Leidenschaft Fänger. Letzten Sommer machte er Urlaub auf Gran Canaria.

Die Schneehäuser – Symbol für »Eskimo«

Igloo ist der Inuktitut-Name für alles, was Haus bedeutet. Insofern ist der deutsche Begriff für den Schneebau, Iglu, nicht korrekt, aber er hat sich eingebürgert. Ein Igloo wurde traditionell als Biwak verwendet, bei einigen Inuitstämmen auch als halb-permanentes Winterheim. Mehrere

Seit Jahrtausenden war die Robbe der Schlüssel dafür, daß man in der Wildnis der Arktis überleben konnte. Sie gab den nordischen Überlebenskünstlern alles, was sie zum Leben brauchten. Jeder Inuk verzehrt auch heute noch im Durchschnitt vier Seehunde pro Jahr. Wer bei einem von Inuit begleiteten Trek nicht akzeptiert, daß gejagt wird, hat in der Arktis nichts verloren.

Schneehäuser wurden zusammengebaut und mit Tunneln verbunden, meistens mit einem großen zentralen Gebäude als Mittelpunkt. Ein Igloo ist schwierig zu bauen, und nur noch wenige Erfahrene beherrschen die Kunst, eine solche lebensrettende Behausung zu errichten. Sie wurde ein internationales Symbol für die Lebenstüchtigkeit der Eskimos.

Ein kleiner, krummbeiniger Inuk läßt den Motor seines Snowmobils aufheulen. »Simionie«, ist seine kurzsilbige Antwort auf meine Frage nach seinem Namen. Der schüttere Bart des eisgrauen Eskimos weht im Fahrtwind, als wir aufs tiefgefrorene Meer hinausbrausen. Irgendwo in der Weite stoppen wir. Hier sind Robbenlöcher, und Simionie will sich für die Jagdsaison ein Biwak bauen. Er holt einen langen Fuchsschwanz und ein großes Messer aus dem Schlitten und beginnt ohne Zögern mit seiner Arbeit. Mit der Säge trennt er etwa einen halben Meter große Schneeblöcke heraus, die er um sich stapelt. Bald liegt um die entstehende Wanne eine kreisförmige Reihe von aufgestellten Schneeziegeln. Die Fugen schneidet Simionie von innen mit dem Messer gerade und rückt die Stücke zusammen, so daß sie sich gegenseitig stützen. Jeder der Blöcke hat ein Format von etwa 80 x 40 x 10 cm. Es ist erstaunlich, wie regelmäßig die nach Augenmaß geschnittenen Ziegel ausfallen. »Igloogsaq«, sagt er und deutet auf den festgepreßten Schnee, der sich für den Schneehausbau besonders eignet und schon im Namen das Wort »Igloo« enthält.

In die unterste Reihe der Mauer schneidet Simionie eine schiefe Ebene und beginnt auf dieser Basis die nächste Blockreihe zu errichten. Von innen gleicht er die spiralförmig entstehende Wand am Schnittpunkt zweier Blöcke mit dem Messer aus, so daß eine leicht nach innen ge-

Ein Igloo ist primär ein Jagdbiwak, auch wenn es früher, über Tunnelsysteme miteinander verbunden, dorfähnliche Winterquartiere gab. Ein geübter Inuk baut innerhalb einer Stunde solch ein Haus.

neigte Fläche entsteht. Die Blöcke stützen sich gegenseitig, und die Wendelebene wächst. Ein Dom aus Eis entsteht. Zuletzt legt der er noch einen Block oben auf das verbleibende Loch, kriecht in das fertige Haus und schneidet von innen den Schneedeckel so zu, daß er in die Lücke fällt und sie verschließt. Er bohrt noch ein Luftloch in die runde Decke der windabgewandten Seite, verfeinert den Eingangsschlupf mit der Säge, zerrt drei Blöcke durch den tiefen Eingang als späteren Verschluß hinein. Dann werden die Spalten zwischen den Ziegeln mit Schnee verstopft. Fertig. Keine Stunde hat dieser Hausbau gedauert.

Schlittenfahrt

Nathaniel trägt einen seehundgefütterten schwarzen Anorak und eine Brille. Viele Inuit sehen schlecht. Seine Hose ist aus Karibufell, dessen Haarseite er nach außen trägt. Neben ihm steht seine junge Frau. Der weite Parka und die Kapuze verbergen ein schlafendes Kind, das sie auf dem

Rücken trägt. Heute will ich mit dem Hundeschlittenführer auf die Jagd. Der Eskimo ist Spezialist für das Stellen von Eisbären und hat ein berühmtes Huskygespann.

Drunten am Meer ist eine straff gespannte Kette mit den Hunden verankert. Nathaniel greift in das infernalische Geheul – die Hunde merken, daß sie laufen dürfen –, klinkt den Meuteführer aus, stellt ihn sich zwischen die Beine, zieht ein Zuggeschirr aus Robbenleder aus der Anoraktasche und streift es dem bellenden Tier über. Das Rudel jault, kläfft und heult und ist voll Erwartung und Sehnsucht. Jedes der Tiere will einer der 14 Zughunde sein, die wir heute vor den Schlitten spannen.

»Be careful!« Nathaniels Warnung kommt fast zu spät. Als er den Anker aus dem Schnee zieht, gibt der Schlitten dem Druck der Hunde nach, die sich in die Leinen stemmen. Das schwere Holzgefährt mit den massiven, blechbeschlagenen Kufen und den Querbrettern, die mit Schnüren verankert sind, um die Flexibilität zu wahren, nimmt ruckartig Fahrt auf. Ich spurte hinterher und hechte auf die Plattform.

Land ist nicht mehr zu sehen. Einen Kompaß, der hier »oben« nahe dem Magnetpol sowieso spinnt, haben wir nicht dabei. Trotzdem findet der Inuk immer die Richtung. Ist es nur die Sonne, nach der er sich orientiert? Die Meinung eines Kenners klingt mir im Ohr: »Die Inuit brauchen keinen Kompaß. Sie haben einen Computer.« Er spielte auf das überragende Orientierungsvermögen der arktischen Ureinwohner an.

Nathaniel ruft ein langgezogenes »Hoooo«, und der Schlitten kommt knirschend zum Stehen. Der Inuk bückt sich, zieht den dicken Fausthandschuh aus und fährt mit den Fingern eine Kontur im Schnee ab. »Nanooq«, murmelt er. Ich erkenne die tiefen, vielleicht 20 cm langen Tatzenabdrücke: Hier ist vor kurzem ein Bär gelaufen.

Nanooq heißt »Eisbär«

Die Spuren führen in die Bucht hinein, hin zum Dorf. So nahe! Während die Hunde sich ins Geschirr legen, erzählt Nathaniel: »Es war schon spät an einem Septembertag, als Joanasie Netsiq in seinem Zelt aufwachte. Sein Onkel Adamie war unterwegs auf Kariboujagd und hatte das Gewehr mitgenommen. Nach dem Frühstück kroch der alte Joanasie aus dem Zelt. Plötzlich spürte er, daß jemand hinter ihm sein mußte: Drei Meter entfernt stand ein

Huskies haben die Polargebiete erobert – nicht der Mensch!

Schlittenhunde waren der Schlüssel für die Besiedlung der Arktis und die Eroberung der Pole. Nansen erreichte mit Hunden und mit seinem Begleiter Johansen den 86. Breitengrad – damals ein Rekord. Peary war erfolgreich, als er den Nordpol vom kanadischen Inselarchipel aus schaffte und heil zurückkehrte. Und Amundsen spurte 3000 km von der antarktischen Küste zum Südpol und zurück: mit Hundeschlitten. Die Tiere waren Garanten seines Erfolgs und taktisches Mittel in der Nahrungskette: Sie wurden nach und nach an ihre Artgenossen verfüttert oder von den Männern der Expedition verspeist. Amundsens Bericht, wie er seinen Lieblingshusky erschießt und dann verzehrt, wirkt in seiner Nüchternheit erschütternd.

»Eskimo« nannten die europäischen Seefahrer die Einwohner Grönlands. Das bedeutete »Rohfleischesser«. »Inuit«, Menschen, nennen sie sich selbst. In der Ehe gibt es keine Hierarchie. Trotz der strengen Aufgabenteilung – der Mann ist der Ernährer, die Frau Hüterin des Hauses und der Kinder – sind beide frei in ihren Entscheidungen.

Eisbär. Das einzige, was Joanasie noch tun konnte, war den Unterarm hochzureißen, um sein Gesicht zu schützen. Dann fiel der Bär über ihn her, riß ihm mit seinen Tatzen die Schulter auf und biß den Arm durch. Joanasie gab nicht auf und hieb mit dem gesunden Arm auf den Kopf des Bären ein. Joanasie war so gut wie tot ...« Nathaniel macht eine Kunstpause und fährt fort: »Plötzlich peitschten zwei Schüsse, dann nochmals einer, dann nochmals zwei, und der Bär fiel tot um. Adamie, der Onkel, war zufällig zurückgekehrt. Er brauchte fünf Schüsse aus seinem schwachen Gewehr, Kaliber .22, um den Bären zu töten. Der letzte Schuß traf ins Herz. Der alte Inuk überlebte die Attacke, aber sein Arm mußte amputiert werden. Und bis heute trägt er an seinem Körper fürchterliche Narben.«

Mehr als ein Dutzend Eisbären werden jährlich in der kanadischen Arktis in Notwehr getötet. Wenn sie hungrig sind, haben sie nur eines im Sinn: Töten und Fressen. Ein Mensch ist dabei eine leichte Beute und willkommene Abwechslung auf der Menükarte. Der Speiseplan der Eisbären besteht zu 100 Prozent aus Fleisch.

Die Hunde ziehen an und scheinen das Ende des Tages und das Ziel, an dem das Fressen wartet, zu spüren. Wo ist der Bär, dessen Spuren wir gesehen haben? In der Dämmerung füttern wir die Hunde, die müde und zufrieden wieder an ihrer Kette liegen. Nathaniel schlägt mit einer großen Axt aus einem hartgefrorenen Seehundschlegel faustgroße Stücke, die ich den Huskies hinwerfe. Sofort entsteht eine wüste Rauferei. Der Sieger schlingt das steinharte Fleisch hinunter.

Als ich in das überheizte Haus Nathaniels trete, wartet dieser mit einer Neuigkeit auf: »Heute wurde 200 m vom Dorf entfernt ein Bär getötet. Er hatte neun Fuß.« Das muß der Eisbär gewesen sein, dessen Spuren wir gefunden haben. Neun Fuß sind knapp drei Meter. »Es ist nicht ungewöhnlich, so nahe am Dorf Nanooq zu begegnen. Er war eine Gefahr für das Dorf und wurde mit drei Schüssen erlegt.«

Robbenernte

Simionie klettert auf seinen Motorschlitten, gibt Gas und fetzt über das Eis der Bucht, das hier noch glatt ist. Wachsam blickt er in den Schnee. Bei kleinen Verwerfungen hält er, stochert mit dem Messer, murmelt: »No good« und stapft weiter. So geht das mehrmals, bis er zufrieden ist und das Gewehr vom Schlitten nimmt. Mit geübtem Auge hat der Jäger in einer Spaltenzone zwei gut erhaltene, nur leicht verwehte Atemlöcher entdeckt. Simionie steht bewegungslos wie eine Statue vor dem Loch im Eis, das Gewehr in der Armbeuge. Die Ruhe, die er ausstrahlt, ist seit vielen Generationen vererbt.

Peng! Der überraschende Knall des Schusses zerreißt die Stille. Das Wasser des Eisloches mit einem halben Meter Durchmesser färbt sich rot. Der Inuk greift blitzschnell zu einem Stock mit einem eisernen Haken und haut ihn ins Wasser mit den purpurfarbenen Eisstücken. Mit einem Ruck zieht er einen 1,50 m langen Seehund aufs Weiß des Schnees. Es sieht aus, als wenn der tote »seal« geboren würde. Blut tropft aus dem Loch im Hals, wo das Eisen den Körper durchlöchert hat. Der Jäger zieht sein langes, scharfes Messer aus der Scheide am Gürtel. Innerhalb weniger Minuten wird aus dem kompakten Tier eine portionierte, tiefkühlbereite Ansammlung von Fleischpaketen. Es muß schnell gehen, damit der tote Körper nicht gefriert. Den meisten Europäern wäre bei diesem Schlachtfest schlecht geworden. Ich akzeptiere diese schnelle Jagd. Wie sagte Simionie? »Bei euch in Deutschland geht man auf die Felder und sammelt Kartoffeln. Wir ernten Seehunde.«

Volk im Aufbruch

Sowohl auf Baffin Island als auch in Grönland wird der Trekker sehr schnell den Eindruck gewinnen, daß er nicht nur räumlich, sondern auch zeitlich riesige Distanzen durcheilt. Zwischen Städten und Siedlungen besteht ein großer Unterschied. Die »Großstädte« ab etwa 700 Einwohnern unterscheiden sich in ihrer Infrastruktur kaum von europäischen größeren Siedlungen. In den kleinen Dörfern jedoch trifft man auf eine Bevölkerung, die dem Rhythmus der Vorzeit folgt. Die Menschen haben es nicht so eilig. Es gibt

Leben zwischen Steinzeit und Moderne. Ab dem 19. Jahrhundert brachte das Gewehr den Eskimos eine Erleichterung ihres Jägerlebens. Mit der Notwendigkeit für Feuerwaffen und Munition Tauschhandel zu treiben, gerieten sie in Abhängigkeit.

kaum Straßen, dafür um so mehr Pfade, die sich zwischen den Häusern hindurchschlängeln. Vielleicht ein Geschäft, das auch zugleich Postamt ist, eine Schule, eine Kirche und ein kleines Elektrizitätswerk. Die Einwohner sind meist Selbstversorger und leben fast ausschließlich vom Fischen und der Jagd. Die Neuzeit hat längst ihren Einzug gehalten: mit Satellitenfernsehen, Fiberglasbooten mit Außenbordmotor und Lebensmitteln, die in Kopenhagen genauso zu finden sind.

Die Situation an der Ostküste Grönlands ist nur bedingt repräsentativ, zeigt jedoch, wie sie in vielen Arktisdörfern typisch ist. Viele betrinken sich fast täglich, konsumieren Bier, Schnaps und Zigaretten bis zum Umfallen. Lallende Frauen tasten nach der Hand des Fremden. Die Einnahmen in Ammassalik betragen etwa 41 Millionen Kronen im Jahr, der Staatszuschuß knappe 100 Millionen. In den vierziger Jahren mußten die besiegten Dänen den US-Streitkräften die größte Insel der Erde überlassen. Die Inuit kamen mit den Lebens- und Rauschmitteln des Westens in Berührung. Eine eskalierende Situation ähnlich der der Indianer im Westen der USA. Als sich die Dänen in den fünfziger Jahren wieder um ihre Kolonie zu kümmern begannen, waren die dortigen Jäger und Fischer bereits »zivilisiert«. Die in den sechziger Jahren aufgebaute Dorsch- und Krabbenverarbeitung versiegte in den siebzigern. Vor allem die Robbenkampagnen der Tierschützer machten in den achtziger Jahren diesem Wirtschaftszweig den Garaus.

Als Hoffnung für Ostgrönland bleibt nur der Tourismus. Auf der Ammassalik vorgelagerten Insel Kulusuk landen etwa 3500 Gäste pro Jahr. Meist kommen sie von Island, um berichten zu können, daß sie »in Grönland waren«. Einige Stunden Wanderung, zollfreier Einkauf in der Flughafenbaracke und wieder zurück. Da bleibt wenig übrig für *Tunu*. In Süd- und Westgrönland beginnt der Tourismus ein Wirtschaftsfaktor zu werden. Die grönländische Regierung – ebenso wie die kanadische – setzen darauf.

Es ist kaum 100 Jahre her, daß der dänische Marineoffizier Gustav Holms an der grönländischen Ostküste eine funktionierende archaische Jägerkultur entdeckte. Die Denk- und Lebensweise der Grönländer ist noch immer stark von der Jagd geprägt. Noch immer wird Fleisch aus dem erlegten Tier geschnitten und sofort verzehrt. Früher war das die einzige Möglichkeit, den Vitaminhaushalt zu regeln.

Was die Grönländer durch ihre Selbstverwaltung und eine gewisse Abnabelung von Dänemark geschafft haben, versuchen die Inuit Kanadas mit der Gründung ihrer *Nunavut-Region*, die in den nächsten Jahren Wirklichkeit werden soll. Man kann Nunavut als Inuitstaat in Kanada bezeichnen. Wahrscheinlich wird es seine eigene Gesetzgebung haben. Vor allem dem Tierleben, das Basis ist für ein Leben nach traditioneller Art, wird Beachtung geschenkt. Denn etwa 80% der Inuit jagen, fischen oder sind Fallensteller. Nunavut soll nicht nur wirtschaftliche Wege aufzeigen, sondern auch, wie die Inuit ihre Lebensform erhalten können.

Kunst, Kultur und Handwerk

Uralt wie das Volk der Inuit ist auch der Ursprung ihrer Kunst. Archäologische Funde zeigen, daß in ihrer langen Geschichte schöpferische Perioden sich immer wieder mit weniger kreativen abwechselten. In den letzen 100 Jahren wurden hauptsächlich *Gebrauchsgegenstände*, wie Waffen, Schmuck und Kleidung, hergestellt. Als Material dienen Walroß- und Narwal-Elfenbein, Karibougeweih, Knochen, Pelze und Treibholz sowie Glasperlen.

Darstellungen von Alltags- und Jagdszenen mit Menschen und Tieren sind beliebt. Zu Recht ist die Inuitkunst, vor allem der Baffin-Inuit, auf dem internationalen Markt anerkannt. Meist sind es *Schnitzereien und Skulpturen* aus Speckstein sowie Lithografien mit der Stencil-Technik. Grönländische Kunst und Kunsthandwerk kann man direkt vor Ort von einheimischen Künstlern erwerben oder in den KNI-Läden kaufen.

Kinder genießen bei den Inuit völlige Freiheit. Einmal erlebten wir, daß die Eltern ihre Tochter mit »Großmutter« anredeten. Für die Eskimos geht die Seele eines Verstorbenen in ein Neugeborenes über. Und so wie man der eigenen Großmutter nie etwas vorschreiben würde, behandeln die Inuit ihre Kinder.

Die Carver

Lake Harbour (Tour 7) ist ein Zentrum der *Carver*, der Specksteinschnitzer. Dieses Gestein kommt in vielen Gegenden der Arktis vor und ist in großer Farbenvielfalt von weiß, grün über blaugrün bis hin zu schwarz anzutreffen. Die Skulpturen, manche von beachtlicher Größe, werden auch heute noch per Hand gefertigt. Selbst wenn die Grobformung mit kleinen Maschinen, wie elektrischen Sägen, Äxten, Hämmern und Meißeln, erfolgt, erhalten die Plastiken mit Feilen, Raspeln und Schmiergelpapier den letzten Schliff vom Künstler. Runde, glatte Flächen werden dem Detail vorgezogen und verleihen den Kunstwerken ein kräftiges und doch geschmeidiges Aussehen.

Malerei kennt man in der Arktis erst seit dem 19. Jahrhundert. Mittlerweile gibt es in Grönland hervorragende Zeichner, und jährlich erscheint eine Kunstmappe. Pangnirtung (Touren 8 und 22) hat eine Künstlerschule, in der man sehr schöne Lithos kaufen kann, die mit einer Art Linolschnitt in limitierter Auflage aufs Papier gebracht und dann handkoloriert werden. Wir konnten den Künstlern beim Arbeiten zusehen. Wobei bei dieser Technik Entwurf und Ausführung durchaus von zwei verschiedenen Künstlern stammen können. Natürlich gilt der Entwurf, die

Komposition des Bildes, als das Wichtigste. Die Themen entstammen der Natur und der Mythologie. Beliebtes Motiv ist zum Beispiel der Trommeltanz.

Aus dem *Treibholz* sibirischer Fichten, hart geworden und durch die lange Reise über die Polkappe gebleicht, entstehen Masken und kleine Kajakmodelle. Die kunstvolle Ausführung der tradionellen Bootstypen wie Kajak und Umiak im Kleinstformat sind beliebte Souvenirs. Rengeweihe, Walzähne und Walroßelfenbein bilden das Material für die geschnitzten Dämonengestalten, die Tupilaqs. Für Iqaluit (Touren 7, 8, 22, 23) typisch sind *Schnitzereien und Skulpturen* arktischer Tiere, manchmal in tänzerischer Darstellung.

Gehen Sie ins Museum! Die eindrucksvolle überlebensgroße Marmorfigur eines Trommeltänzers ist als Mitbringsel weniger geeignet, aber ein hervorragendes Beispiel für den Rang der hier arbeitenden Künstler. Oder lassen Sie sich von Tom Webster im *Iqaluit Fine Arts Studio* beraten, der eine Menge über die Kunstgeschichte zu erzählen weiß.

Kamiken – und anderes Genähtes

Auf *Broughton Island* (Tour 8) und an der gesamten Ostküste Baffin Islands hat das Schnitzen von Walknochen eine lange Tradition. Heute wird mehr Stein benutzt. Der Northern Store und das Tulujak-Hotel sind gute Adressen für den Einkauf. Handgenähte Seehundschuhe und Kamiken können im örtlichen Nähshop gekauft werden, der handwerklich saubere *tradionelle Bekleidung* fertigt. Die Kamiken, die von den Bewohnern des Dorfes noch getragen werden, sind doppelt genähte Seehundstiefel, deren Sohlen traditionell von den Frauen gekaut werden.

Aus den Hauern des Walrosses oder den Geweihen von Rentieren schnitzen die Inuit von Tunu Tupilaqs, Amulette mit furchterregenden Fratzen.

Tupilaq – Fetisch, Dämon, guter Geist

Die geschnitzte Fantasiegestalt gehört zu den häufig hergestellen Kunstwerken, vor allem in Ostgrönland. Da gibt es Igtuk, den Dröhner. So genannt, weil er der Urheber des Lärms ist, der aus den Bergen kommt. Dann ist da Kigutilq, der gute Geist, der beim Walfang hilft und gleichzeitig schwangere Frauen beschützt. Isitoq, Großgesicht-Riesenauge, wendet die Traurigkeit ab. Eneqeqaluk unterstützt den Lachsfischer.
Die Fabelwesen sind eine Mischung aus Mensch, Geist und Tier, meist geschnitzt aus Knochen oder Geweih. Die kleinen Gestalten geben bis heute Zeugnis von dem Aberglauben der ersten eskimoischen Jäger.

Lake Harbour an der Glasgow Bay nahe der Hudson Street auf Baffin Island ist berühmt für seine jadegrünen Plastiken aus Serpentinstein, die talentierte Carver geduldig formen.

Das moderne Grönland versucht sich auf die alten Kunstfertigkeiten zu besinnen und sie in eine moderne Form zu bringen. Eskimo Pels in *Narsaq* ist eine Konfektionsfabrik, die, auf traditionelle Bekleidungsformen aufbauend, *Pelze* in moderner Form für den Eigenbedarf und den Export verarbeitet. Die *Wolle* der südgrönländischen Schafe wird in Narsaq zu Mützen, Handschuhen, Schals und Pullovern verarbeitet.

Die bekannten kunstvollen *Perlenstickereien* und die Lederverzierungen dienten früher nur dem eigenen Schmuck. Die individuell entworfenen Muster erfordern viel Geduld. Ihr Ursprung geht auf die Walfängerzeit zurück, als die europäischen Seefahrer wertvolle Pelze gegen bunte Perlen tauschten und damit eine neue Handwerkskunst entstand.

Preziosen

In Nuuk (Touren 4, 15) werden *Nuumit-Edelsteine* (Nuumit bedeutet »aus Nuuk«) geschliffen, geschnitten und gefaßt. Der Stein ist samtschwarz mit hellen Einsprengseln. In Narsaq (Tour 11) sind Mineralien und Edelsteine die Grundlage einer heimischen »Industrie«. Gehen Sie in den *Krystalpaldset*. Hier können sie den *Tuttupitt*, einen tiefroten Stein in schöner Verarbeitung kaufen (tuttu bedeutet Rentier). Der Sage nach begab sich »alle Renners Moder«, die Mutter aller Rentiere, ins Gebirge, um zu gebären. Dort, wo ihre Blutstropfen zur Erde fielen, entstanden die Tuttupitt. Aber auch *Mondstein, Achat* und *Cabradorit* werden in dieser mineralreichen Gegend als Schmuck verarbeitet angeboten.

Politik und Wirtschaft

Grönlands Einzug in die neue Zeit begann 1952, dem Jahr, in dem die große Insel *gleichberechtigte dänische Provinz* wurde und die Grönländer dänische Staatsbürger. Die damit einhergehenden Aktivitäten waren für das Land nicht nur positiv. Heute wird besonders die damalige Zwangsumsiedlung der Bevölkerung von den vielen kleinen Wohnplätzen in größere Ortschaften kritisiert. Als Gründe dafür wurden die bessere und schnellere Versorgung der Bevölkerung mit Nahrungsmitteln und ärztlicher Hilfe angeführt, aber die Umsiedlung der naturverbundenen Menschen in regelrechte Mietskasernen hat zur Verelendung der Bevölkerung beigetragen.

In den folgenden zwanzig Jahren verschlechterte sich das Verhältnis zum Mutterland immer mehr. Einerseits prangerte das kleine Dänemark das »Nimmverhalten« der Grönländer an, die sich in der mehr als 200jährigen Kolonialzeit daran gewöhnt hatten, daß Dänemark alles bestimmte, aber auch alles bezahlte. Da alle wichtigen Beschlüsse in Kopenhagen gefällt wurden und der Landesrat nur beratende Funktion hatte, fühlte sich Grönland in keiner Weise für Fehler verantwortlich. Darüber hinaus drohte die einheimische Bevölkerung durch die Verdrängung ihrer Sprache ihre Identität zu verlieren. Diese Erkenntnisse in Verbindung mit der großen geografischen Entfernung zu Dänemark führten schließlich 1979 zur Einführung der *Selbstverwaltung*, deren Grundlage das Selbstverwaltungsgesetz (Hjemmestyreloven) ist. Dänemark bestimmt inzwischen noch die Außenpolitik und die Verteidigung – die allerdings wichtigsten Ministerien. Alle übrigen Ministerien erhielt die grönländische Regierung.

Der Fischfang ist der wichtigste Wirtschaftsfaktor Grönlands. Da Fischöl vitamin- und kalorienreich ist, gehört es wie Walspeck, Robbenleber und die Haut des Narwals auf den Speiseplan der Inuit. Grönland ist auf dem besten Weg, eine der modernsten Fischfangnationen zu werden.

Die Jäger- und Fängerkultur der Grönländer hat sich zu einer Nation von Fischern verändert. Eismeerkrabben, Heilbutt und Kabeljau sind weltweit begehrte Exportartikel. Der Trawler hält zwischen Eisbergen einen riskanten Kurs.

Kalaallit Nunaat – Land der Menschen

Heute fühlt sich Grönland als eigene Nation. Die wirtschaftliche Situation ist nach wie vor schwierig, und ohne die Unterstützung der Dänen wäre sie noch desolater. Die Hoffnung auf verwertbare *Bodenschätze*, wie zum Beispiel Öl, konnte bis heute nicht bestätigt werden. So gründet sich die Industrie Grönlands auf den Fischfang. Dies war der Grund für die Ablehnung einer Mitgliedschaft in der Europäischen Gemeinschaft. Ungefähr 3000 Menschen arbeiten in der *Fischindustrie*; drei Viertel sind mittelbar vom Fischfang abhängig. Nach wie vor ist der Wal- und Robbenfang für die Existenz der Grönländer von Wichtigkeit. Das milde Klima Südgrönlands macht die *Schafzucht* zu einem anerkannten Wirtschaftszweig, der allerdings nur den Eigenbedarf decken kann.

In neuester Zeit bildet der zunehmende *Tourismus* eine wichtige Erwerbsquelle. Mit der touristischen Öffnung 1953 hatte die grönländische Selbstverwaltung bestimmte Prämissen verbunden. Eine davon ist die Förderung der Gruppenreisen und die Reduzierung des Individualtourismus. Eine Zielsetzung, die sich aus der speziellen Infrastruktur des Landes ergibt. Da die Unterkunfts- und Transportmöglichkeiten sehr beschränkt sind und sich der Tourismus wetterbedingt nur auf wenige Monate des Jahres konzentriert, würde ein unkontrollierter Individualtourismus zu Lasten der Bevölkerung gehen. Gruppenreisen bedeuten hier nicht Massentourismus, sondern Kanalisierung der Besucher. Die unberührte arktische Natur und die Ursprünglichkeit des Lebens, verbunden mit der Liebenswürdigkeit und Offenheit der Grönländer, ist für immer mehr zivilisationsmüde Menschen sehr anziehend.

Immerhin hat Grönland 700 000 km^2, also etwa ein Drittel seines Landes im Nordosten, zum *Nationalpark* erklärt, dessen gesamtes Gebiet nicht besiedelt ist und selbst von »alternativen« Touristen nicht besucht werden kann. Verschiedene Aufgaben erfüllt der Park in hervorragender Weise: Schutz und Erforschung der dortigen Flora und Fauna, Sammlung geodätischer und archäologischer Daten sowie die Bewahrung der Ursprünglichkeit und Unberührtheit der Landschaft.

Nunavut – Zauberwort der kanadischen Inuit

31 565 Inuit leben in Kanada, davon soll ungefähr die Hälfte im zukünftigen Territorium leben, das 2,2 Mio km^2 umfassen wird. 1993 stimmte eine Mehrheit von 54% für eine Teilung der North West Territories (NWT) und unterzeichnete das *Nunavut Land Claim Agreement*. Es bestimmt, daß vor Ende dieses Jahrhunderts die mittleren und östlichen Gebiete der riesigen NWT abgetrennt werden und daß dort unter der Bezeichnung *Nunavut* eine Heimat für die Eskimos Kanadas entstehen soll. In einer Abstimmung sprachen sich 60% für *Iqaluit* als *die neue Hauptstadt* aus. Mit fast 4000 Einwohnern ist Iqaluit die größte Gemeinde. Allerdings leben hier auch 40% *Qallunaat,* Weiße (»die mit den buschigen Augenbrauen«, eine Bezeichnung die auf die schottischen Walfänger zurückgeht). Im Moment ist die Baffin-Region, ähnlich wie Grönland von Dänemark, von den Unterstützungszahlungen der Regierung in Ottawa abhängig. Daher soll die wirtschaftliche Unabhängkeit massiv gefördert werden. Der *Trekking-Tourismus* gehört dazu. Der Fortschritt bringt weitere ungelöste Probleme mit sich. Was geschieht mit dem Abfall und Müll dieser Region? Wie bekommt

man die explodierenden Kosten für Wohnen und Essen in den Griff?

Darüber hinaus bleibt die Arktis eine der sensibelsten Regionen unseres Erdballs, die von dramatischen Umweltproblemen bedroht ist. Wegen der tiefen Temperaturen ist hier das Sammelbecken unserer Wohlstandsgifte wie Dioxin und DDT. Seehunde und Eisbären sollen teilweise schon so verseucht sein, daß sie zeugungsunfähig sind. Das arktische Meer wird durch radioaktive Abfälle und Rückstände der Öl- und Gasgewinnung verschmutzt.

Der Arktische Rat

Seit neuestem ist der »weiße Fleck Arktis« auf der Landkarte zu einem gemeinsamen Gremium zusammengewachsen: dem Arktischen Rat. Die acht um den Nordpol gruppierten Staaten *Rußland, Finnland, Schweden, Norwegen, Dänemark, Island, Kanada und USA* haben sich zum ersten Mal in der Geschichte auf eine verbindliche Zusammenarbeit geeinigt. Sie wollen ihre Umweltschutzaktivitäten, Forschungs- und Verkehrsprojekte, Ureinwohnerprogramme und die ökonomische Entwicklung koordinieren. Der *Arktische Rat* soll auch für Tourismus, Schadstoffbekämpfung und den Handel zuständig sein.

Die Ureinwohner begrüßten diese Einigung als »Meilenstein in der Geschichte der Arktis«. Die typischen Eigenschaften der Inuit, die in der unwirtlichen Arktis lebensnotwendig sind, haben geholfen: Ausdauer, Sachlichkeit und Anpassungsfähigkeit. Der *World Wildlife Fund* (WWF) dagegen befürchtet, daß in der Praxis ökonomische Interessen die Ökologie zurückdrängen werden.

Hunderte von Blumenarten blühen

– unter dem Motto: Schnell leben und jung sterben

Für den Trekker ist die *artenreiche Flora* der Arktis eine erstaunliche Erfahrung. Extrem niedrige Temperaturen und starker Wind charakterisieren den arktischen Winter. In wenigen Wochen des Jahres »explodiert« im Sommer eine Pflanzenwelt. Aber erstaunlicherweise sind alle Flora-Hauptarten in der Artkis zu Hause. Es gibt über *200 verschiedene Blumen* und eine noch größere Anzahl Flechten und Moose. Der arktische Boden ist karg, meist sauer und stickstoffarm. Permafrost und Fels finden sich nahe der Bodenoberfläche, so daß die Pflanzen ihr Auskommen in wenigen mageren Zentimetern finden müssen. Die meisten der arktischen Pflanzen sind mehrjährig – eine wichtige Vorraussetzung für das Überleben. Wachsen, Blühen, Samen produzieren ist eine entmutigende Aufgabe während des kurzen kühlen Sommers.

Der Süden Baffins kann mit 40 frostfreien Tagen im Jahr rechnen, aber auch dann sind Schneestürme und Unternull-Temperaturen jederzeit möglich. Die Pflanzen besitzen die Fähigkeit aus gefrorenem Zustand in der nächsten Minute aufzutauen, als wäre nichts gewesen. Wenn der Schnee schmilzt, erscheinen als erstes die *Weidenkätzchen*, dann die lebhaften Blüten der purpurroten *Saxifragia*, gefolgt vom stengellosen *Leimkraut* und verschiedenen Formen der *Kriechheide*. Die *Arktische Heide* ist eine unordentlich aussehende Pflanze, die schon von den Inuit in großen Mengen gesammelt wurde, um sie als Matratzenfutter in den Zelten zu verwenden. Ihr Name in Inuktitut lautet *Qijuktaat,* Holz, denn die Inuit benutzten sie tradionell zum Feuer machen. In Südgrönland findet der Trekker *Haarbirke* und *Weide,* die in geschützten Tälern und Schluchten sowie an Hängen in Süd- und Westlagen bis in 500 m Höhe mannshohes Gestrüpp bilden können.

Die Nationalblume Grönlands

Niviarsiaq, junges Mädchen, das großblumige, schmalblättrige Weideröschen, ist die Nationalblume Grönlands und wächst häufig an sandigen und steinigen Stellen, wo sonst nichts mehr gedeiht. Im Fjell ist der Erdboden oft nicht mehr sichtbar, weil er mit einer Auflage aus Moosen und Flechten dicht bedeckt ist. Aus diesem Teppich wachsen krautige und struppige Pflanzen. Indem sie sich zum Schutz eng aneinanderschmiegen, schaffen sie ihr eigenes Mikroklima und erhöhen die Temperatur innerhalb der Vegetationsmasse über der sie umgebenden Luft, so daß Photosynthese und Stoffwechsel ablaufen können. *Weiberbauch* werden die sauren Bergmoore genannt, in denen Torfmoose wachsen. Mit schwerem Rucksack verlangt eine Wanderung hier gute Kondition, vor allem nach Regen. Sucht man am Abend einen Lagerplatz, läßt man sich oft täuschen und erwischt einen Tümpel mit Segge und Wollgras. Wollgras wächst in feuchten Gebieten der Tundra oder an Ufern der Seen. Es hat Blütenköpfe aus wunderschönen weißen und seidigen Federn. Diese Wollköpfe wurden von den Inuit gesammelt und zusammen mit trockenem Moos als Docht in Öllampen, *Kudliq,* verwendet. Im Spätsommer ist das Wollgras, das wie ein weißes Meer im Abendwind wogt, zwar ein phantastischer Anblick, aber als Zeltplatz sind diese Moore zu feucht.

Der arktische Sommer ist kurz. Während einiger Wochen »explodiert« eine zähe Flora in fantastischer Buntheit. Sie hat nur wenig Zeit, ihre Farbenpracht zu entfalten.

Flechten sind wichtig für die Ökologie in der Arktis. Sie sind besonders faszinierend, da sie nicht aus einer einzi-

Ein Appell:

Wandern in der Wildnis bedeutet, keine Pflanzen niederzutreten oder abzuschaben. Der Trekker denke daran, daß ein moosüberwucherter Stein etwa 100 Jahre braucht, wenn dessen Überwurf weggetreten wird. Der berühmte Spruch »Nicht mehr Spuren als die eigenen zu hinterlassen« stimmt bei der empfindlichen Flora der arktischen Regionen nicht. Gehen Sie noch sensibler mit der empfindlichen Pflanzenwelt um, als Sie es sowieso tun würden.

Im Sommer sind die eisfreien Zonen bedeckt von Moosen, Flechten und Blumen. Wer vermutet schon, daß einen halben Meter tiefer der Boden immer gefroren ist? Permafrost ist das Charakteristikum der Polarregionen.

gen Pflanze bestehen, sondern aus einer symbiotischen Verbindung von Algen- und Pilzzellen. Sie gedeihen auch an den schwierigsten Standorten.

Pflanzen sind ein kleiner, aber sehr wichtiger Teil der tradionellen Speisen. Inuit aßen schon immer Blumen, würzten ihr Seehundmahl mit Pflanzen oder mischten frische grüne Blaubeerblätter in ihr »Salad Dressing« aus Seehundblut und Öl. Beeren wurden gefroren oder in Öl eingelegt, um sie im Winter verwenden zu können. So wurden die Vitaminbeigaben der Pflanzen ausgenutzt. Pilze, die es eßbar in Unzahl gibt, wurden nicht gegessen, sondern wegen ihrer antibiotischen Eigenschaften gesammelt. Sie wurden zur Behandlung von Infektionen bei Schnitten und Wunden verwendet. Weiden schätzte man wegen der *Salicylsäure*, die eine ähnliche Wirkung wie Aspirin hat.

Arktische Breiten sind ein Pilzeldorado. Birkenpilze kann man »mit der Sense ernten« – und in den sommerlichen Trekking-Speiseplan einkalkulieren.

Schwammerl- und Beerenparadies

Will man auf seiner Tour Pilze sammeln, so findet man ähnliche *Speisepilze* wie in Europa. Leicht zu erkennen sind *Birkenpilze*, die so häufig vorkommen, daß man sie »mit der Sense ernten kann«. Zum Sammeln verlocken die verschiedenen Beerensorten, die geschmacklich von unterschiedlicher Güte sind. *Blaubeeren* sind sehr klein, aber auch sehr schmackhaft. *Krähenbeeren* sind größer, rund und plump. Sie werden von den Inuit bevorzugt, enthalten aber für unseren Geschmack zu viele Kerne. *Preiselbeeren* sind hellrot und sauer, eignen sich aber vorzüglich zum Kochen.

Die erstaunliche Tierwelt der Arktis

– was da kreucht, fleucht, schwimmt und fliegt

Das Erleben der reichen polaren Fauna ist wesentlicher Bestandteil jedes Trekkings. Wo auf dieser Erde ist die Tierwelt noch so üppig, ungestört und vielfältig? Nicht umsonst spricht man bei der hohen Arktis auch von einem »*arktischen Garten Eden*«.

Säugetiere des Landes

Inuit sind seit Jahrtausenden – sei es für Nahrung, Kleidung, Werkzeuge und Schutz – von den Säugetieren abhängig. Keine Tierart symbolisiert die Weite des hohen Nordens so wie das *Karibou*. Für den Inuk bedeutete *Tuktu* überleben. Es versorgte ihn mit frischem Fleisch und einem Fell, das besser gegen die Kälte isoliert als jedes andere Material. Die einzigartige Struktur macht es extrem warm. Die Haare werden nach außen hin dicker und sind innen hohl. Sie fangen die Luft in der Nähe der Haut auf und bilden eine perfekte Isolation: Besser als jede moderne Isomatte! Für den Wintertrekker ist die Entscheidung nicht schwer, was er als Unterlage bei Kälte verwendet.

In Südgrönland starben die letzten wilden Rentiere Ende des 18. Jahrhunderts aus. In den siebziger Jahren wurden in der Region von Qaqortoq »zahme« Rentiere aus Lappland eingeführt. Im nördlichen Bereich der Ammassalik-Insel lebt ein kleiner Bestand. Aber es ist das Tier, das vor allem Mittelgrönland prägt. *Rentiere*, die halbwilde Spezies des Karibou, finden sich in großer Zahl rund um Kangerlussuaq. Zahlreich ziehen sie im Seengebiet südlich des Eisgebirges umher, und am Nuuk Fjord werden sie als »Haustiere« gehalten.

Moschusochsen sind Pflanzenfresser. Sie gehören zur Familie der Ziegen. Ausgewachsene Tiere erreichen eine Länge von bis zu 250 cm und ein Gewicht von rund 300 kg. Das äußerst dichte, wollige Fell der Wiederkäuer kann bis zu 70 cm lang werden. Wenn Moschusochsen wütend sind, ist Vorsicht geboten, denn die Wucht ihrer gezielten Nackenschläge kann sogar Betonpfeiler beschädigen. Die kanadischen Northwest Territories beheimaten die meisten Moschusochsen der Welt. Ihr gegenwärtiger Bestand beträgt 50 000 Tiere.

Der arktische *Wolf* ist kleiner und heller als der Steppenwolf. Seine Hauptbeute sind Karibous, aber auch Moschusochsen sowie kleinere Tiere, wie Hasen, Füchse oder Lemminge. Sein gefährlicher Ruf ist im Sinne des Wortes »sagenhaft«. Wölfe greifen keinen gesunden Menschen an! Sie sind scheu und selten zu sehen.

Es gibt *Füchse, Hasen und Lemminge* in Fülle. Beide, der Rotfuchs und der Polarfuchs, leben in der Baffin-Region und auf Grönland. Der *Rotfuchs* schillert in verschiedenen Farben und ist eher schwarz, braun und silbrig als rot. Der *Polarfuchs* ist im Winter reinweiß. Beide Arten wandern auf der Suche nach Nahrung über weite Strecken. Im Winter jagen sie Lemminge, Hasen und Schneehühner oder folgen den Eisbären hinaus auf das See-Eis, in der Hoffnung einen Brocken von der letzten Beute abzubekommen. Im Sommer findet man sie oft in der Nähe von Vogelnestern, aus denen sie Eier oder Jungvögel rauben. In Grönland sind sowohl Blau- als auch Polarfüchse wegen *Wildtollwut* weniger häufig als früher. *In Grönland stellt ein tollwütiger Fuchs die gleiche Gefahr dar wie in Europa – vor allem für Trekker!* Erstaunerlicherweise sind Fische, Muscheln und andere Strandtiere die Hauptnahrungsquelle der Füchse. In der kargen polaren Bergwelt ziehen sie auch menschliche Abfälle an. Daher sollte der Trekker auf seinen Proviant achten, vor allem in den Biwaks.

Der *Schneehase* ist in den Polargebieten weit verbreitet. Er lebt in gebirgigen Gegenden und an rauhen Bergseiten. So ist er vor Feinden geschützt. Er lebt in Rudeln von 100 und mehr Tieren und bleibt das ganze Jahr über schneeweiß.

Lemminge sind Pflanzenfresser, die in der Arktis häufig vorkommen (siehe Tour 2). Sie gleichen pelzigen Mäusen, sind braun im Sommer und werden im Winter weiß. Sie leben in der Erde, in Löchern. Im Winter bauen sie Nester und Wege unter dem Schnee. Die Größe der Population unterliegt einem Zyklus, der etwa fünfjährig ist.

Huskies stammen vom Wolf ab und zeigen die Eigenschaften des Raubtieres noch stark ausgeprägt.

Die Tierwelt ist in der Arktis erstaunlich vielfältig. Walrosse, deren mächtige Hauer dazu dienen, sich auf die Eisschollen zu wuchten, sind freundliche Gesellen. Man trifft sie nur sehr weit nördlich an. Der Kajakfahrer sollte dennoch respektvollen Abstand von den wuchtigen Säugern halten!

Die Meeressäuger

Für Tausende von Jahren war der große Reichtum an Meeressäugetieren eine wichtige Basis des Inuit-Lebens. Erst den Europäern gelang es in weniger als 300 Jahren, diesen Reichtum fast zu zerstören. Trotzdem blieben bis ins 20. Jahrhundert Robben und Wale wichtig für den Lebensunterhalt der Inuit.

Am häufigsten ist auch heute noch die *Ringelrobbe* anzutreffen, die Nahrung und Kleidung gibt. Man schätzt, daß es heute in der Arktis sieben Millionen Ringelrobben gibt. Charakteristisch sind die unregelmäßigen hellen Ringe mit dunklem Mittelpunkt auf dem Fell. Im Frühling sonnen sie sich mit Vorliebe auf dem Eis. Über eine halbe Million *Sattelrobben* verbringen den Sommer im hohen Norden. Sie kommen im späten Frühjahr, wenn das See-Eis schmilzt. *Kairulit,* springende Robbe, nennen sie die Inuit. Sie leben weit vom Ufer entfernt. Verbreitet ist in Grönland die *Klappmütze* und die *Bartrobbe.* Letztere ernährt sich am Meeresgrund, wo sie Würmer, Fische und Muscheln frißt. Zwischen den Tauchgängen liebt sie es, auf Eisschollen auszuruhen. Die Bartrobbe ist scheu, sehr groß und schwergewichtig. Sie ist trotzdem äußerst gewand.

Walrosse sind sowohl kumpelhaft als auch streitsüchtig. Sie schlafen auf Eisschollen eng beieinander, wachen auf und attakieren ihren Nachbarn mit den gefürchteten Zähnen. *Venusmuscheln* (clams) sind ihre Lieblingsspeise. An stillen Tagen kann man ihr Grunzen und Bellen weithin hören. Walrosse sind mächtige Tiere, die bis zu 4 m lang und an die 400 kg schwer werden können. Ihre Stoßzähne, die ein Zeichen für Rang und soziale Stellung sind, benutzen sie, um sich aufs Eis zu hieven.

Seit Jahrhunderten hat der *Wal* in der Arktis eine große Rolle gespielt. Auch hier haben die Europäer es geschafft, sie durch massenhaftes Abschlachten fast auszurotten. Heute gibt es in der Gegend von Baffin Island noch ungefähr 600 *Belugas* (Weiße Wale). Sie sind verhältnismäßig klein, etwa zwischen 4 und 5 m. Weil die Belugas oft pfeifen und trällern, nennen die Seeleute sie auch »See-Kanarien-

Der Eisbär, ein »Kraftpaket«, verliert selbst im eisigen Wasser keine Wärme. Der langhaarige Pelz und die dicke Speckschicht halten den exzellenten Schwimmer warm. Noch 100 Kilometer vom Land entfernt wurden »Polarbears« im Meer gesichtet. Sowohl auf dem grönländischen Inlandeis, als auch am Akshayuk Pass auf Baffin Island ist das größte Landraubtier der Erde, wenn auch selten, zu finden.

vögel«. Die Inuit jagen sie wegen ihrer rohen Walhaut. Matjak, ist eine besondere Delikatesse.

Auch die Haut des *Narwal* gilt als besonders schmackhaft. Begehrt ist das gedrehte, bis zu 3 m lange Horn des männlichen Wals. Es ist Gegenstand der Sage vom Einhorn. Im Mittelalter zahlte man das Dreifache seines Gewichts in Gold.

Der *Eisbär,* nanooq oder nanuq, wird als Meeresäugetier angesehen, denn er verbringt die meiste Zeit auf dem Meereis und ist im offenen Wasser ein hervorragender Schwimmer. Eisbärmänner können mehr als 800 kg wiegen. Ihr Fell funktioniert wie eine Heizung: Die weißen Haare sind hohl und leiten das Licht auf die dunkle Haut, wo es in Wärme umgewandelt wird. Zusätzlichen Schutz gegen die Kälte bietet eine bis zu zehn Zentimeter dicke Fettschicht. Der Lebensraum der Eisbären ist das hocharktische Treibeis. Ein ausgewachsener Bär frißt jährlich bis zu 80 Robben. Wenn das Meereis im Sommer aufbricht sind die Bären gezwungen, sich in Fjorden und Buchten zu konzentrieren, wo das Eis länger hält. In dieser Jahreszeit fressen sie fast alles. – Auch vorbeilaufende Trekker! Der *»polarbear«* ist eine perfekte Tötungsmaschine. Seit 1973 ist der Eisbär dank internationaler Regelungen in fast der gesamten Arktis geschützt. Nur den Einheimischen in Grönland, Nordkanada und Alaska ist die Jagd zum Eigenbedarf erlaubt. Mittlerweile gelten die Eisbären in der gesamten Arktis als nicht mehr gefährdet.

Fische des Eismeers
und ihr Name auf Inuktitut

Buckellachs	– *ammassak*
Forelle	– *eqaluk*
Garnele	– *kinguppak*
Heilbutt	– *nataarnaq*
Kabeljau	– *saarullik*
Lachs	– *kapisillik*
Lumpfisch	– *nipisak arnaluk*
Wels	– *qeeraq*

Leben unter Wasser

Der wichtigste Fisch ist der *Dorsch*. Man fängt in der Grönlandsee etwa 100 verschiedene Fischarten und eine Vielfalt an Krebstieren und Weichtieren. Bekannt sind *Grönlandkrabben* und *Grönlandgarnelen*. In den klaren Seen und Flüssen fischt man den *Saibling* und die *Forelle*. In der Vergangenheit war ein Fisch von besonderer Bedeutung, der sogar einer ganzen Region den Namen gab. *Ammassak*, ein kleiner, bis 15 cm langer Lachsfisch, kommt im Frühjahr in großen Schwärmen zum Laichen an die Küste.

Arctic char wird als der beste Speisefisch der Welt bezeichnet. Wie der Lachs laicht er in Flüssen und überwintert in den Süßwasserseen. Bricht das Eis im Frühjahr auf, kehrt er zum Meer zurück und lebt in küstennahen Gebieten.

Buntgefiedertes

Der Fischreichtum der Arktis führt dazu, daß es häufiger mit dem Meer verbundene Vögel gibt als Landvögel. Der Trekker sieht *Eiderenten, Eidervögel, Lummen, Alke, Kormorane, Papageientaucher* und verschiedene *Möwenarten*. Eine besondere Attraktion ist es, Seevögel während ihrer Brutzeit beobachten zu können. Sie leben in riesigen Kolonien auf Felsen, und ihre Zahl geht in die Hunderttausende.

Die Landvögel sind fast alle Zugvögel. Eine Ausnahme ist der *Rabe*, dessen charakeristische heisere Stimme überall zu hören ist. Beeindruckend ist der *Seeadler*, der auch von Aas lebt und in Südgrönland, Westgrönland und im Auyuittuq für den Trekker eine Attraktion darstellt. Überall im Fjell verstecken sich die *Schneehühner* und *Schnee-Eulen*.

Die Stimmungen in der Arktis sind unvergleichlich. – Die Tierwelt ist selbst nahe der Städte vielfältig.

Eine üppige Flora und unzählige Seen sind typisch für die Küstenregionen zwischen Eismeer und Eiskappen.

Die Trekkingtouren

1 Im Kanu auf den Spuren der Nordmänner

Die Wikinger-Route

Der Süden Grönlands ist das klimatisch »sanfteste« Gebiet der Insel. Dies hatten schon vor 1000 Jahren die Wikinger erkannt, die hier in Dutzenden von Höfen siedelten und viele historische Bauwerke und Ruinen hinterließen – malerische Zeugnisse einer einzigartigen Epoche der grönländischen Geschichte. Wie Perlen an einer Schnur sind auf der Karte die Ruinen eingezeichnet. Im »Grünland« siedelten die Nordmänner, züchteten Schafe, Rinder und Pferde in einem Klima, das damals wahrscheinlich milder war. Und logisch, daß die Weiler dieses kühnen Seefahrervolkes nahe dem Meer, nahe den Fjorden, standen.
Den Spuren der Wikinger zu folgen ist eine traumhaft schöne Herausforderung für wassersportlich orientierte Trekker. Die Kanualternative: Ein aufblasbarer Kanadier bietet sich wegen des unproblematischen Transports im Flugzeug und der hohen Zulademöglichkeit an. Sie können quasi am »air strip« von *Narsarsuaq* starten. Der Trek ist geeignet für den Einsteiger in das Seepaddeln, trotzdem ist er nichts für Anfänger! Ausgangspunkt ist der Flughafen *Narsarsuaq*, Endpunkt ist die »schönste Stadt Grönlands«, *Qaqortoq*, früher Julianehab genannt. Vorsicht und Respekt sollten mit im Gepäck sein: vor der unberechenbaren Natur, dem Meer, Eisbergen, dem möglichen Starkwind.
Wer sich in der Wildnis wohlfühlt, wer durch Erfahrung und Ausrüstung den Anforderungen gewachsen ist, dem erschließen sich die Dimensionen einer einmaligen Landschaft.

Routenvorschlag

Als Ausgangspunkt für die südgrönländischen Fjorde bietet sich das mit dem Flugzeug bequem erreichbare *Narsarsuaq* im *Tunulliarfik* an. Im dortigen Hotel kann man die Gezeitentabellen abschreiben. Nach etwa 15 km Richtung Süden, quer durch einen Treibhausgürtel aus dem *Qooroq Fjord*, kommt man zur Halbinsel *Itilleq*. Hier lädt man seine Habe in eine Kraxe und marschiert nach Südwesten, bis man nach etwa 4 km den kleinen Ort *Igaliku* im *Igaliku Fjord* vor sich sieht. Glückskinder treffen auf eine Fahrgelegenheit, da es in Igaliku Traktoren gibt. Kanuten stehen von dort je nach Leistungsfähigkeit und Zeitdauer die Fjorde und Schären bis zum *Kap Farvel* an der Südspitze der Insel offen. Eisberge driften oft tief in die Fjorde.

Dem *Igaliku Fjord* folgen Sie bis nach *Upernaviarsuk*. Nordwärts durch den *Qoornua* nach *Hvalsey*. Besteigung des

Kurzcharakteristik

Auf dieser weitgehend unbekannten und ungewöhnlichen Tour ist eine Menge geboten: Eisberge, See-Kanufahrt über mindestens 100 km, überreiche Wikingerhistorie, Landportagen und – für den, der will – eine anspruchsvolle Bergbesteigung. Die Route kann vor *Qaqortoq* verkürzt werden, wenn man den *Redekammen* und *Hvalsey* ausläßt.
Beste Jahreszeit: Juli bis Mitte September.
Gesamtfahrzeit: Mindestens 6 Tage.
Besonderheit: Die Besteigung des *Redekammen* (siehe auch Tour 12) ist für bergerfahrene Paddler eine lohnende »Kür«.
Kartenskizze: Siehe Seite 83.

Redekammen (siehe auch Tour 12). Westlich um die Insel *Arpatsivik* herum. Um das *Kap Peters Varde* nach *Qaqortoq*.

Durch den Eriks Fjord

Als ich meinem Freund den Vorschlag mache, unsere Kanukünste ins arktische Grönland zu übertragen, tippt er sich an die Stirn. Er, den ich oft für ein Abenteuer begeistern konnte, verweigert sich: In einem aufblasbaren Kanadier durchs Eismeer?! Ich rede mit Engelszungen. Plötzlich sein Entschluß: »Ich bin dabei!« In einer Nußschale, die eher einem Frauenboot der Eskimos, dem umiaq, gleicht als einem schnittigen Kajak, wollen wir durch die grönländischen Fjorde rudern, auch über offene See, vorbei an steilen Granitfelsen und Eisbergen. Wir lernen die Südwestecke der größten Insel der Welt kennen – so wie kein Grönländer sie heute mehr erlebt. In der Heimat des Kajaks hat man die Kunst des Paddelns fast verlernt.

Die Küste Grönlands, die unser Jet anfliegt, ist eisgepanzert, felsig, steigt abrupt auf 2000 m an und geht unvermittelt in die weiße Fläche des Inlandeises über. Es ist ein strahlend schöner Tag. Ein breiter Wasserarm mit Treibeis taucht im runden Fenster auf: der *Eriks Fjord*. Der Pilot kurvt eine Schleife und landet die schwere Maschine perfekt auf der Piste in *Narsarsuaq*. Der »Ort« schmückt sich mit einigen Häusern, einem Minihafen und einem modernen Hotel. Ein bescheidener Tourismus konzentriert sich auf die umliegenden Wikinger-Ruinen. Rundum ist nur Wasser-, Fels- und Eiswildnis. Narsarsuaq liegt im hintersten Winkel des Fjords und ist *Drehscheibe des Flugverkehrs* in Südgrönland. Kaum hundert Menschen leben hier. *Qaqortoq* ist die größte »Stadt« im Süden der Insel. Dazwischen liegt für uns eine Strecke im Kanadier, die etwa der zwischen München und Innsbruck entspricht.

Wir »holen das Wetter« vom Tower. Der vollbärtige Wissenschaftler in der Meteo-Station hat selten Besuch und berichtet willig wenig Ermutigendes: »A front of low pressure is coming quickly from Baffin to the coast of Westgreenland. Wind 35 to 50 knots. Perhaps it is better in the fjords. But Julianehab is critical!« Wir beginnen, eine große Idee in viele kleine Handlungen umzusetzen und blasen unseren Trevira-Kanadier auf. 10 Uhr starten wir bei beginnender Ebbe, erstaunt beguckt von einigen Inuit. Über spiegelglatte See paddeln wir in direkter Linie auf unser erstes Ziel zu, die *Landenge von Igaliku*.

Wir rudern in einen beeindruckenden Alltag und passieren den ersten Eisberg. Respektvoll halten wir Abstand. Der Brocken knistert, knarrt und dümpelt in der leichten Dünung. Vor uns ist die geplante Fahrroute mit einem blendend weißen Gürtel von Eisbergen – groß, klein, riesig – verrammelt, die aus dem *Qooroq Fjord* heraustreiben. Mit ablaufendem Strom pullen wir ein relativ flottes

Tempo von etwa vier Stundenkilometern. Eindringlich hat man uns in Narsarsuaq vor den labilen, sich oft drehenden Eisbergen gewarnt. Ringsum kracht es. Es klingt wie Lawinendonnern in den heimischen Bergen. Ein *growler*, so werden kleine Eisstücke genannt, dreht sich, oder ein ganzer Berg bricht auseinander. Die

Qayaq und Umiaq

Das Eismeer ist das Land des Qayaq. Die Eskimos benutzten es zur Jagd und zum Fischen, also zum Nahrungserwerb. Es ist der Vorläufer unserer heutigen Kajaks. *Fridtjof Nansen* machte es bekannt. Er ist der Pionier des modernen Kajaksports.

Die richtige Technik ist lebensnotwendig, um ein gekentertes Boot im Eiswasser wieder aufzurichten: Die *Eskimorolle* wurde in Grönland »erfunden«. Große Wogen, zum Beispiel die Flutwellen nach dem Kalben eines ins Meer reichenden Gletschers, wurden kopfüber mit der Bootsunterseite abgewehrt. Ein kieloben schwimmender Kanadier kann nur noch durch die *Lapprolle* aufgerichtet werden, und zwar mit einer Kenterleine und Stemmen außenbords gegen das umgeschlagene Boot.

Erstaunliche Leistungen werden berichtet. Die mit dem Kajak zurückgelegten Strecken sind gewaltig. So wurde ein Eskimo beim Abwettern eines Sturms von Grönland bis zu den Shetland-Inseln verschlagen!

Im Umiaq, dem breiten Frauenboot, fanden bei den nomadisierenden Eskimos der gesamte Besitz und die Familie Platz. Grönländer benutzen heute Motorboote. Die Kunst, ein Kajak zu bauen und zu führen, wurde fast vergessen. In einigen Städten wird diese Überlieferung wieder gepflegt.

Das historische »Qayak« ist ein aus Treibholz und Knochen gebautes Jagdboot. Es wurde mit Seehundhaut überzogen. Das Gerippe im Hintergrund ist ein »Umiak«, ein Frauenboot, mit dem die nomadisierenden Eskimos große Lasten beförderten. Die Exponate kann man im Nationalmuseum von Nuuk bewundern.

Was braucht man mehr, um dem Trekkerparadies nahe zu sein? Brennholz aus Zwergbirken, frische Pilze, ein rauschender Wildbach mit bestem Trinkwasser, ein gutes Zelt …

Eisformationen sind grundverschieden: Tafelbrocken, bizarre filigrane Gebilde, turmhohe, klitzekleine. Alle haben eines gemeinsam: Sie sind Wunderwerke der Natur.

Drüben steht die Sonne auf den Dächern von *Qassiarsuk*, dem ehemaligen *Brattahlid*. Erik der Rote baute hier vor tausend Jahren den ersten Hof auf Grönland. Wir nähern uns dem Gürtel aus Eisbrocken. Die Sonne brennt, und die Sache geht uns locker vom Paddel. Unmittelbar vor uns kentert ein Eisberg. Die Vorwarnung war nur kurz. Ein Schwanken – dann wälzt sich der Bursche lautlos und zeigt seine vom Seewasser zerfressene Unterseite, von der das Wasser rauschend abtropft. Eisstücke klickern an unsere Paddel und drücken das Boot aus der Fahrtrichtung. Der Freund protestiert lauthals etwas von »… aufschlitzen«, weil ich immer noch die direkte Linie halte. Wir müssen vorsichtig manövrieren, um die Haut unseres Kanadiers nicht zu verletzen.

In euphorischer Stimmung nähern wir uns nach Stunden dem Land. Große rote Kiesel leuchten am Strand, Unterwasser-Felsbänke, von der Ebbe freigelegt, scharren am Kanu. Über die Landenge tragen wir unser Boot zum *Igaliku Fjord*. Wir wollen durch den engen Wasserarm das freie Meer vor *Qaqortoq* anpaddeln. Ein Bauer mit Traktor erbarmt sich.

Es ist so warm, daß wir vor dem Zelt nackt in der Sonne schmoren. Sind wir wirklich in Grönland? Da wir mit jedem Gramm Gewicht geizten, haben wir auf Liegematten verzichtet und schlafen auf den Rucksäcken und der Kleidung. In *Igaliku* staunen wir über die Wikinger-Relikte. Abends gibt es ein Bier in der Jugendherberge.

Im Eisgürtel, der aus dem Qooroq Fjord treibt. Mit einem Kanu im Eismeer zu manövrieren erfordert Vorsicht. Eine solche Paddeltour kann aber der Höhepunkt im Leben eines Kanuten sein!

Sturmfahrt

»Pull!« schreie ich dem Freund vor mir im Kanu zu. Schaum gischtet vorbei. Den Partner hebt es hoch, dann kracht er vor mir mit dem Bug des Kanus ins Wellental. Es ist, als wenn er auf ein Brett geschmettert würde. Der Sturm orgelt, und wir paddeln wie die Wilden gegen den Wind, der uns direkt ins Gesicht steht. Wir drohen an die Felsküste gedrückt zu werden und legen uns mächtig ins Zeug.

Der Sturm überfällt uns urplötzlich nach vier Stunden bei ruhigem Wasser. Fast 20 km sind wir im *Igaliku Fjord* gerudert. Innerhalb einer Viertelstunde bauen sich hohe Wogen auf, dann brechen sich die ersten Wellen und werfen Schaumkronen. Wir paddeln gegen den Sturm in Richtung des östlichen Ufers. »Wir versuchen, noch um dieses Kap zu kommen!« brülle ich. »Schifferl versenken« habe ich in meiner Kindheit gespielt, heimlich, während der Unterrichtsstunde. Unmerklich nur kommen wir vorwärts. Eine endlose Stunde halten wir gegen die Wellen an, kommen jedoch kaum einen Kilometer weiter. Brecher rollen an die Klippen. Ein kleines Kap kommt näher. Dahinter muß nach der Karte eine Bucht sein.

Wir pullen, den Blizzard nun seitlich, mit aller Kraft darauf zu. »Eine Hütte!« Links öffnet sich ein klitzekleiner Fjord, in den wir eindrehen. Mit dem Sturm im Rücken surfen wir auf den Wogen in die ideale Bucht und werden auf den flachen Strand geworfen. Schwarzgrüne Wellen mit weißen Schaumköpfen drängen sich hinter uns. Der Freund will aus dem Boot springen, knickt ein, kriecht über den Bug und taumelt an Land. Die schlecht durchbluteten Beine, nach fast sechs Stunden Knien gefühllos, versagen den Gehorsam.

Schwer atmend sitzen wir am Ufer und lachen uns an: Zwei Grönländer laufen auf uns zu. »Where are you from?« – »From Germany!« Zweifel sprechen erst recht aus ihren Gesichtern, als wir berichten, daß wir gestern von Narsarsuaq losgepaddelt sind und noch weiter bis Qaqortoq wollen.

Die Inuit bauen hier die *Hütte Qanisartuut*, ein Schullandheim. Die Sicht reicht über das Inselgewirr bis zum offenen Meer. In einem kleinen See glitzert sauberes Trinkwasser, und im Osten blinken die mit Eisrinnen durchzogenen Fastzweitausender der *Kugssuatsiaup-Qaqa-Berge*. Der Inuk lacht respektvoll über das breite Gesicht. Seine mandelförmigen, schwarzen Augen blitzen, schwarze Haare hängen strähnig herab, braun glänzt das Gesicht. Eskimo nannten sie die Europäer. Das ist Indianisch und bedeutet Rohfleischesser. Oben brüllt der dänische Chef aus dem halbfertigen Haus. Die Arbeit ruft, europäischer Fleiß hat den grönländischen Schlendrian im Griff. Fast vergessen sind der harte Tag, die stürmische Paddelei und die Anstrengung, mit der wir unseren Naturhafen erreichten. Im Ofenrohr der nahen Hütte heult der Wind. Auf die Zeltbahn rieselt der Regen, leise und unablässig. Unter uns rauscht die Brandung.

Wir haben vom Dänen gute Ratschläge bekommen: »Auf der anderen Seite des Fjords habt ihr weniger Wind und Wellen.« Am späten Vormittag stechen wir bei bestem Wetter und Wasserhöchststand in See. Wir wollen die Ebbe ausnutzen und visieren eine schräg gegenüberliegende Sandbank an. Für achteinhalb Kilometer brauchen wir die sensationelle Zeit von nur 1 Stunde und 20 Minuten. Mit dem ziehenden Strom der Ebbe fliegen wir an Wikinger-Ruinen vorbei, die auf der Karte eingezeichnet sind. In den geschützten Buchten standen zahlreiche ihrer Höfe. Wir erhalten nochmals Unterstützung – der Fjord verengt sich unterseeisch. Die Wassermassen fließen durch die Kraft der Gezeiten schneller durch diesen natürlichen Kanal. Eine starke Strömung zieht uns nach Süden. Die unterseeische Enge wirkt wie ein überdimensionaler Staubsauger. Bizarre Felsen, Auswaschungen und Unterwasserhöhlen fliegen am Ufer vorbei.

Zwei Eisberge sind vor unserem Ziel, dem Dorf *Upernaviarssuk*, gestrandet. Ein freundlicher Däne weist uns eine Hütte zu, in der wir die Nacht verbringen. Es gibt sogar einen Petroleumofen. »Wir haben

Die Wikinger in Südgrönland

Nachdem *Erik der Rote* 982 als Totschläger auf Island für vogelfrei erklärt wurde, segelte er westwärts und stieß auf ein eisiges, grünes Bollwerk: Grönland. Hier gründete er in den Fjorden die ersten Siedlungen. Sein Hof *Brattahlid*, Qassiarsuk, ist noch heute eine blühende Siedlung am Ende des *Eriks Fjord* (Tunulliarfik). Vier Kanu- und Wanderstunden sind es nach *Igaliku*, dem ehemaligen *Gardar*, Bischofssitz der Wikinger. Hier ist die große Torfkirche sehenswert und gut erhalten. Paddelt man Richtung Qaqortoq, so findet man am Fuß des Redekammen die Ruine der Kirche *Hvalsey*. Um 1500 n.Chr. starben die Wikinger in Grönland aus bis heute umstrittener Ursache aus. War es das rauher werdende Klima? Die nachlassenden Kontakte nach Europa? Eine Seuche, die das blühende Normannenreich zerstörte? Oder waren es die Angriffe der »Krälinger«, der Kümmerlinge, wie die hochnäsigen Wikinger die Ureinwohner, die Eskimos, nannten?

30 km in fünf Stunden geschafft«, rechnen wir im Schlafsack unser Etmal (Seemannssprache: innerhalb einer Zeiteinheit zurückgelegte Strecke) nach.

Die Kirchenruine Hvalsey

Morgens tropft es vom schweren Regen der Nacht. Wir stechen mit der Flut in See, entfliehen der Trübe des Regens und des Nebels hinaus aufs Meer und paddeln nach Norden in den hintersten Teil des *Qaqortup Imaa*. Die Besteigung des kühnen *Redekammen*, einem der kühnsten Berge in Südgrönland, lockt uns. Fälschlich wird die Arktis als eine flache Ebene angesehen, die unter hohen Schneewehen verschwindet. Das trifft auf das Inlandeis Grönlands zu. An den Küsten erheben sich oft jähe Gebirge.

Das Meer ist leicht gekräuselt, und wir peilen in direkter Linie den steilen Granitberg an. Auf den Gipfeln blinkt Schnee, und von den Zungen der Gletscher tanzen Schmelzbäche ins Meer. Die See wird immer glatter, die Berge spiegeln sich darin wie ein Gemälde. Dieses Land ist wunderschön. Nach einem Zehnstundentag ziehen wir im Abendlicht unser Kanu auf glattgewaschene Felsen und bereiten das Biwak vor.

Bald steht das Zelt gut geschützt in der Nähe eines tosenden Bachs. Unsere Vorräte schwinden, wir müssen rationieren. Die Schwammerl, die wir sammeln, sehen unseren Birkenpilzen ähnlich. Ich putze und koche sie und rühre Kartoffelbrei aus

Die »Nußschale«, die einem »Umiak«, dem Frauenboot der Eskimos, gleicht, ist zwar windempfindlich, jedoch erlaubt ein aufblasbarer Kanadier eine hohe Zuladung bei großer Kentersicherheit. Vorteile, die mehr zählen als Geschwindigkeit!

der Tüte ein. Das ergibt ein »Menü à la Grönland«. Wir schlingen es heißhungrig hinunter. Das Knüppelholz der Zwergbirken brennt rauchlos wie Zunder. Die jährliche Wachstumsperiode dauert in der Arktis keine drei Monate. Daumendicke Stämmchen können bis zu 200 Jahresringe aufweisen. Die Natur gleicht die kurze, warme Jahreszeit mit täglich bis zu 24 Stunden Licht aus, so daß die Photosynthese ununterbrochen ablaufen kann. Jedes Leben in der Arktis macht den Eindruck hartnäckigen Durchstehens.

Ein sicheres Zelt, eine gute Ausrüstung, keinen Hunger mehr, der Durst im Abflauen – ein Leben wie im Schlaraffenland! Der stählern schimmernde Fjord, das Tosen des Baches und die Aussicht auf eine Bergtour versetzen uns in Hochstimmung. Der Zweikilometerspaziergang zur Ruine nach *Hvalsey* lockert die geschundenen Beine. Wir staunen über die meterdicken Mauerrudimente.

Auf den höchsten Berg der Region

Die Musicbox neben uns ist auf volle Lautstärke gedreht. Grönländer stehen am Spielautomaten. Mit der obligaten Bierdose in der Hand grölen sie, schwanken. Es wird gelacht, gesungen, getrunken, geraucht. Man fühlt sich in eine Kneipe irgendwo in Europa versetzt. Entspannt lehnen wir uns zurück, strahlen uns an und resümieren glücklich vor Müdigkeit die letzten Stunden: Wir haben in sieben Stunden den *Redekammen* bestiegen, sind dann noch sechs Stunden gepaddelt und haben unser Ziel, *Qaqortoq*, erreicht. Was für ein Tag ...

Um fünf Uhr morgens kam ich mit der unangenehmen Nachricht, daß es Zeit zum Aufstehen sei. Mit leichten Rucksäcken waren wir in wenigen Minuten 250 Höhenmeter oben an einem kleinen See, einem mit Moosbeeren bedeckten idealen Lagerplatz. Über dem Wasser stand eine breite Nebelbank. Über weiße Granitplatten turnten wir aufwärts. Dann tauchten wir aus den Wolken, orientierten uns und nordeten die Karte ein. Ein Wolkenamboß baute sich über dem steilen Gipfel auf. Uns beeindruckte die Öde des *Laksefjeld* unter uns. Über Blöcke aus bestem »Mont-Blanc-Granit« kletterten wir über den Grat. Der Weg war von der Natur vorgezeichnet, Begehungsspuren fehlten.

Redekammen bedeutet Frisierkamm. Auf dem 1210 m hohen Gipfel standen wir nach kurzweiligem Anstieg und beschlossen, daß der Name gut gewählt ist. Vom Südwestgipfel setzt sich ein gezackter Grat fort, pralle Granitwände streichen nach Westen ab. Von unserem Aussichtspunkt offenbarte sich ein atemberaubendes Panorama. Braun und schwarz das Land, dunkel die Fjorde, in denen Eisberge blinkten. Unter uns ein Trümmerfeld aus Fels. Was für ein gewaltiges Land! Jedes Stück Arktis hat eine andere Atmosphäre. Nach zwei Stunden Kletterei waren wir doch kein bißchen müde und genossen die himmlische Aussicht. Einen Dämpfer auf unsere gute Stimmung gab allerdings die gut einsehbare, endlose Paddelstrecke bis Julianehab.

Noch bei Flut peilten wir am Nachmittag die markante Ecke am Nordteil des *Iviangiusat Saqqaat* an. Gegenwind machte uns zu schaffen. Wir pullten kräftig – nur eine Stunde verstrich für 5 km. Nur noch 18 km bis zur Zivilisation. Wir paddelten auf die Insel *Arpatsivik* zu und spürten auf einmal nicht mehr die schmerzenden Rückenmuskeln: Fünf Kilometer weiter schimmerte das Festland.

Die Strömung drohte, uns auf zwei Riesen aus Eis zu treiben. Mit einem Schlag

Phantastische Naturspiele aus Eis, Meer und Fels. Die Tide hat einen »growler« an der Küste stranden lassen.

Nützliche Hinweise:

Anreise/Rückreise: Am besten via Island/Reykjavík nach *Narsarsuaq*. Von *Qaqortoq* mit Fährschiff oder Helikopter via Narsaq zurück nach *Narsarsuaq*.
Übernachtung: Ein *Zelt* ist ein Muß. *Hotels* in Narsarsuaq und Qaqortoq. *Jugendherberge* in Igaliku. Eine gemeindliche, nicht immer offene Hütte, bei *Tatsip Ataa*, im ersten Drittel des *Igaliku-Fjord*. Hütte in *Upernaviarsuk*.
Informationen: *Qaqortoq Turistkontor*, POB 128, DK-3920 Qaqortoq, Tel.+2 99 3 84 44, Fax +2 99 3 84 95.
Karten: 1:1 000 000: 2107 Julianehab; 1:250 000: 61V3 Narsarsuaq, 60V1 Julianehab; 1:100 000: Wanderkarte Südgrönland.
Besondere Gefahren: Halten Sie respektvollen Abstand von den Eisbergen, die aus dem aktiven Qooroq Fjord treiben. Unberechenbares Wetter mit sommerlichem Schneefall ist möglich. Unkalkulierbare Winde. Landnähe ist nicht immer Sicherheit. Die Kenntnis der Gezeiten ist wichtig. Bei Ebbe und Flut entwickeln sich vor allem in engen Fjordbereichen Strömungen, gegen die man kaum ankämpfen kann. Umgekehrt erreicht man bei konsequentem Ausnutzen der Gezeiten beachtliche Wandergeschwindigkeiten. Günstige Stellen zum Anlegen sind manchmal selten, die Ufer in den Fjorden sind oft steil.

wurden wir hellwach und paddelten mit aller Kraft der Küste entgegen. Der Eisberg hinter uns wurde von der Sonne angestrahlt. Dahinter, kohlrabenschwarz, das Massiv des Redekammen gegen einen gleißenden Himmel. Ein Stück sibirischer Fichte, vom Ostgrönlandstrom hierhergetrieben, vom Eis, dem Salzwasser und der Sonne weiß gebleicht, zog backbord vorbei. Noch fünf Kilometer. Das Kap *Peters Varde* war von den Wogen glattgewaschen. Hier muß sich bei Sturm eine mächtige Dünung aufbauen. Das Blinklicht des Leuchtfeuers auf der fernen Klippe war vom abendlichen Sonnenlicht kaum zu unterscheiden.

Am Ufer tollten die ersten Kinder und fischten. Rostrot und klobig grüßten zwei häßliche Tanks. Und dann … Der Blick auf die farbigen Häuser der »schönsten Stadt Grönlands« versprach uns das Paradies. Brandgelb fiel Sonnenlicht auf Giebel und Fassaden. Diese letzten Kilometer waren wie eine Wallfahrt. Der Hafen lag im flachen Sonnenlicht, als wir die Mole erreichten …

Die Musicbox spielt. Draußen ist heller Tag, und doch ist kaum ein Mensch auf der Straße. Es ist Mitternacht. Wir lachen uns an und öffnen eine neue Bierbüchse. Ein fantastisches Stück Wildnis trafen wir an. In Grönland spielt der Tourist eine untergeordnete Rolle, er tritt sparsam auf und konzentriert sich auf wenige Orte. Wir waren als einzige mit einem »handgetriebenen Wasserfahrzeug« unterwegs. Welcher Inuk setzt sich noch in ein Kajak?

Julianehab, *Qaqortoq*, die zweitgrößte »Stadt« der Insel, hat 3000 Einwohner. In Deutschland hat mein Heimatdorf genauso viele Seelen. Wir wurden von den Grönländern mit Erstaunen und prüfendem Daumendruck auf die Gummiwände unseres Kanus empfangen. Manchmal spielte das Wetter »Mensch ärgere dich nicht« mit uns. Zelt und Boot sind zweifelsfrei eine der besten Möglichkeiten, die Wildnis Grönlands in Küstennähe kennenzulernen. Aber Achtung: Die Kälte der arktischen Gewässer verzeiht nur wenige Fehler.

1 11 12
Akuliaru-Sersuaq
1100
Qajuutap Nunaa
1279 Natinnguaq
1150
1249 Ulunnguarsuaq
1190
890
Itersarsuasik
Qinngua
Qinngua Kangilleq
Paaratiisip Kuua
Heliflug
Qoornup Kuua
936
Kiattuut Sermiat
1233
Qorlortoq
Annannguit
Qimarnuffik
Qorlortup Itinnera
Sammisoq
Flower Valley
Eqalorutsit Qaqqaat 890
916
Ipiuttat
Tasiusaq
Brattahlid
A 11
A 1
Narsarsuaq
A 9
Tasiusaq
Qassiarsuk
378 Nunakullak
Nunataaq
456
Ammassiviup
967
Eqaluit Ilua
Eqaluit Qeqertaat
Tasiusaarsuk
Inneruulalik
Qooroq
Kangerlua
Sillisit Itinnerat
Issormiut
Sillisit
Nordre Sermilik
770 Naajat
Eriks Fjord
Illerfissalik 1752
1440
Qoororsuaq
Naajarsuit 1222
Schaftrail
Nasannguaq 1380
Nakkaalaaq 1334
Kvanefjeld
Narsaq Fjeld
11
Taseq
Talut
Ipiutaq
Kongevejen
Igaliku
A 12
Tunulliarfik Skovfjorden
Nunasarnaq
640 Qalilimmiut Qaqqaa
823 Nuuluk
740 Tallorutit
Igaliku Fjord
Qaqqarsuaq 685
E 11
Narsaq
Sisuugukkaat
12
Nunasarnaasaq 770
Lakseelv
Hedekammen 1210
880
Puisattaq 350
A 13
Söndre Igaliku
Alanngorsuup Nunaa
Skyggeso
Igalikup Kangerlua
600
Königsweg 12
673
Hvalsey 1040
Tasiuaq
Tatsip Ataa
Qanisartuut
Vatnaverfi
Qaqortukulooq
Iviangiusat Saqqaat
Qaqortup Imaa
Tasersuaq
Tasikulooq
Arpatsivik
1
Qoornua
525
481
Qorlortorsuup Tasiata
Upernaviarsuk
Eqaluit
Eqaluit
Wikingerroute
Ukkusik 480
Storefjeld 412
Asorutit Qaqqat 999
E 12
E 1
Qaqortoq
Karrarmiut
Qeqertarsuaq
Kangerluarsorujuk
Qallimiut
Tasiluk
Qallimiut Qaqqaa 750
770 Amaataa
Akuliarusersuaq
Akia
454
Kangeq
Kangerluarsorujuk
Quassugaarsuk 893
Innarsuup Qaava 566
Tinupaarneq 830
N
0 4km
Eqalugaarsuit
890 Kangerluluup Qaqqaa
Ammassivik

2 Pionier-Trekking in die Schöpfungsgeschichte
Uummanarsuaq – der äußerste Süden Grönlands

Uummanarsuaq nennen die Grönländer den Süden der größten Insel der Welt. Unweit des *Kap Farvel* auf der *Insel Pamiagdluk* findet sich eine Landschaft, die geprägt ist durch Eiszeit, archaische Ursprünglichkeit, eine wilde Bergwelt und eine fast unglaubliche Unberührtheit der fantastischen Granitberge und wunderbaren Täler. Der wilde Süden Grönlands ist kaum besucht. Für Trekker ist dort eine *Terra incognita*. Die Berggestalten, wie sie auch in Patagonien oder im Yosemite Valley Ausnahmen sind, können dieses Gebirge zu einem neuen *Playground of Europe* machen: »Wie im Mont-Blanc-Massiv vor 200 Jahren.« Grat reiht sich an Grat, Tal an Tal, Wand an Wand, Zinne an Zinne, Pfeiler an Pfeiler. Das Basislager bei *Anordliuitsoq* ist allein schon eine Reise wert. Und erst recht die Schiffahrt durch den *Torssukatak*!

Kurzcharakteristik

Bei diesem Vorschlag handelt es sich nicht um eine Trekkingroute, sondern um eine *Gebietsempfehlung*. Vom Basislager, an der Ostküste der *Insel Pamiagdluk*, etwa 9 km von der südlichsten Siedlung Grönlands *Aappilattoq* entfernt, erreicht man Täler, leichte Berge aber auch schwere Gipfel. Die Touren können von *Stunden* auf *Tage* ausgedehnt werden. Die Region ist so gut wie unberührt. Hier ist der abenteuerlustige Trekker gefragt, der auch Entdecker sein will. Die Schwierigkeit der selbst zu findenden Routen kann individuell bestimmt werden: von der leichten Wanderung bis zur Gletscherbegehung und anspruchsvollen Bergbesteigung.
Beste Jahreszeit: August.
Gesamtgehzeit: Von Stunden bis zu Tagen.
Kartenskizze: Siehe Seite 92.

Routenvorschläge

Besteigung Naujarssuit (1100 m) und Ingrids Toppen (ca. 1020 m):
Von *Anordliuitsoq* bis unter die Südwände des *Naujarssuit*. Das zweite, südliche Kar gewinnt man über ein steiles Grasband. Im grobblockigen Kar nordseitig hinauf bis zu *Ingrids Toppen*. Fantastischer Ausblick in die Gipfelwelt. Abstieg über den breiten Rücken nördlich zur Scharte, dann Aufstieg über den Nord- später Westrücken zum *Naujarssuit*. Abstieg auf dem gleichen Weg. Anspruchsvolle Bergtour. Schwierig, eine leichte Kletterstelle, anstrengend. 1 Tag.

Der Torssukatak Fjord im Süden Grönlands ist ein Weltwunder der Natur. Die Einfahrt läßt erahnen, was nach einigen Kilometern zu erwarten ist: Eine Fahrt durchs Hochgebirge, vorbei an »Aiguilles«, »Drus« und »Badiles«.

Besteigung Punkt 788: Der Gipfel mit hervorragender Aussicht ist leicht über den breiten Nordrücken, den man vom Lager aus sieht, zu besteigen. Großer Steinmann auf dem Gipfel. Leichte Wanderung. 1 Tag.

Amphitheater und Märchenwiese: Zwischen *Qilertike* und *Naujarssuit* öffnet sich ein weites Tal, das im Talschluß immer enger wird. Fantastische Fels- und Gletscherwelt. Biwak auf der *Märchenwiese* am Ende eines langen Sees empfohlen. Leichte Wanderung. 2 Tage.

Zum Kangerdluarssuk: Vom Basislager an der Küste nach Norden bis *Niaqornaq* gegenüber *Aappilattoq*. Nun südwestwärts in das Tal, bis der Fjord erreicht wird. Gewaltige Wände, einzigartige alpine Szenerie. Mittelschwere Wanderung. 2 Tage.

Schiffahrt durchs Gebirge

Die Einfahrt mit der »Tulut«, einem alten, hölzernen Fischtrawler, in den *Torssukataq Fjord* entspricht meinen Erinnerungen. Der steile Fjord mit den beeindruckenden Fluchten, den Eisbergen und den Granitpfeilern sucht auf der Welt seinesgleichen. Es wird eine Fahrt durchs Gebirge, vorbei an »Badiles, Drus, Cerro Torres ...« Himmelhohe Wände setzen unmittelbar am Eismeer an, steigen in den blauen Himmel und werfen ihre Schatten über den nur wenige hundert Meter breiten Fjord. Ein Blick auf die Karte: Manche Gipfel kulminieren an der 2000-Meter-Marke. Dazwischen Wände, Pfeiler, Grate, die die See mit dem Himmel verbinden. Unsere brave »Tulut« fährt Slalom zwischen Eisbergen und dieses alpine Wunderland. Überall wo ich war: Die Erinnerung an die kühnen Berggestalten des *Kap-Farvel-Gebietes* ließen mich nicht los. Der Südwesten Grönlands zählt zum zivilisiertesten Teil dieser wilden Insel. Der äußerste Süden, *Uummanarsuaq*, etwa sechs Bootsstunden von der letzten Stadt, *Nanortalik*, Bärenort, entfernt, ist unwirtlich: wild, steil, fast un-

Niemand kennt die Zahl der noch unbestiegenen Gipfel und unbegangenen Täler, die sich von Uummanarsuaq über 800 Kilometer am östlichen Inselrand Grönlands nach Norden erstrecken. Ein fast unerschöpfliches Reservoir an Bergen und Tälern, unbegrenztes Neuland für Generationen, – eine Pilgerfahrt in die Trekkinggeschichte, die noch geschrieben werden wird.

bewohnt und mit grandiosen Naturschönheiten gesegnet. Im Fjord zerbricht krachend ein Eisberg, den die Drift rund um die Südspitze geschoben hat. Die Kulminationshöhen der Granitgipfel rundum sind nach alpenländischen Maßstäben bescheiden, die Wandhöhen und die klimatischen Bedingungen halten strengen Vergleichen mit den Bergen der Welt stand.

Nach einem Tag Fahrt löschen wir die Ladung bei *Anordliuitsoq* und bauen unser Basislager auf. Am nächsten Tag wandern wir unter donnernden Wasserfällen zu einem langgestreckten See, an dessen Ende sich ein Felswunder auftut, das wir *Amphitheater* taufen: westlich eine riesige, mauerglatte rote Wand, östlich steigt eine Flucht auf, die an die Nordwand der Große Zinne erinnert. Rundum wüste, granitene Ungetüme, die gekrönt sind von der kühnen Gestalt des höchsten Berges der Insel, dem Twin Pillar. Dazwischen der Talgrund, die *Märchenwiese*, mit einem blaugrünen See.

»Nur wenige wissen, daß sich die Gebirgskette des ›Grünen Landes‹, der größten Insel unserer Erde, an Ausdehnung und Länge sogar mit dem Himalaya messen kann, auch wenn es nicht einmal Viertausender zu erobern gibt. ... Wer sich in vollkommener Abgeschiedenheit in die Goldene Zeit des Bergsteigens zurückversetzen will, für den ist Grönland vielleicht das letzte wahre Paradies.« (Toni Hiebeler)

Die Erstbesteigung des Ingrids Toppen

Wir stülpen die Mückennetze über die verbrannten Gesichter und steuern den *Naujarssuit*, den beherrschenden Tausendmetergipfel über dem Basislager, von der Südostseite aus an. Das Kartenmaterial läßt viele Fragen offen. Durch Heide, Moor und fingerhohe Birken umrunden wir das Massiv, bis wir an zwei Schneefeldern stehen. Wir entscheiden uns für das südliche. Immer steiler steigen wir weglos im weichen Firn, bis wir über bratschige Felsen ein Geröllfeld erreichen, das ein problemloses, aber anstrengendes Aufwärtssteigen ermöglicht. Wir kraxeln über rauhe Granitbrocken. Abseits des *Naujarssuit* erreichen wir über ein Schneefeld den Grat, thronen wenig später auf einem Gipfel, der einem Adlerhorst hoch über dem Eismeer gleicht, und bewundern die bizarre Unordentlichkeit einer fast unendlichen Gipfelwelt. Das Inlandeis hat sich irgendwann zurückgezogen und als Vermächtnis pralle Granitwände zurückgelassen. So muß es nach der Erschaffung der Erde ausgesehen haben. Tief drunten blinkt der See bei der *Märchenwiese*. Im Südwesten steigen dunkle Granittürme auf. Eisberge segeln im Grün der Fjorde, und über dem nahen *Kap Farvel* hängt eine Sturmwolke. Wir empfinden, wie sich vor 200 Jahren Bergsteiger gefühlt haben müssen, als sie das Mont-Blanc-Massiv erkundeten. Der Höhenmesser zeigt 1020 m. Ich freue mich, daß der Freund einverstanden ist, diesen Gipfel nach meiner Frau zu benennen: *Ingrids Toppen*. Toppen, Gipfel, nach alter grönländischer Manier.

Uns lockt nach dieser »Entjungferung« die zweite Besteigung des *Naujarssuit*.

Auf dem Gipfel des »Ingrids Toppen«. Blick in die unerschlossene Bergwelt der Insel Pamiagdluk. Unglaublich vielfältig sind hier die alpinen Trekkingmöglichkeiten. Während man in unseren Alpen weder eine unberührte Flanke, keinen unbestiegenden Gipfel und kein unberührtes Tal findet, hat in Grönland die Erschließungsgeschichte gerade erst begonnen.

Wir eilen, einen Wettersturz im Nacken, auf den Gipfel – ein breites, mit riesigen Blöcken bewürfeltes Plateau, wie von Titanen hingeworfen. Der Blick über *Uummanarsuaq* fasziniert. Das *Kap Christian* ist nahe, und der Blick auf die Eisberge im *Anordliutsup ima*, dem Eisfjord zum offenen Meer, fesselt. Trübe, helle Wolken segeln über das Kap. Eine Front steht über der Südspitze, die uns, nach einem Galoppabstieg, vor dem Lager mit Regen überschüttet.

Anordliuitsoq: Das Basislager

Ein 30 m hoher Monolith schützt unsere kleine Zeltstadt vor den Winden aus Nord vom Inlandeis her. Die Felsarena im Rücken, der vom Eis weiß gesprenkelte, tiefgrüne Fjord und die Heidelandschaft rundum bilden das, was man gemeinhin einen Traumplatz nennt. Dies hatten auch Wikinger und Eskimos erkannt. Kreisrunde Hüttenruinen der Ureinwohner verwildern neben den rechteckigen Gruben der ehemaligen Normannenhäuser. Daneben flattern unsere bunten Zelte. Sie bringen Farbe in das Grün des Talbodens.

Mein spitzes, rotes Schlafzelt steht an der Scheide zwischen Meer, dem rauschenden Wildbach und den fantastischen Wänden. Wir haben das Paradies gefunden. Aus dem Messezelt, dem Schlüssel für unser Wohlbefinden, ziehen köstliche Düfte. Wir brutzeln Walsteaks und haben aus selbstgebrockten Pilzen einen Eintopf gezaubert.

Unscheinbare Steinhaufen veranschaulichen die abgeschiedene Lage unseres Camps. Blinkende Gebeine – Wikinger oder Eskimos? – blitzen bei tiefstehender

Südgrönland liegt auf der gleichen Breite wie Oslo. Warme Sommer mit Temperaturen bis 20 Grad sind keine Seltenheit. Trotzdem überleben Eisberge die Drift in die Fjorde.

Sonne aus den mit Flechten bewachsenen Steinen der Haufengräber unter windzerzausten Felsen.

Fast mutiert das Trekken zur Nummer Zwei der Aktivitäten – das Angelfieber hat uns gepackt. Köstlicher *Arctic char*, als bester Speisefisch der Welt apostrophiert, bruzzelt fast jeden Tag in den Pfannen. Wenn sich auch manchmal die Fänge in Grenzen hielten, war jede Ausfahrt ein Erlebnis: Denn zwischen Eisbergen, Robben und Walen wirft man nicht jeden Tag die Angel aus. Das Gewehr, das wir dabei haben, kommt nicht zum Einsatz. Denn Bärensaison ist, wenn die Fjorde voller Packeis sind. Im Juli ist es damit vorbei, auch wenn draußen, am Kap Farvel, Schollen mit den hungrigen Raubtieren treiben. Im letzten August, bei meinem Besuch in *Aappilattoq*, brachten die Jäger einen erlegten Meister Petz ins Dorf.

Die Zelte des Basislagers auf der Insel Pamiagdluk stehen dort, wo vor 1000 Jahren Wikinger siedelten. Die mächtigen Berge sind ein guter Wetterschutz.

Die Märchenwiese

Unter dem gewaltigen Plattenschuß *Rote Wand* ducken sich die Zelte des vorgeschobenen Lagers auf der *Märchenwiese.* Rundum Arktis, ungebändigte Natur, unbewohnt, menschenleer, ohne Leben. Ohne Leben? Da gibt es Ungeheuer! Faustgroße, pelzige, hamsterähnliche Monster, eingebunden in einen Fünfjahresrhythmus der Natur, der die Population anschwellen

läßt und dann in einer steilen Fieberkurve absenkt: der Lemming-Zyklus. Wenn die kleinen Nager am Minimum sind, gibt es für Adler, Füchse und Wölfe wenig zu fressen, und sie vermehren sich weniger. Sind die Feinde geringer, vervielfältigen sich die putzigen Tierchen »wie die Karnickel«. Dann gibt es auch für das Raubwild genug Nahrung. Die Population steigt an und frißt mehr Lemminge, bis die Anzahl der Pelztierchen zurückgeht. Wir sind mitten in die Katastrophe eines Lemming-Höhepunktes gekommen. Die Freude am wunderschönen Zeltplatz wird getrübt, weil die Nager sich an den Schnüren verlustieren und nachts die Liegematten unterwandern. Biwaksäcke, Skistöcke und Plastikschüsseln sind »Lemming-Haute-Cuisine«. Nichts ist vor den hamsterähnlichen Tierchen sicher.

Pamiagdluk hat eine Landschaft, wie sie im Alten Testament beschrieben ist: wild, archaisch, unbehauen. Der erste Schöpfungstag scheint materialisiert. In diesem Meer aus erstklassigen Gipfeln und kühnen Bergen ragt ein einsamer Hinkelstein heraus: Der *Twin Pillar* ist mit seinen 1373 m der höchste Punkt der Insel. Der Turm steilt über der Scharte, die wir am Talschluß erreichen, aus einem Chaos von Gletschern und Felsen wie ein Finger in den Arktishimmel.

Die letzten Sonnenstrahlen erreichen die Berge und spiegeln sich im See, Bäche rauschen und glucksen, ein leises Lüftchen hält uns die lästigen Fliegen vom Hals. Wir braten Saiblinge – sie schmecken besser als im besten Grandhotel. Lagerfeuer erhellt die langsam aufsteigende Nacht in einer einzigartig schönen Landschaft. Am Firmament tanzen die Fixsterne. Die Berge im Rund werden vom Vollmond beschienen und stehen da wie vor Äonen: klar, wahr, kalt. Der mächtige Schild des Inlandeises blinkt hinter einer Kette aus Türmen, Bergen, Zinnen und Zacken. Einhellig sind wir der Meinung, daß es in den Alpen keinen Platz gibt, der auf so engem Raum eine solche Fülle von grandiosen Felsgipfeln hat. Die Stimmung ist unübertrefflich, die Natur urweltlich.

Beim Durchqueren der weichen Moosfelder vor dem Basislager nehmen wir die besten Rotkappen für die Küche mit. Die Pilze sind hier dreimal so hoch wie die Birken: etwa zehn Zentimeter!

Von Wikingern, Grönländern, Eskimos und Inuit

Es schüttet heute ohne Unterbrechung. Der Sturm orgelt und bringt das Wasser im Fjord zum Kochen. Mehrere Einsätze sind notwendig, um die Zelte mit Steinen zu beschweren. Ein Elementarspiel tobt mit arktischen Ausmaßen. Zwei Tage sind wir im Basislager angenagelt. Gegenüber auf der Insel *Angnigitsoq* stiebt ein 600 m hoher Wasserfall über die senkrechten Platten.

Für uns ist das »greifbare« 130-Seelendorf *Aappilạttoq* der Brückenkopf zur Zivilisation, nur eine knappe Bootsstunde entfernt. Wer ins Eiswasser fällt, hat wenig Chancen, länger als einige Minuten zu überleben. Wir tuckern mit unserem geliehenen Motorboot zum Dorf, einem »malerischen Drecknest«. Blutige Seehundkadaver liegen an der Pier. Die Gesichter der Inuit sind dunkel und erinnern an Lava. Bunte Häuser ducken sich am idealen Hafen unter gewaltigen Felswänden. Es riecht nach Fisch und toten Robben. Die Satelliten-Telefonverbindung nach Deutschland ist problemlos, und wir können sogar in der Schule duschen.

Die Entdeckung eines Gebirges

In wenigen Tagen kommt die »Tulut«. Wir haben uns auf zahlreichen Trekkings fast zu Krüppeln gelaufen und eine völlig neue Welt entdeckt. Kaum jemand vor uns hat die Täler und Berge erkundet. Unsere Zeit läuft ab. Wieder nagelt das Wetter die Mannschaft länger als geplant fest – die Arktis spielt mit anderen Karten! Für uns waren die Touren wie eine Pilgerfahrt in die alpine Geschichte, die noch geschrieben werden wird. Ich behaupte: Wir haben etwas gefunden, das die bergbegeisterten Engländer vor hundert Jahren *Playground of Europe* nannten. Damals waren dies die Alpen, morgen kann dies *Uummanarsuaq* sein: ein fast unerschöpfliches Reservoir an Bergen und schönen Tälern. Die Zukunft wird entscheiden, ob diese Erwartung richtig ist.

Nützliche Hinweise:

Anreise/Rückreise: Nach *Nanortalik* mit Helikopter von *Narsarsuaq* oder mit Charterschiff von allen Städten Südgrönlands. Dann am besten Charterboot von Nanortalik, das bei *Nanortalik Tourist* gebucht werden kann, zum/vom Basislager. Evtl. auch mit öffentlichem Schiff von *Nanortalik* nach *Aappilattoq* und dort einen Inuk um ein Übersetzen nach *Anordliuitsoq* bitten.
Übernachtung: In Nanortalik zwei *Hotels* und *Jugendherberge*. *Zeltlager* auf Anordliuitsoq. Evtl. *Zeltbiwaks* auf den Trekks. Eindringlich ist darauf hinzuweisen, daß das Basislager wieder so verlassen wird, wie man es vorgefunden hat. Besser noch sauberer!
Informationen: *Nanortalik Tourist Service*, René Nielsen, POB 160, DK-3922 Nanortalik, Tel. +2 99 3 34 41, Fax +2 99 3 34 42. Nielsen ist nicht nur eine »Infobox«, sondern auch außergewöhnlich hilfsbereit und zuverlässig: Bootscharter, Ausrüstungsverleih, Kajakverleih. Eine *Broschüre* im Eigenverlag über eine Expedition auf *Pamiagdluk* mit einer Fülle von Informationen kann gegen Selbstkostenerstattung bezogen werden bei *Unlimited Activities*, Fax +49 8153 8 91 02.
Karten: 1:1 000 000: 2017 Julianehab; 1:250 000: 60V2 Nanortalik; Kort- og Matrikelstyrelsen Qaqortoq/Uummanarsuaq A66/90.

3 Der schönste Fjord Grönlands im Faltboot

Tasermiut: Von Riesenbergen durch die Straße der Eisberge

Die Fjorde und Schärengebiete südlich von *Nanortalik* sind ein ideales Kajakland – wenn man ihm gewachsen ist. *Nunap isua*, das »Ende des Landes«, hat eine klare, wilde Natur. Die Berge erreichen die Zweitausendmetergrenze, setzen oft direkt am Meer an und bilden Wandhöhen mit 1000 m und mehr. Das ist eine der gewaltigsten Landschaften der Erde! Mit zum Schönsten im äußersten Süden Grönlands gehört der *Tasermiut Fjord*. Tief schlängelt er sich ins Landesinnere. Innen lappen zwei mächtige Gletscher vom Inlandeis ins Meer. Der Fjord ist ein starkes Stück Wildnis. Nur vereinzelt trifft man Menschen. Granitriesen – nur dieser abgedroschene Superlativ paßt – säumen die Ufer und bilden neben einer fantastischen Kulisse auch einen Kanal, durch den der Wind düst. Paddlers Alptraum, wenn man dagegen ankämpfen muß! Eine herrliche Hilfe, wenn er schiebt.

Routenvorschlag

Mit Charterboot in den hintersten nördlichsten Teil des Fjords bei einem Hängegletscher. Bis zum Beginn des Fjords hält man sich ausschließlich am Ostufer. Schöner Lagerplatz mit Wikinger-Kirchenruine bei *Tasermiutsiat*. In der Bucht unter dem *Ulamertorssuaq* ebenfalls Wikinger-Ruinen. Diese Bucht kann bei Ebbe trocken fallen. Weiter bis zur Schäfersiedlung *Qeqertaaraq*. Hier steht eine öffentlich zugängliche Hütte auf einer Halbinsel.

Der kleine Ort *Tasiussaq* hat alle wichtige Infrastruktur: einen Laden am Hafen und Telefonmöglichkeit. Grandiose Umgebung. Der Fjord wendet sich westwärts. Weiter am Südufer bis *Niaqornaq* und über den Fjord setzen. Am nordöstlich gelegenen *Tasiusaarsuk*, einer Lagune, steht eine offene Hütte, Traumplatz mit einem Wasserfall im Talende. An der steilen Küste weiter um das Kap *Tuapaat* nach *Nanortalik*.

Südgrönland aus der Luft

Der Anflug auf *Narsarsuaq* über die eisgepanzerte Küste und die Eiskappe ist trotz der Wolkenfetzen eindrucksvoll. Vor der Ostküste steht ein dichter Treibeisgürtel. Der Ostgrönlandstrom transportiert von der Polkappe mächtige Eismassen zum *Kap Farvel*. Eisberge blinken. Das Inselgewirr der Südspitze ist unwirtlich. Der *Tasermiut Fjord* reicht weit ins Land hinein. Die Gletscherbrüche sind weiß, und man erkennt die großen Spalten gut.

Die Wolken hängen tief, und die Startbahn des Flughafens ist regennaß. Mit der üblichen Verspätung startet der Sikorsky S-61-Heli und fliegt über dem *Eriks Fjord*,

Kurzcharakteristik

Paddeltour mit Ausgangspunkt *Nanortalik*. Eine Siedlung, eine Schaffarm und zwei Hütten im Fjord sind keine Sicherheitsmerkmale! Der Fjord ist vor allem in seinem hinteren Teil menschenleer. Der ca. 80 km lange Kanal gehört zum schönsten, was Grönland zu bieten hat. Die Granitberge des *Ketil* und des *Ulamertorssuaq* sind Schaustücke und bekannte Herausforderungen für die Weltelite der Kletterer. Tief im Fjord siedelten auch Wikinger. Durch die Nähe Nanortaliks ist der organisatorische Aufwand leicht zu handhaben. Eine Kajakfahrt ist die beste Möglichkeit, dieses Schaustück »by fair means« zu erleben. Am Ende muß man einige Kilometer über offenes Meer, um nach *Nanortalik* zu kommen. Diese Passage kann – je nach Jahreszeit und Wind – starkes Eis haben. Man kann in den Fjord hinein- und wieder herauspaddeln oder sich mit einem Leihboot im Inneren absetzen lassen und beliebig lange nach Nanortalik zurückrudern. Nachfolgend wird die letztere Variante beschrieben.
Faltboot oder aufblasbaren Kanadier bringt man aus Europa mit oder leiht bei René Nielsen Kunststoffkajaks.
Beste Jahreszeit: Juli und August.
Gesamtzeit: Mindestens 6 Tage für die einfache Tour.
Kartenskizze: Siehe Seite 104.

immer an der Wolkenuntergrenze, nach Süden. Spitze Granitgipfel stehen über dem Dunst. Nach 20 Minuten Flug tauchen wir wieder ins Weiß. Über großen Eisbergen ziehen wir eine Schleife und landen am Stadtrand von *Nanortalik*.

René Nielsen, der »Touristmanager«, erzählt, daß der Tourismus durch die Rezession in Europa stark zurückgegangen ist. Letztes Jahr kamen 400 Reisende, heuer erwartet er nur 250. Sein Hund weicht ihm nicht von der Seite. Er ist angeleint, denn in Grönland werden freilaufende Hunde oft erschossen.

Das »Youth Hostel« ist eine gemütliche Hütte am alten Hafen, direkt am Meer. Einen idealeren Platz für meine Kajakpläne, die *erste Alleinbefahrung des Tasermiut Fjord*, kann ich mir nicht vorstellen. Das Wetter klart auf, der Seenebel hebt sich. René ist eine wahre Infobox und erzählt von den wirtschaftlichen Problemen in Nanortalik. Die Fischfabrik hat 80 Prozent der Arbeitskräfte reduziert, da die Gründe leergefischt sind. Nur die Robbenjagd ist einträglich. Und weiter berichtet er, daß in dieser Saison in der Region schon 21 Eisbären geschossen wurden. René lebt hier schon seit acht Jahren. Er ist mit einer Grönländerin verheiratet.

Schlachtfest

»They bring a whale!« Drei kleine Motorboote schleppen einen zehn Meter langen *Grintwal* auf die Insel gegenüber, ziehen ihn so weit wie möglich an Land und lassen ihn in der Bucht liegen. Die Ebbe wird ihn nachts trocken legen, und dann wird man mit dem blutigen Geschäft beginnen. Einige grönländische Halbwüchsige schnippeln mit ihren Taschenmessern an der Schwanzflosse herum, stecken die Hautstreifen in den Mund und schneiden es kurz vor den Lippen ab. *Matjak*, die rohe Walhaut, ist eine Delikatesse. In Grönland hat man eine andere Einstellung gegenüber der weltweit geächteten Waljagd. Sie ist selbstverständlich und natürlich seit Jahrtausenden.

Emil steht anderntags bis zum Oberschenkel im blutigen Meer und wäscht einen Fünf-Kilo-Brocken Walfleisch im Salzwasser. Er trägt hüfthohe Gummistiefel und, was für einen Inuk selten ist, einen Bart. Seine Vorfahren haben sich

»Plötzlich: Majestätisch taucht backbord eine Rückenflosse auf und graue Walhaut verschwindet mit eleganter Bewegung in der öligen See. Wieder und Wieder.« (M. V.)

wahrscheinlich mit den Herrnhuter Missionaren vermischt. Oder pulsiert Wikingerblut in ihm? Die Uferfelsen sind voller Blut. Der Wal wird zu einer Unzahl von Fleischstücken, in weißen Plastikkisten fein säuberlich sortiert, zum Hafen gefahren werden. Die Eingeweide des Wales schwimmen in einer blutigen Blase an der Oberfläche.

René erläutert, daß in diesem Jahr nur sieben Wale im Distrikt gejagt werden dürfen, letztes Jahr waren es noch elf. Der Grintwal war ein Weibchen und schwanger. Das ein Meter lange Ungeborene liegt auf dem Felsen am Ufer. Es soll Wissenschaftlern zu Forschungszwecken übergeben werden.

Die Riesen der Meere

In den grönländischen Gewässern kommen viele verschiedene *Walarten* vor: Finnwale, Blauwale, Buckelwale, Pottwale, Narwale und Grintwale. Der Grönlandwal, der sich nur in arktischen Gewässern aufhält, wird 15 bis 18 Meter lang.

Der Fjord

Das Wetter wird schlechter, bald regnet es. Der Fjord ist noch nie mit dem Kajak befahren worden, schon gar nicht allein. Wenigstens nicht in moderner Zeit. Wo muß ich besonders aufpassen? Hinten, wo die Gletscherfront möglicherweise kalbt? In der Mitte, wo der enge Fjord den Wind wie eine Düse kanalisiert? Oder draußen am Meer, wo das Treibeis und die Eisberge schwimmen? Wenn das Wetter stimmt, kann es genußvoll werden. Den größten Respekt habe ich vor Sturm. Bizarre Gipfel, die an die Aiguilles von Chamonix erinnern, sind am Horizont zu erkennen.

René zeigt mir eine Schüssel mit fettem schwarzen Sand aus dem *Söndre Sermilik Fjord*. Winzige Goldkörnchen, mit bloßem Auge kaum zu erkennen, blinken. Winkt da ein neuer Wirtschaftsfaktor, eine Touristenattraktion?

Draußen auf dem Meer zerbricht donnernd ein Eisberg. Es ist sehr kühl. Der Tag dämmert, trübe Wolken hängen bis auf die Wasseroberfläche. Als René kommt, zeige ich ihm eine Robbe, die vergnügt in

Ufernähe spielt. Er hat schon einige geschossen, aber so nahe bei der Stadt hat er noch keine gesehen. Er behauptet, daß im Fjord das Wetter besser ist. Wir tragen das viele Gepäck zum kleinen Bootshafen. Am schwersten ist das Faltboot. *Nunap isua* habe ich es getauft. Wird es mir hier am »Ende des Landes« die verhofften Dienste leisten?

Wie der Ringfinger einer Hand zeigt der Fjord ins Land hinein. Ein kleines Kajütboot mit einem freundlich lächelnden Grönländer am Steuer läuft in den kleinen Hafen ein. Er hat gegen den scharfen Wind eine Seehundmütze angezogen. Ein verrosteter Gewehrlauf lugt aus dem Gepäckwirrwarr und ist der Seeluft und dem salzigen Spritzwasser ausgesetzt. Wir brausen hinaus aufs Meer, vorbei an Inseln im Nebel, biegen beim Kap *Tuapaat* nach Osten und dann nach Norden. Das Wetter klart tatsächlich auf, und ab und zu blinkt sogar ein Sonnenstrahl. Die Berge aber sind wolkenumhüllt.

Die See wird ölig. Plötzlich stoppt der Inuk. Der kleine Punkt ist eine Robbe, die zum Luft holen den Kopf aus dem Wasser streckt. René schießt daneben. Der Seehund taucht weg, bleibt zehn Minuten unter Wasser, taucht wieder auf. Wieder zwei Schüsse, dann schießt auch der Grönländer. René scheint die Robbe am Kopf getroffen zu haben. Wieder verschwindet sie. Das »Spiel« wiederholt sich mehrfach. Zehn Schüsse gehen fehl, bis René auf 50 m den tödlichen Treffer in den Kopf landet. Es ist schwierig, mit der .22er auf schwankendem Schiff ins Ziel zu wackeln.

Mit einem Haken sichert René den Kadaver, bevor er absinken kann. Der Grönländer schneidet mit einem Messer in die Sehnen der Hinterfüße zwei Schlitze und zieht einen Strick durch. Wir hieven das 50-Kilo-Tier an den Bordrand und binden es fest. Blut tropft ins Boot, und die Schraube wirbelt in rotem Wasser. Der erste Treffer Renés war ein Streifschuß am Kopf, der zweite ein Volltreffer. René spöttelt über seine Schießkünste: »The seal was very expensive.«

Die Wolken werden weniger und geben Berge frei – ein menschenleeres Land. Die Granitriesen sind naß vom Regen. Das Fjordende ist eine Gletschermauer, die vom Inlandeis herabrollt. Ich gebe René ein Zeichen und deute zum rechten Ufer. Auch dort schwappt ein Gletscherbauch fast bis zur See. Eine Landschaft im Eis, ganz nahe am Urzustand der Schöpfung.

Ende und Anfang

Wir laden das Gepäck aus. Der Grönländer hat es eilig, da die Ebbe einsetzt. Ich schüttele René die Hand und zahle ihn aus. »You will really do it?« fragt er und ist ein wenig verlegen. Ich klopfe ihm auf die Schulter und lache. Nach fünf Minuten ist der Motorlärm verklungen. In der Gletscherfront hinter mir donnert es. Ein Rabe zieht krächzend vorbei, und leise lecken die Wellen am Ufergeröll. Ich bin allein, nur noch mir verantwortlich. Ich beginne das Boot aufzubauen, eine Schinderei in dem unebenen Gelände. Dazu besuchen mich tausend Freunde: *Culex nigris*, die gemeine Stechmücke, hat ihren weltweiten Siegeszug bis zu den Gletschern Grönlands angetreten. Die Viecher piesacken mich. Manchmal steht der schwarze Schwarm wie eine Wolke über mir. Ich arbeite mit Überbekleidung, Handschuhen und einem schwächlichen Mückennetz über dem Kopf. Während mein rechtes Auge zuschwillt, bekommt mein Boot mehr und mehr Form. Nach drei Stunden Arbeit stehen Kajak und Zelt. Das Lager inmitten eines urzeitlichen Tals ist beeindruckend schön. Vom *Sermitsiaq-Glet-*

scher braust ein Wildbach herab, der das notwendige Trinkwasser liefert. Flach blinkt das Meer im Abendlicht, die Berge bekommen Farbe. Die Mücken vertreibe ich mit einem Feuer. Aus Steinen und einem angeschwemmten Brett baue ich einen Tisch. Den Rücken an einen Felsblock gelehnt, genieße ich diese wilde Welt an der Grenze zwischen Wohlbehagen und Gänsehaut und dem Alleinsein.

Regentropfen zischen, wenn sie das Feuer berühren. Die Nacht bricht sternenklar an, und bunter Arktiszauber fegt über den Himmel. Das Nordlicht ist schön. Ich schaue den Vorhängen zu, die sich öffnen und schließen.

Im Reich der Gletscher und Granittürme

Die Unruhe treibt mich um sechs Uhr morgens aus dem Schlafsack. Ein prüfender Blick zum Himmel: Es sieht nicht schlecht aus. Wolken ziehen hoch oben mit großer Geschwindigkeit, steile Berge sind halbhoch von ihnen eingehüllt. Welch eine großartige Natur. Im Gletscher knarrt es. Um acht Uhr sitze ich im Boot und mache die ersten Paddelschläge. Der erste Abschnitt ist ein steiles Kap, das ich möglichst schnell umrunde. Mit den Augen suche ich nach Stellen, die ein Anlanden ermöglichen – oder ein Heranschwimmen nach einer Kenterung. Die Sonne kommt: Hurra!

Nach zwei Stunden Paddeln zieht der hohe Granitturm des *Tiningnertup qaqa*

Im Tasermiut Fjord sind bis zu 1500 Meter hohe Granitpfeiler an berühmten Bergen, wie dem Ulamertorssuaq, hervorragende Ziele für Kletterer. Der exzellente Fels und die relativ leichte Erreichbarkeit von Narnortalik aus, machen dieses Gebiet zu einem Eldorado für den erfahrenen Alpinisten.

backbords vorbei. Der 1720 m hohe Gipfel ist aus meiner Froschperspektive gewaltig. Das sind die Höhenunterschiede einer Watzmann-Ostwand, des höchsten Steilabfalls der Ostalpen. Ein Hängegletscher gleißt in der Sonne. Die Ebbe zieht, und ein leichter Rückenwind schiebt. Jede Bucht fahre ich aus, halte mich in Sichtweite des Ufers, um jederzeit auskneifen zu können. Bei der Rast an einem Kiesstrand ermittle ich einen Schnitt von 5 km/h. Der große Gletscher am Fjordende bestimmt das Panorama.

Wetterglück

Die Bucht *Tiningnertoq* umfahre ich in weitem Bogen, da sie nach der Karte bei Ebbe trocken fällt. Ich will keine Havarie mit einem Unterwasserfelsen riskieren, der den Bootsboden aufschlitzt. Dann ziehen wieder Steilufer backbord vorbei, bis zu fünf Meter Höhe sind sie von den Wogen blank gewaschen. Hoch oben zerfetzt ein Höhensturm die Abgase eines Jets zu Flöckchen, der in Richtung des amerikanischen Kontinents unterwegs ist. Über *Nunap isua* führt eine internationale Flugstraße. Keiner der Passagiere ahnt, daß unten ein kleiner Mensch in einem winzigen Boot durch ein rauhes Land unterwegs ist. Plötzlich öffnet sich der Blick in das Urtal des *Uiluit kua*. Die atemberaubende Granitpyramide des 2010 m hohen *Ketil* gewinnt an Masse. Die Wikinger haben ihm diesen Namen gegeben. Der *Tasermiut Fjord* trägt auch den Zweitnamen *Ketils Fjord*. Wie mit dem Lineal geschnitten steigen die schwarzen Konturen in den Himmel. Auf einem Strand, der gut nach Thailand passen würde, raste ich und bin zufrieden. Für 15 km habe ich dreieinhalb Stunden gebraucht. Wenn das so weitergeht, mache ich am ersten Tag 25 km.

Gegen Windmühlen

Kaum sitze ich wieder im Boot, springt der Wind an. Und er kommt – wie kann es anders sein – von vorn. Von Minute zu Minute wird er stärker, faßt ins Paddel und drückt den Bug seitlich, so daß ich Mühe habe, Kurs zu halten. Hat es noch Sinn, weiterzupaddeln? Die Wellen werden höher, aber das Boot reitet sie gut ab. Ich habe den Bug nur leicht beladen, damit er gut klettert. Der Wind steht voll ins Gesicht. Die Steilküste erlaubt kein Anlanden. Mächtig lege ich mich ins Zeug. Das Ufer zieht langsam vorbei. Ganz vorn in der Ferne blinkt ein heller Kiesstrand. Auf der anderen Fjordseite steht das Granitwunder des *Kirkespiret*, Kirchengeist. Nur 1590 m mißt dieser formschöne Granitberg. Aber er steigt direkt von der See auf.

Der Strom ist gekentert und steht gegen mich. Auch der Wind hat sich gegen mich verschworen. Unmerklich nähere ich mich dem angepeilten Strand und fahre im Lee eines Kaps auf den Kiesstrand. Steifbeinig krieche ich aus dem Boot und tappe mit den Neoprenstiefeln ins Wasser. Schnell lösche ich die Ladung und bringe das Boot an Land in Sicherheit. Es ist zu schwer, um es zu tragen. Deshalb hebe ich es abwechselnd an Bug und Heck an und drehe es mehrfach um 180 Grad. Es ist nachmittags, als mein Lager in einer geschützten Mulde steht. Aus dem Krüppelholz, das vom Regen durchweicht ist, läßt sich nur mühsam ein Feuer entfachen. In eine Tasse Suppe rühre ich eine ganze Packung Pemmikan und löffle den Fleischbrei heißhungrig.

Die »Straße der Eisberge« hat sich zur offenen See hinausgeschoben. Die Route nach Narnortalik ist frei!

Ich packe den Rucksack und steige auf einen Hügel. Nach zweieinhalb Stunden stehe ich am höchsten Punkt. Die Aussicht beim Steinmann des 685 m hohen *Qaqarssuaq* ist unübertrefflich, gewaltig, fabulös, gigantisch, unglaublich, weitschweifend, phänomenal … Welchen Superlativ soll man noch im Anblick eisiger Fjorde, steiler Berge und einem Licht ohnegleichen aussprechen. Über der Eiskappe ist der Himmel ganz klar. Wie Kirchtürme, jeder an die 1000 m hoch, »pfeifen« Granitpfeiler in den tiefblauen Himmel. Vor allem der *Ulamertorssuaq* (1830 m) und ein namenloser Berg mit 2051 m sind die formschönsten Kathedralen aus Stein.

Seerauch

Seit einer Stunde sitze ich im Kajak. Rundum wallt Nebel, schemenhaft tauchen Felsen auf und verschwinden wieder. Der Wasserdampf frißt jeden Laut. Es verspricht ein prächtiger Tag zu werden. Die Sonne ist ein heller, scharfer Fleck im Dunst, durch den ich paddle, und ich hoffe, daß die Sonne siegt. Der Höhenmesser ist 20 m gefallen. Das bedeutet gestiegenen Luftdruck. Ich steuere hinein in das Trugbild einer Nebelwand. Ich teile meine Kräfte ein und paddele ruhig und harmonisch. Die geisterhafte Stimmung wird mehr und mehr von der Sonne gemildert. Nach eineinhalb Stunden raste ich an einem Kiesstrand und kann das Etmal nicht glauben: neun Kilometer in der Stunde! Noch ist es kalt, aber die Sonne ist ein Versprechen. Wolken wehen fjordeinwärts.

Die Paddelschläge sind automatisiert. Schatten jagen auf mich zu: Die Sonne ist da. Und mit ihr kommt schlagartig der Wind. Die starke Sonnenbrille narrt mich. Die Fernsicht ist durch die klare Luft schier endlos. Immer wieder unterschätze ich die Entfernungen. Nur langsam zieht das nahe Ufer an mir vorbei. Dieser Wind scheint regelmäßig immer am späteren Vormittag aufzukommen. Morgen muß ich früher starten.

Das Boot nimmt brav Welle für Welle. Mein umgebautes Zweierfaltboot ist träge, aber zuverlässig. Der Fjord wird enger, der Wind legt zu. Nach vier Stunden überlege ich, ob ich biwakieren soll. Aber nach der Karte sind es nur noch zwölf Kilometer zur *Nugarssuk-Halbinsel*. Die Berge treten langsam zurück. Ich halte respektvoll Abstand vom Ufer. Bei diesen Wellen kann ich keine Unterwasserfelsen erkennen. Nach fünfeinhalb Stunden raste ich an einem Traumkap mit feinstem Sand und pittoresken Felsen.

Ich quere den Kurs eines großen Eisbergs. Möwengeschrei hallt von den Fjordbergen wieder. Es klingt wie das Lachen von Kindern. Die Reflektion bringt Leben in eine Schar von Spatzen, die aufflattern und das Weite suchen. Die zahlreichen Birkenpilze im Fjell wecken bei jeder Rast meine Sammelleidenschaft. Es hat lange nicht geregnet, und die Schwammerl sind fest und trocken. Sie

Das Wetter in den Fjorden

Wochenlange Schönwetterperioden in den südgrönländischen Fjorden sind keine Seltenheit. Schnell jedoch werden bei Sturm die Wellen für ein winziges Kajak unbefahrbar. Saugt der Wind dem Ruderer die Kraft aus den Knochen, dann wird eine Kajaktour zum ernsten *Survivaltrip*. Gut, wer darauf vorbereitet ist: mental, von der Ausrüstung her und vom Können. Schönwetter dagegen muß man in der Arktis nutzen.

Der 80 Kilometer lange Tasermiut Fjord im Süden Grönlands gehört zum Schönsten, was ein Paddler erleben kann. Durch die Nähe der Stadt Narnortalik ist die Organisation einer Tour relativ leicht möglich.

riechen gut. Ein Steinhaufen aus Granitplatten entpuppt sich als Eskimograb. Schädel und Gebeine liegen darin.

Ich lehne am zerbrechlichen Gestänge aus Holz und Baumwolle, das mich durchs Eismeer trägt. Seine Urform, das *Qayaq*, das bestkonstruierte Einmannboot der Welt, wurde von Eskimos aus Treibholzplanken und Robbenhäuten gefertigt: ein Kunstwerk, eigentlich für die Jagd erdacht und nicht fürs sportliche Abenteuer. Mein Trockenanzug, dessen weiche, enge Gummimanschetten an den Extremitäten und am Hals das Wasser bei einer Kenterung abhalten sollen, wärmt. Im Eismeer mit seinem vier Grad kalten Wasser hält es ein Schwimmer kaum fünf Minuten aus. Danach ist man unfähig, sich zu bewegen. Die Neoprenkajakschuhe sind auch dann noch warm, wenn die Füße naß sind.

Von der Flut überspülte Unterwasserfelsen gleiten vorbei. Das Meer hat die letzten Tage mein Leben bestimmt. Das Geräusch der Bugwelle und das vom Paddel auf die Segeltuchhaut tropfende Wasser sind wie ein Metronom, das gleichmäßig schlägt und einlullt. Der Blick ins Rund: Berge, Gletscher, Wasser, Tundra. Holz fehlt. Nur ab und zu finde ich von den sibirischen Küsten angeschwemmte, vom Eis rundgeriebene Baumstämme.

Eisbergberührung

In dem Eisberg mit sicher 40 m Höhe knistert, rumort und knackt es. Die Masse zieht steuerbords vorbei. Ich schlüpfe mit dem Kanu durch einen engen Kanal zwischen Land und Eis. Der Berg ist auf Grund gelaufen. Vor Tau und Tag bin ich gestartet, um dem Wind auszuweichen, der mit der Sonne einsetzt. Noch ist die See glatt. Lautlos gleite ich an Felsen vorbei, deren Flutmarke weit oberhalb in den Stein geschrieben ist. Das Wetter ist hervorragend. Unterwasserpflanzen, die an überdimensionierte Rhabarber erinnern, gleiten unter dem Kiel vorüber. Flundern liegen am Grund. Das glasklare Wasser ermöglicht eine Sicht bis in fünf Meter Tiefe. Eine Traumstimmung umfängt mich.

Hinter mir kracht der Eisberg, und wenig später holt mich eine Flutwelle ein. Sie kann mir nichts anhaben. Glück gehabt! Wann kommt das Kap, hinter dem *Tasiussaq* liegt? Das 80-Seelen-Dorf ist eine Marke!

Dirty old town

Der winzige Strand am Hafen ist mit Glasscherben übersät. Es sind nur wenige Schritte bis zu einem kleinen Laden, der alles hat, was man wirklich braucht. Die Grönländerin mit Falten um die Augen schiebt mir lächelnd fünf der kleinen Flaschen zu. Das dünne Bier hieße bei uns »light«. Es schmeckt! Ich bummele die wenigen Schritte durch den schön ge-

Kajak oder Qayak?

Faltboote sind prinzipiell ein Kajak, wie es die Eskimos vor Urzeiten erfanden. Über ein Spantengerippe aus Holz ist eine Haut gezogen. Bei den Eskimos war das *Qayak* aus Seehundleder. Kaum ein Grönländer geht noch mit einem Paddelboot auf die Jagd. Motorboote sind zur Selbstverständlichkeit geworden.
Das Kajak erlaubte den Eskimos die Jagd im Eismeer. Der Däne Gustav Holms ruderte, mit Kajakfahrern als Späher, 1883 die grönländische Ostküste bis Ammassalik hinauf und entdeckte einen steinzeitlichen Inuitstamm.
Für *Fridtjof Nansen* und seinen Begleiter Johansen waren zwei Kajaks der Schlüssel, um auf ihrer »gescheiterten« Nordpolexpedition vom Eisrand der Polkappe die Inseln des Franz-Josef-Landes zu erreichen. Sie führten ihre Boote – Faltboote! – auf Hundeschlitten mit.
Die Kapitäne *Romer* und *Lindemann* überquerten mit Faltbooten den Atlantik, obwohl sie keinen Schlag paddelten, sondern segelten. Sportliche Ambitionen hatten die Eskimos nie, für sie war das *Qayak* immer nur Jagdgerät.

legenen Ort. Eine Frau zerlegt mit dem ulu, dem Frauenmesser der Eskimos, eine Robbe. Felle sind zum Trocknen an die Häuser genagelt. Es riecht nach Fisch und Fleisch. Müll gegenüber hat der Grönländer eine gleichgültige Einstellung. Die Plastikbeutel vor den Häusern sind zerrissen, verstreut liegt der Inhalt herum. Nachts kommen die Füchse und interessieren sich für den Tüteninhalt.

Ein junges Mädchen spricht mich auf Englisch an. Das ist ungewöhnlich. Grönländer sprechen meist nur Grönländisch und ab und zu Dänisch. Jenine Jensen, etwa 20, erzählt, daß sie in Nanortalik wohnt und dort zur Schule gegangen ist. Sie besucht hier ihre Familie. Sie ist hübsch und hat ausnahmsweise gute Zähne. Die Einladung zu einer Tasse Kaffee nehme ich gern an. Die Mutter begrüßt mich freundlich. Sie hat ein eskimoisches Gesicht. Das Haus ist ordentlich und einfach. Im Windfang liegt ein Stück stark riechender Seehundspeck. Im »Wohnzimmer« kocht Robbenfleisch in einem Topf. Die Kamera beschlägt sofort in der feuchten Luft. Die Schwägerin hat ein sanierungsbedürftiges Gebiß. Sie ist hochgradig schwanger und trägt ein einjähriges Kind, dem eine Rotzglocke an der Nase hängt. Der Schwiegersohn ist ein Mittzwanziger und recht adrett. Er erzählt, daß in diesem Nest alles an Infrastruktur vorhanden ist: Laden, Telefon, Fax, Radio, auch eine kleine medizinische Station. Auf einer Weltkarte an der Wand zeige ich München und ernte Ungläubigkeit, als ich erzähle, daß die Stadt mehr als eine Million Einwohner hat. Noch größer ist das Erstaunen, als ich auf das kleine Deutschland zeige und erzähle, daß dort 80 Millionen Menschen leben. Ich muß weiter und verabschiede mich. Jenine winkt mir nach.

Wind kommt auf und singt in den Felsen. Man kann die Uhr danach stellen. Und wie immer steht er gegen mich. Doch tatsächlich krieche ich am späten Mittag in der kleinen Bucht *Tasiussaarssuk* an Land. Das Fjordende ist fast erreicht, aber noch habe ich 25 km Meer bis *Nanortalik* vor mir. Hier steht eine Hütte, die René gehört. Sie ist offen, wie überall in Grönland. Der Platz kann schöner nicht sein: rundum hohe Berge, unten eine Lagune und davor der Fjord. Der Wasserfall hinten im Talgrund wäre in den Alpen eine Attraktion. In Grönland wird er den Nebensächlichkeiten zugeordnet. Zufrieden sitze ich in der Sonne. Der Wind ist zur Sturmstärke aufgefrischt und bringt die See zum Kochen. Ich sitze im Windschatten eines Felsblocks in der intensiven Sonne und lausche auf die Brecher, die in die Uferfelsen rumpeln.

Ich wache erst am späten Morgen auf. Bis zum Nachmittag treibt der Sturm weiße Schaumkronen über das Wasser. An Paddeln ist nicht zu denken. Nachmittags gebe ich mich dem schönen Arktistag hin. Denn trotz des Sturms ist der Himmel wolkenlos, und die Sonne brennt. Raben ziehen krächzend über mich hinweg. Abends klettert das Barometer wieder. Als die Sonne hinter dem Berg verschwindet, wird es schlagartig kühl.

Durch die Straße der Eisberge

Früh sitze ich im Kajak. Heute muß ich auch über offenes Meer. Schwerstarbeit ist es für mich, allein das Kajak 50 m aus der Sicherheit der schützenden Felsen zum Strand zu wuchten. Bug über Heck, Heck über Bug, Stauen, Einbooten, Spritzdecke zu: los. Ich vertraue dem Barometer, das gestiegen ist. Die See ist ruhig und von einer Brise nur leicht gekräuselt. Die Granitberge im Osten werden von der aufgehenden Sonne zum Glühen gebracht.

Ruhig und voller Energie, paddele ich auf die Halbinsel *Niaqornaq* zu. Ich sehe die ersten Eisschollen im blauen Wasser. Kilometerlang ziehen Steilufer vorbei. Immer bin ich auf der Hut und merke mir den letztmöglichen Landeplatz. Schneller als geplant biege ich beim Kap *Nuuk* nach Westen ab. Große, bunte Kiesel liegen vor der Steilküste auf Grund. Ich schwebe darüber. Noch zehn Kilometer. Das Kap *Tuapaat* taucht auf. Die »Straße der Eisberge« hat sich in den letzten Tagen zur See hinausgeschoben. Es scheint ein undurchdringlicher Gürtel aus Eis zu sein. Ich biege um die Ecke: Weit vor mir leuchten die von der Sonne angestrahlten Häuser von *Nanortalik* unter einem schwarzen Himmel. Ich ahne die weiße Kirche. Die Fahrstraße ist mit Eisbrocken gespickt. Heuer ist durch den Südostwind ein besonders eisreiches Jahr. Ich treibe das Boot mit zügigen Paddelschlägen durch ein Meer aus »Porzellanscherben«.

Plötzlich: Majestätisch taucht backbord eine Rückenflosse auf, und graue Walhaut verschwindet in einer eleganten Bewegung in der öligen See. Wieder und wieder. Der Pottwal zieht ungerührt seinen Weg, der querab meines Kajaks liegt. Mein zerbrechliches Boot wäre kein Problem für das mächtige Tier. Er könnte es gleichgültig zerschmettern. Ich schätze seine Länge auf 15 m – das ist die dreifache Länge des Kajaks.

Durch ein Gewirr aus Eisbergen halte ich einen Schlangenlinienkurs. Die Lücken werden größer, dann bin ich durch. Die Straße der Eisberge liegt hinter mir. Arktische Luft verkürzt die Entfernungen. Jetzt sehe ich die ersten Schafe und gelegentlich Hütten. Die Wolken hängen tief und berühren die Berge. Heidekraut blüht. Vielleicht ist es das purpurrote Weideröschen, die Nationalblume Grönlands. Die letzten Paddelkilometer sind wie eine Wallfahrt. Es ist Mittag, und die Ebbe hat die Felsen bloßgelegt, als ich die großen Felsen unterhalb der Jugendherberge,

Nützliche Hinweise: siehe Tour 2.

Die Stadt Nanortalik im Süden Grönlands ist eisgepanzert und lieblich, baumlos und mit reicher Vegetation. Eine moderne Siedlung auf geschichtsträchtigem Boden … Widersprüchlich? Grönland kommt von »Grünland«. Vor über 1000 Jahren entdeckten die Wikinger die Insel mit den grünen Fjorden und siedelten, »wo der Honig von den Grashalmen troff«.

einer Hütte im alten Hafen, anlaufe. Ich manövriere den Bug zwischen zwei Blöcke und klettere aus dem Boot.

Am geschützten Kiesstrand liegt – gleich neben den kunstblumengeschmückten Gräbern des schlichten Friedhofs – auf einem Gestell ein Kajak. Die Haut ist aus Segeltuch und weiß gestrichen. Das Holzgerippe relativ neu und handwerklich sauber gezimmert. Es gibt keinen Nagel. Alle Spanten sind mit Schnüren verbunden. Beherrscht man die Kunst, ein Kajak zu bauen, doch noch in Grönland? Oder wieder? Ich hätte keine Chance, in dem schlanken, schnittigen Boot zu sitzen. Da braucht man grönländische Körpermaße. René kommt. Er klopft mir anerkennend auf die Schulter.

4 Anspruchsvolles Trekking in der weltfernen Wildnis der Westküste Grönlands

Der Nansen Trail

Tief im Inneren der Westküste findet man ein eigenes Universum. Berge, rauschende Flüsse, tosende Wasserfälle und eisgefüllte Fjorde – eingerahmt und genährt vom mächtigen Inlandeis. Dieses prächtige Gebirge, in dem sich arktische Flora und Fauna besonders vielfältig entwickelt haben, ist eine einmalige Wildnis: menschenleer, rauh und in ihrer Weltferne faszinierend. Sie folgen den Spuren *Fridtjof Nansens*, der hier nach seiner spektakulären *Grönlanddurchquerung* 1888 erstmals wieder festen Boden betrat.
Arctic bitten, als von der »Arktis gebissen« zu sein, bezeichnet man den Zustand, immer wieder in den Norden zurückkehren zu müssen. Dieses Phänomen war vor einem Jahrhundert, als der Polarforscher Licht in das Dunkel um Grönland brachte, nicht anders als heute. Für den Norweger war dieses ursprüngliche Fjell ein Labsal, nachdem er sechs Wochen lang nur Eis gesehen hatte. Ende des 19. Jahrhunderts war diese Pioniertat eine Sensation, mit ihr wurde der weltweite Siegeszug der Ski eingeläutet.

Routenvorschlag

1. Tag: Von *Kapisillit*, einem typisch grönländischen Dorf, Besteigung des nahen Ausichtsberges *Pingo*, 470 m.
2. Tag: Wanderung in das Seengebiet des *Kapisilik*. Der Fluß ist einer der lachsreichsten Grönlands. Anfangs auf einem 3000 Jahre alten Eskimo-Trail. Das größte Problem sind die Wasserläufe, die zu queren sind. Steil hinauf auf ca. 900 m auf das unübersichtliche wellige Hochplateau des *Kapisigdlit timat*. Die Aussicht ist gewaltig. Biwak an einem See.
3. Tag: Den ganzen Tag fasziniert auf dem Weg nach Südwesten der Blick auf das Inlandeis und die zahlreichen *Nunatakker*, Felsinseln im Eismeer. Es erscheint deutlich, daß *Fridtjof Nansen* diese lebensfeindliche Welt nur mit einem eisernen Willen durchqueren konnte. Weglos und steil hinab zum eisgefüllten *Qassertup nua Fjord*. Rentierherden flüchten. Im Anblick des unglaublich dichten Eisbreis steht das Camp.
4. Tag: Wandernd und in leichter Kletterei zum Gletscherbruch des *Kangiata nunata sermia* am Fjordende, soweit es die Verhältnisse zulassen. Eine vier Kilometer breite Eisfront produziert Tausende von Eisbergen. Es knistert und knackt, wirbelt und brodelt – oder es ist auch totenstill. Eine urweltlichere Gegend ist kaum vorstellbar. Es ist möglich, eine donnernde Kalbung zu erleben, wenn von der Gletscherfront ein Stück ins Meer bricht und das Wasser meterhoch gischtet. Auf dem gleichen Weg zurück zum Camp.

Am Fjord Kapisillik Kangerluat, einem der unzähligen Seitenarme des mächtigen Nuuk Fjords, stehen die bunten Häuser des kleinen Dorfes Kapisillit. Im gleichnamigen Fluß fängt man die einzigen Lachse Grönlands. Hier ist aber auch das Zentrum der Rentierzucht Westgrönlands.

Kurzcharakteristik

In wegloser Wildnis, sanften Bergen, Seen und Flußsystemen sind tägliche Gehzeiten in ständigem Auf und Ab von etwa acht Stunden zu bewältigen. Es kann regnen, selten auch schneien. Beeindruckend ist eine reiche Tier- und Pflanzenwelt, sehr viele Rentiere sowie die Berührung mit dem Inlandeis und eisverrammelten Fjorden. Die Berge haben bescheidene Höhen (unter 1000 m). Keine technischen Schwierigkeiten, jedoch absolute Weltferne. Die Mitnahme eines Funkgerätes oder Notsenders (EPIRB) wird empfohlen. Zweckmäßig sind auch Mückennetze.

Beste Jahreszeit: Ende Juni bis Anfang September.

Gesamtgehzeit: Mindestens 9 Tage auf der beschriebenen Route. Verkürzungen, Verlängerungen oder andere Routenwahl möglich.

Kartenskizze: Siehe Seite 112.

5. Tag: Dieser Tag fordert. Der Anstieg auf den 660-Meter-Gipfel *Tungmeralik* ist weit und zum Schluß steil. Queren einer Seenplatte, die bei Nebel eine Herausforderung an das Orientierungsvermögen ist. Rentiere, Füchse und Schneehasen leben hier. Weiter über einen 800 m hohen Gipfel dorthin absteigen, wo Nansen festen Boden betrat. Der *Isvand*, Eissee, ist mit Gletscherbrocken gespickt. Am Platz, wo auch Nansen biwakierte, stehen die Zelte. Ein Platz zum Träumen. 360 m hoch, moosbedeckt, mit einer reichen Tierwelt – und vielen Steinen. Das nahe Inlandeis scheint das Lagerfeuer widerzuspiegeln.

6. Tag: Vorbei am tosenden Gletscherfluß *Kugssuaq*. Später stürzt ein 100 m hoher Wasserfall zu Tal, der in den Alpen eine Sensation wäre. Der mäandernde Fluß war eines der größten Probleme, die Nansen zu bewältigen hatte. Sie halten sich immer auf der orographisch rechten Seite, so daß kaum Probleme mit Fluß-

Fridtjof Nansen – Polarforscher und Skipionier

Keine Sportart kann das Geburtsjahr ihrer modernen Entwicklung so genau angeben wie der Skisport: Mit Nansens erfolgreicher *Durchquerung Grönlands* in 42 Tagen im Jahr 1888 begann seine »Wiederentdeckung«. In einem atemberaubenden Sturmlauf von nur knapp zwei Jahrzehnten eroberte der Ski die Welt. Anfangs versuchten sich – bespöttelt, verlacht und meist vergebens – die meisten Nansen-Verehrer in dieser neuen und schweren Bewegungskunst auf sperrigen Hölzern. Hundert Jahre nach Nansens Grönlandfahrt treiben etwa 40 Millionen Menschen in der ganzen Welt Skisport, über 20 000 Seilbahnen und Lifte ersparen die Mühen des Aufstiegs. Seit 1924 ist der Skisport olympisch.
Nansens Plan war es, sich – entgegen allen bisherigen Versuchen – von der unwirtlichen Ostküste zur zivilisierten Westküste durchzuschlagen, in der nüchternen Erkenntnis, daß »die Ostküste kaum einen einzigen zur Umkehr verlocken würde, während vor uns die Westküste, die uns mit allen Annehmlichkeiten der Zivilisation winkt und zu sich zieht. Da ist keine andere Wahl – nur vorwärts! Die Parole würde lauten: Der Tod oder Grönlands Westküste.«
Beim *Austmannatjern* betrat er erstmals wieder festen Boden und wanderte das *Austmannadalen* westwärts hinaus zum Meer. Von *Nansens Teltplads* aus paddelte er in einem selbstgebauten Ruderboot aus Weidenästen, bespannt mit Segeltuch, an *Kilaersarfik* vorbei nach *Nuuk*.

überquerungen entstehen können. Das *Austmannadalen* wird erreicht. Gute Biwakmöglichkeit bei einer Wikinger-Ruine in der Mitte des Tales, die auf der Karte eingezeichnet ist.

7. Tag: Mannshohe Weidengestrüppe sind Hindernisse auf dem Weg zum Meer. Um den richtigen Durchschlupf auf *Rentierwechseln* zu finden, braucht man Gespür. Ist das Wetter schön, gibt es noch ein Problem: Myriaden kleiner Fliegen. Nachmittags wird das Meer erreicht. Hier hat die Ebbe Sandbänke freigelegt, und die weite Bucht ist trockengefallen. Das Hochufer trägt seit über 100 Jahren den richtigen Namen: *Nansens Teltplads*, der Zeltplatz Nansen. Erst hier war eine Tat vollendet, die bis dahin als unmöglich galt: die Durchquerung Grönlands. Es war sicher eine der glücklichsten Stunden des Polarforschers und späteren Nobelpreisträgers – obwohl er die Zivilisation noch nicht erreicht hatte!

8. Tag: Nansen baute sich aus Weidengestrüpp und einer Zeltplane ein primitives Ruderboot und paddelte den Fjord unter schlimmen Strapazen bis Nuuk. Sie trekken noch einmal durch unwegsames Gelände durch die Hügel der *Umiviarssuit-Halbinsel*, queren Sümpfe und beobachten die großen Seeadler am Himmel, bis *Kilaersarfik* erreicht ist. An diesem beliebten »Picknickplatz« grönländischer Jäger sollte man biwakieren.

9. Tag: Dem Flußlauf orographisch rechts folgend über einen kleinen Paß, dann absteigend zu einem Seensystem, bei dem man sich an der Westseite hält. Beim Berg *Pingo* trifft man auf Pfadspuren, denen man bis *Kapisillit* folgt. Diese lange Etappe kann man auch teilen.

Im Austmannatjern

Der Kessel, in dem wir liegen, ist angenehm windgeschützt. Neben uns steckt ein Prachtexemplar von Rengeweih, an dem unsere Strümpfe hängen und im leichten Lüfterl trocknen. Sie riechen nach fünf Tagen nicht besonders. Neben jedem von uns steht ein Becher mit bestem Wasser – es wird behauptet, Grönland hat das sauberste Wasser der Welt.

Wir wandern abwärts von einem schönen Fleck zum nächsten, Richtung *Austmannatjern*. Rentiere gibt es in Fülle. Dutzende der großen Geweihträger haben wir schon gesehen. Schneehasen hoppeln ins Blickfeld, einer läßt uns zum Fotografieren sogar bis auf zwei Meter an sich heran. Kurz bevor wir den *Isvand*, einen Gletschersee, erreichen, ist noch einer seiner Zuflüsse zu queren. Nur noch 63 m über dem Meeresspiegel, haben sich allerhand Bäche zu einem munteren Strom vereinigt. Mit Balanceakten von Stein zu Stein ist da nichts mehr zu wollen. Wir wählen den sicheren Weg, ziehen Hosen, Schuhe und Strümpfe aus und steigen barfuß in die bockigen Überschuhe aus Kunststoff. Höllisch drücken die harten Schalen auf Knöchel und Schienbein, und wir ärgern uns wieder einmal, keine Turnschuhe für solche Flußdurchquerungen mitgenommen zu haben. Doch nach wenigen Schritten ist der Schmerz nicht mehr zu spüren, denn das Gletscherwasser, in dem noch Eisschollen treiben, hat eine Temperatur nahe dem Gefrierpunkt. Mit Hilfe der Skistöcke kommen wir sicher durch den flachen, jedoch reißenden Fluß.

Faszination Nordlicht

Dieser Tag belohnt uns abends mit einem besonderen Erlebnis. Als wir die Köpfe aus dem Zelt stecken, scheint der Himmel über uns zu brennen. Gespenstisch wehen gelbe und blaue und grüne Schleier wie lodernde Flammen am Himmel. Wieder

Im Austmannatjern war Nansens Landfall im Jahr 1888, nachdem er das Unmögliche geschafft hatte, die Überschreitung der grönländischen Eiskappe von Ost nach West.

einmal fasziniert uns dieser bunte Arktiszauber.

Im ruhigen Morgenlicht wandern wir über sonnenbeschienene Bergrücken, vorbei an glänzenden Seen und Tümpeln, in Richtung des Isvand-Abflusses weiter. Diese Miniparadiese aus dicken Moospolstern, Blaubeeren und Blumenfeldern laden zum Rasten ein, und hätten wir mehr Vorräte, würden wir hier noch tagelang bleiben. Auf der anderen Flußseite hören wir schon aus weiter Entfernung das gewaltige Rauschen. Der *Kugssuaq* stürzt in einem mindestens 100 m hohen Wasserfall tosend aus dem Isvand. Enorme Wassermassen strömen herunter und schießen in einem kanalartigen, schmalen Bett auf eine weitere Stufe zu, die tief ins Austmannadalen abbricht. Wie auf einer Aussichtsplattform stehen wir hoch über dem Talgrund und blicken hinunter, wo sich der Kugssuaq wild durch das Tal windet. Wir ahnen das Meer, wir brauchen nur noch dem Fluß bis zu *Nansens Teltplads* folgen.

Wer einsame und völlig unberührte Natur sucht, wird traumhafte Eindrücke in einer absolut menschenleeren Urlandschaft finden, die sich im Talgrund nur durch natürliche Rentierpfade erschließt. Doch so friedvoll die Landschaft auch ist, eine »Gefahr« lauert noch auf uns, der man nur mit Mückennetzen begegnen kann. Myriaden winziger schwarzer Fliegen umschwärmen uns. Schwarze Wolken hängen über unseren Köpfen, begleiten uns, schlüpfen unter die Netze oder verkleben die Augen, wenn wir einen Schluck aus der Trinkflasche nehmen. Abends schlagen wir deshalb unsere Zelte auf einem exponierten Hügel auf, wo die Plagegeister vom aufkommenden Wind vertrieben werden. Der Rauch eines Lagerfeuers verjagt die letzten Insekten.

Im Regen bis Kilaersarfik

Tief hängen die Wolken, als wir zum enger werdenden Talausgang ziehen. Wir laufen an Sümpfen und Mooren entlang, über mit Heide und Weiden bestandene Grasflächen. Im scheinbar undurchdringlichen Dickicht spähen wir – Pfadfindern gleich – nach einem Rentierpfad. Oft kaum erkennbar, dann wieder breit ausgetreten, leiten uns die geschickt angelegten Spuren durch diese Wildnis. Das klimatisch begünstigte *Austmannadalen* war schon zu den Zeiten der Wikinger besiedelt. Immer wieder stoßen wir auf Ruinen. Jeder von uns sucht sich seinen Weg, der sich hin und wieder als Einbahnstraße ins Gestrüpp entpuppt. Mit der Zeit entwickeln wir einen sechsten Sinn für die Fortsetzung der Pfade, wenn sich die Spuren in einem Sumpf, einer Feuchtwiese oder auf Felsen verlieren.

Dann stehen wir an *Nansens Teltplads*. Vor uns der Fjord. Es ist Ebbe, und riesige Sandbänke mit unzähligen Wasserrinnen machen deutlich, welche Massen an Kies und Schlamm der *Kugssuaq* und der *Kangaussarssup sermia* im Lauf der Jahrtausende ins Meer geschoben haben. Was zählen da die 100 Jahre, die vergangen sind, seit Nansen hier ankam? Vergeblich

Der Nansen Trail ist auf weiten Strecken eine Erkundung des Urzustandes unserer Erde, mit dem phantastischen Reiz, den die »Entdeckung der Eiszeit« vermittelt.

halten wir nach einem Boot Ausschau, denn wir haben relativ frische Stiefelspuren entdeckt. Es ist Sonntag, und so kann es durchaus sein, daß wir hier Grönländer treffen, die ihrer Leidenschaft, der Jagd, frönen. Aber niemand ist zu sehen. Wahrscheinlich hat das schlechte Wetter die Jäger nach *Nuuk* zurückgetrieben. Unser Weg führt um die *Halbinsel Umiviarssuit*. Wir wollen sie heute noch queren, um nach *Kilaersarfik* zu kommen. Von dort ist der Weg frei nach *Kapisillit*.

Nach einem Zehn-Stunden-Tag stehen wir an den kaum erkennbaren Resten der ehemaligen Wikinger-Kirche. Ein Fluß mündet in den Fjord. Wiesen mit Glockenblumen, Berge ringsum – alles wäre paradiesisch, wenn es nicht so schütten würde. Und wenn dieses landschaftliche Kleinod nicht von den unübersehbaren Spuren grönländischer Picknickorgien verunziert wäre. Wir schnappen uns aus dem Müll einen alten Ofen, der von Gewehrkugeln durchsiebt ist, und machen mit Weiden und herumliegendem Holz ein Feuer. Bald stehen die Zelte. Wir harren im Regen aus, bis das Wasser heiß ist, kochen und versuchen uns mit heißen Getränken inwendig

zu erwärmen. Die Schlafsäcke sind naß. Ich ärgere mich über mich selbst. Die Säcke und die wichtigsten Kleidungsstücke gehören in Grönland in einen wasserdichten Kajaksack!

Über einen uralten Eskimo-Trail

Am späten Vormittag verstummt das Trommeln auf den Zeltwänden. Wir stecken die Köpfe heraus, begutachten das Wetter und versuchen uns in einer Wetterbeschwörung, konzentrieren unsere magischen Kräfte darauf, die Sonne hinter den Wolken hervorzulocken. Wir haben Erfolg. Nach einer Stunde blinzelt das Gestirn zwischen Wolkenbänken hervor.

Wir wandern auf einem 3000 Jahre alten Eskimo-Trail. Gegen Abend erreichen wir die Mitte des langgestreckten Sees mit dem zungenbrecherischen Namen *Qajartariorssuaq*. Ein herrlicher Biwakplatz am Ufer des Sees ist unser letzter Zeltplatz in der Wildnis. Wehmut und Sehnsucht nach der Zivilisation befinden sich im Widerstreit. Wir lassen den Abend am Lagerfeuer ausklingen, halten Rückschau und ziehen ein Resumee über diesen weltfernen *Nansen Trail*. Nur noch zehn Kilometer trennen uns von *Kapisillit*.

Die Morgensonne läßt das sanft gekräuselte Wasser glitzern, in dem die Spiegelbilder der gegenüberliegenden Berge hin- und herwabern. Die tiefe Stille am See wird nur selten vom Kreischen der Enten unterbrochen. Wir stolpern durch die Heide, folgen wieder Rentierpfaden und

Basis für jede Fahrt in die »wilderness« ist ein Zelt, das man überall aufstellen darf. Hotels, Jugendherbergen, Herbergen überhaupt, gibt es nur in den Städten und Siedlungen.

Tip In *Kapisillit* bittet man einen Fischer um einen Transport auf die nahe gegenüberliegende Fjordseite nach *Neriunaq*. Von dieser verlassenen Siedlung läßt sich der »*Berg von Kapisillit*«, der auf der Karte keinen Namen trägt, besteigen. 1387 m sind eine bescheidene Höhe für Alpenbergsteiger, in Grönland jedoch eine schroffe Herausforderung. Der Anstieg beginnt auf Seehöhe. Man muß sich den leichtesten Weg durch unbekanntes Gelände suchen. Die Aussicht vom Granitgipfel ist fantastisch und der *Nansen-Trail* im Rundblick gut erkennbar.
Von Neriunaq als Rückmarsch empfohlen: Man folgt der weiten Fjordbucht. An den Flecken *Igdlorssuit* und *Kugssuaq* trifft man auf Wikinger-Ruinen.

hüpfen über die Grasinseln der Sümpfe. Unser Ziel wird markiert durch den wohlgeformten Bergkegel des *Pingo*, dem Wahrzeichen unseres Zielortes. Wir rasten öfter als gewohnt, als hätten wir Angst, unser Ziel zu früh zu erreichen. Wir liegen im Heidekraut und stopfen Moos- und Blaubeeren in uns hinein.

Nochmals geht es bergauf, denn der Pfad zum Dorf steigt steil an. Tief unten liegt der Fjord *Kapisigdlit kangerdluat*, einer der unzähligen Seitenarme des mächtigen *Godthab Fjord*, an dessen hinterem Ende das Dörfchen liegt. Jenseits des Fjords erhebt sich der *Kinaussaq* schroff aus dem Wasser. Mit seiner stattlichen Höhe von etwa 1600 m ist er eine Landmarke, die wir auf dem Nansen Trail oft sahen. Seine Spitze diente uns zur Orientierung und Standortbestimmung. Wir ahnen die kleinen, bunt gestrichenen Häuser, die an den Hang geklebt sind.

Da! Ein Steinhaufen am Ufersaum. Wir entdecken einige menschliche Schädel. Ein Eskimograb. Einer der Totenköpfe hat ein deutliches Loch, offensichtlich starb er an einer Gewalttat. Wie alt mag das Grab sein? Wer waren diese Menschen? Welches Schicksal hat sie getroffen?

Unser Einzug zwischen den verstreuten Häusern der Siedlung ist für die Grönländer kein besonderes Ereignis. Trekking, Gehen um des Gehens willen, fordert Inuit zum Kopfschütteln heraus. Wenn man zur Jagd geht, ja. Aber nur einfach so? Morgen kommt das Fährschiff nach Nuuk. Wir müssen noch eine Nacht in *Kapisillit* bleiben.

Einladung auf grönländisch

Der Rotwein funkelt im Glas. Aus der Stereoanlage klingt eine Mischung aus Shanty und Waltz, typisch grönländische Musik, ein Relikt aus der Zeit, als europäische Seefahrer die Insel besuchten. Das gemütliche Wohnzimmer des nordischen Fertighauses, dekoriert mit Inuit-Zeichnungen, Fuchsfellen, Eskimojagdzubehör und viel Nippes, hallt wider vom Gelächter. Wir prosten Daniel und seiner dänischen Frau Annie zu. Der Grönländer hatte uns am Zeltaufbau gehindert und in sein Haus eingeladen. Der Tisch biegt sich unter einer Schüssel gebratenen Rentierfleisches. Die dick angerührte Majonnaise wird löffelweise auf jeden Bissen geschlagen.

Daniel, Kapisillits gewichtige Persönlichkeit in der doppelten Bedeutung des Wortes, grinst uns an. Klein, muskulös und kaum 1,60 m groß, breit und kräftig, ist er ein typischer Grönländer, eine Mischung aus Inuk und Europäer. »Mein Großvater war ein Herrnhuter Missionar«, berichtet er und strahlt über das ganze Gesicht. Daniel ist im Dorf so etwas wie ein Bürgermeister. Neben seiner Tätigkeit als Lehrer ist er Obmann der Rentierzüchter.

Nützliche Hinweise:

Anreise/Rückreise: Von *Nuuk* mit Fährboot zweimal wöchentlich durch den *Umanap suvdlua* nach *Kapisillit*. Charterboot von Nuuk aus möglich, im *Nuuk Turistkontor* fragen.
Übernachtung: Nur Zeltbiwaks, auch in Kapisillit keine Übernachtungsmöglichkeit. Zeltplätze an den zahlreichen Seen und Flüssen während der Tour bieten sich an.
Informationen: *Nuuk Turistkontor*, POB 199, DK-3900 Nuuk, Tel. +2 99 2 27 00, Fax +2 99 2 27 10. Einkaufsmöglichkeiten in Kapisillit.
Karten: 1:1 000 000: 2084 Söndre Strömfjord; 1:250 000: 64V1 Godthab, 54V2 Kapisgdlit; 1:100 000: Nuuk/Godthabsfjord (Gebirgskarte mit Erläuterungen über das Fahrwasser).

In dem kleinen Dorf spielt der 43jährige eine wichtige Rolle. Annie, seine dunkelblonde Frau, ist herzlich und freundlich. Das ungleiche Paar hat sich in Kopenhagen kennengelernt und lebt nun hier am »Ende der Welt«. Der elfjährige Paul ist ein bißchen verzogen, wetzt am Tisch seine drei Messer und wird von Daniel nur milde korrigiert. Mit acht Jahren hat er sein erstes Rentier geschossen. Üblicherweise bekommen die Söhne in Grönland »erst« mit zwölf ein eigenes Gewehr.

»The first snow will come in one or two weeks«, erzählt Daniel. Wir haben Ende August. Viel später darf man den Nansen Trail nicht gehen. Wir heben das Glas. »Qeshuta!« Das ist ein grönländisches Prost. Was übrigbleibt, ist die Erinnerung an den Zauber des Inlandeises, die Schleier des Nordlichts, die Sonne, die Freiheit, die Miniparadiese des Nunataraq, die Seen, das Fjell ...

Balanceakte von Stein zu Stein bringen den Trekker bei Niedrigwasser trockenen Fußes über die Bäche. Auf dem Nansen Trail gibt es zahlreiche Flußüberquerungen. Vor allem zur Zeit der Schneeschmelze können Flüsse unpassierbar werden.

5 Langlauf- und Hundeschlittentour im menschenleeren Inselgewirr Ostgrönlands

Tunu – »Rückseite des Landes«

Die fast 3000 km lange *grönländische Ostküste* ist einer der menschenleersten Flecken des Erdballs: Nur etwa 3000 Menschen leben hier. Sie gehört zu den eindrucksvollsten Landstrichen der Arktis. Die Grönländer nennen die Ostküste *Tunu*, »Der Rücken des Landes« oder »Die Rückseite«. Ihr Hundeschlitten gleitet an großen Eisbergen vorbei, über vereiste Fjorde, verschneites Land und zugefrorene Seen. Sie hören das Hecheln der Hunde, das Singen der Kufen, das Klirren des Eises. Hier herrscht die Natur, die geformt ist aus einer Inselwelt, wuchtigen Bergen und fischreichen Fjorden. Sie werden intensiv mit Grönländern leben, deren Tun und Denken auf die Robben- und Eisbärjagd ausgerichtet ist. Sie kommen in engen Kontakt mit den Jägern, und es ist wahrscheinlich, daß Sie erleben, wie eine Robbe gejagt wird. Akzeptieren Sie dies als etwas völlig Normales.
Die Szenerie ist alpin. Steile Granitberge bestimmen den Horizont, Eisberge sind pittoreske, eingefrorene Fotomotive. Die vereisten Fjorde und flachen Inseln sind ein Schlitten- und Langlaufterrain wie aus dem Lehrbuch.

> *Nur die Geister der Luft wissen,*
> *was mir begegnet hinter den Bergen. –*
> *Aber trotzdem fahre ich mit meinen*
> *Hunden vorwärts, weiter vorwärts.*
> (Inuitlied)

Routenvorschlag und Impressionen

1. Tag: Von *Kap Dan* hetzen die Hunde in östlicher Richtung vorbei an der eingefrorenen Insel *Ingingaleq*. Das Eiland *Erqiligarteq* zieht vorbei. Hier ist Eisbärenland. Sie tauchen ein in eine Fjordlandschaft mit großartigen Granitgipfeln und Eisbergen. Die Eiskante zum offenen Meer ist nicht weit. Abends stehen die Zelte in einer Bucht. In einem primitiven *Fangsthus* können Sie windgeschützt kochen.

2. Tag: Nordwärts schlängeln sich die Schlitten durch eine Inselwelt, bis Sie in den Fjord *Sermiligaq* einlaufen. Die bunten Häuser des gleichnamigen Dorfes vor den schönen Bergen leuchten in der Abendsonne. »Wo die Eisberge herkommen« heißt Sermiligaq übersetzt. Nur 130 Jäger und Fischer wohnen hier. Robben- und Eisbärfelle hängen zum Trocknen in der klaren Luft. Hier sieht man kaum Touristen. Sie kommen in engen Kontakt mit den freundlichen Einwohnern. Fragen Sie, ob Sie im neu erbauten Gemeindehaus übernachten dürfen.

3. Tag: Die faszinierende Kulisse der Berge begleitet Sie den ganzen Tag nach

Norden. An der mächtigen Abbruchkante des *Knud-Rasmussen-Gletschers* ist es gut rasten. Der wilde Eisbruch ist ein fantastisches Fotomotiv. Nicht weit ist es zum Polarkreis. Auf der Rückfahrt zum Dorf ergibt sich wahrscheinlich die Gelegenheit, Fischer zu beobachten, die ihre bis zu 1000 m langen Angelleinen mit fettem Heilbutt einholen.

4. Tag: Der Übergang auf der *Insel Qianarteq* fordert die Hunde – und Sie! Sie helfen schieben. Im engen Fjord *Torssukatak* mit seinen mächtigen Bergen biegt es Ihnen den Kopf in den Nacken. Zwischen himmelhohen Wänden erreichen Sie das Dorf *Kungmiut*. Auch hier besteht die Möglichkeit, im Gemeindehaus zu übernachten. Eine Garantie dafür gibt es aber nicht!

5. Tag: Lassen Sie das Gepäck im Dorf. Mit leeren Schlitten folgen Sie dem steilen Tal *Tunup kua* nordwärts. Der Paß kulminiert auf 900 m. Steil geht es dann einen Gletscher hinab, bis beim Fjord *Tasilaq* wieder das flache Meereis erreicht wird. 15 km sind es noch bis *Kungmiut*, die Sie, an den Schlitten hängend, im »Schlepplift« bewältigen können.

6. Tag: Heute wird die Insel *Tiniteqilaq* mit einer Jagdhütte angelaufen.

7. Tag: Sie laufen südwärts in die Sonne hinein. Die Insel *Nuerniagkat* ist Orientierungspunkt, bis westlich abgebogen wird und über Land der *Fjord Angmagssalik* erreicht wird. Abends sind Sie in *Kap Dan* und ebenso müde wie die Hunde. Hundemüde.

Kurzcharakteristik

Sie haben eine gute körperliche Verfassung und können täglich sechs bis acht Stunden laufen. Die Tagesleistungen der empfohlenen Route liegen bei 25 bis 30 km täglich. Die Hunde, je Schlitten zehn bis zwölf, ziehen das Gepäck, das Doppelte ihres Körpergewichts. Auf zwei bis drei Läufer kommt ein Schlitten, der von einem erfahrenen Inuk gesteuert wird. So anstrengend eine Fahrt durch bergiges Gelände sein kann, so entspannend ist es, über gefrorenes Meer zu gleiten. *Cross-Country-Ski* mit Schuppen oder *Telemark-Ski* sind besser geeignet, als schmale Langlauflatten. Wenn Sie wollen, können Sie sich auch an den »Schlepplift« Hundeschlitten hängen.

Machen Sie als Eingeh-Tour eine leichte Skitour zum eigentlichen *Kap Dan*, der Landmarke der Robbenfängerschiffe im letzten Jahrhundert.

Beste Jahreszeit: Ende März bis Ende April, stabiles Wetter. Die schönsten Tage sind im Mai, aber dann kann das Eis schon brüchig werden.

Gesamtgehzeit: Auf der empfohlenen Route, die verändert werden kann – und wegen der Eisverhältnisse vielleicht auch geändert werden muß! – etwa 7 Tage.

Orientierung: Die Mißweisung liegt bei etwa 37° West (1995).

Kartenskizze: Siehe Seite 126.

Kein Flugwetter auf Island

Reykjavík hatte unsere kleine Gruppe so empfangen, wie wir die Insel aus dem Wetterbericht kannten: stürmisch, naß und kalt. Wir hatten einen Tag dazu benutzt, die Stadt und ihre nähere Umgebung zu erkunden. Wir waren ein zusammengewürfelter Haufen, der ein »Arktisches Wintermärchen und Abenteuer im Eis« unter Michaels Führung mit einer einschlägigen Reiseorganisation erleben wollte. Ich hatte nicht nur Respekt vor der Urnatur, sondern auch vor diesem Pioniertrekking, deren Protagonisten wir sein würden. »Was erwartet ihr von dieser Reise?« hatte uns Michael gefragt. Es war

Hundeschlittentouren in Grönland

In *Sisimiut, Aasiaat, Qasigiannguit, Qeqertarsuaq, Ilulissat, Uummaanaq* und *Ammassalik* werden von März bis Mai Hundeschlittentouren von den lokalen Fremdenverkehrsvereinen vermittelt. Vom Stundenausflug bis zur Expedition ist alles möglich. Der Phantasie sind kaum Grenzen gesetzt. Das Preisniveau liegt etwa zwischen 500 Kronen für einen dreistündigen Ausflug und 1100 Kronen für eine ganztägige Tour. Oft kann auch Ausrüstung geliehen werden.

»eindeutig unklar«! Keiner von uns konnte definieren, wie er sich das »Arktische Wintermärchen« vorstellte, aber jeder machte deutlich, daß er etwas ganz Besonderes, ja Einmaliges erwartete. Vorweg gesagt: Die Erwartungen wurden übertroffen.

Wir waren zwölf Teilnehmer – der Jüngste 18, der Älteste 68 – vier Frauen, acht Männer. Unser Start sollte *Kap Dan* in der fast menschenleeren *Ammassalik-Region* Ostgrönlands sein. Von dort wollten wir auf Langlaufskiern, begleitet von Inuit, die auf Hundeschlitten unser Gepäck transportierten, mehrere Tage durch die grönländische Eiswildnis fahren.

Beim Beladen des gecharterten kleinen Flugzeugs in *Keflavik* legten wir alle selbst Hand an. Eine bezeichnende Geste für die ganze Tour; denn bei einer solchen Reise ist Kameradschaft ebenso wichtig wie Kondition. Wir teilten ja nicht nur die Biwaks, sondern sorgten auch selbst für Verpflegung und verrichteten alle damit zusammenhängenden Arbeiten selbst.

Der Knud-Rasmussen-Gletscher an der grönländischen Ostküste. Wir sind im Takt, im Gleichklang mit der unberührten Natur, sind eins mit dem Schnee und den hechelnden Hunden, dem Singen der Schlittenkufen, dem gleißenden Licht. Ist dies der Trekkerhimmel?

Das Gelingen eines solchen Trekkings ist nicht käuflich! Nur die ermüdende Voraborganisation wurde uns abgenommen. Das Abenteuer wird dadurch nicht geschmälert, sondern durch den Freiraum des »Nicht-soviel-organisieren-müssens« eher verstärkt.

Kulusuk und Kap Dan

Der Empfang in *Kulusuk*, dem einzigen Flughafen an der fast unendlich langen Küste Ostgrönlands, war stilecht. »Unsere« Hundeschlittenführer erwarteten uns. Wir schnallten zum ersten Mal unsere neu erworbenen Cross-Country-Ski an, um die wenigen Kilometer zum Dorf *Kap Dan*, der ersten Station unserer Tour, auf langen Latten zurückzulegen. Das breite, freundliche Lächeln unserer Begleiter war ebenso beruhigend wie unsere erste Unterkunft, eine für grönländische Verhältnisse komfortable Hütte mit Küche und Aufenthaltsraum, die – welcher Luxus – sogar über eine winzige Dusche verfügte. In diesem »base camp« überstanden wir auch den nächsten Tag, der uns mit einem milden *pitteraq* mit nur 100 Stundenkilometern an das Haus fesselte und den Respekt vor der ungestümen Natur verstärkte, der wir uns ausliefern wollten. Unsere letzten Vorbereitungen, wie Zeltaufbau, Ausrüstungsprüfung und Kochertests fanden im Haus statt.

Neugierig kämpfte sich der eine oder andere von uns durch den orgelnden Sturm, um wenigstens ein wenig Dorfatmosphäre zu spüren. Aber selbst die Schlittenhunde ließen sich, unbeweglich vor den einfachen Holzhäusern an ihren Ketten liegend, zuwehen.

Am eingefrorenen Eisberg sieht man, daß er seine Lage im sommerlichen Merrwasser mehrfach änderte. Eisberge sind instabil und wechseln ihre Lage ständig. Die Riefen im Eis sind Brandungslinien.

Der unersetzliche Schlittenhund

Mit ihren Hunden verbindet die Inuit eine unsentimentale Beziehung. Während der ersten vier Monate werden die Welpen sorgsam aufgezogen und sogar für die Kinder zum Spielen mit ins Haus genommen. Danach leben sie nur noch im Freien und müssen sich ihr Futter im Schlittengespann hart erarbeiten. Um die jungen Hunde auszubilden, läßt man sie auf längeren Strecken mit erfahrenen Hunden laufen. Während dieser Zeit lernen die Jungen, der Peitsche und den Kommandos zu gehorchen, und finden ihren Platz in der Rangordnung. Schwache oder schwer erziehbare Tiere werden getötet. Mit sieben Monaten kommen die tauglichen Hunde ins Geschirr, das sie ihr Leben lang nicht mehr ablegen. Grönlandhunde werden selten älter als zehn Jahre. Dann sind ihre Lungen durch die eiskalte Luft verbraucht, und ihr Fell ergibt den begehrten Kapuzenrand mit den seidenweichen Haaren. In dieser Zeitspanne legen sie Tausende von Kilometern zurück und müssen oft mehrere Tage laufen, ohne gefüttert zu werden. In der rauhen Natur ist das Hundegespann noch immer das *verläßlichste Transportmittel*. Ein Gespann, das je nach Geschick und Wohlstand des Besitzers fünf bis 15 Hunde stark ist, ist nach wie vor der wertvollste Besitz eines jeden Jägers.

Die Hunde sind nicht unbedingt zahm – das liegt in ihrer Natur und der Haltung. *Versuchen Sie nicht, sie zu streicheln!* Es sind keine Kuscheltiere! Schlittenhunde sollen angebunden oder angeleint sein. Die Hunde sind fächerförmig angespannt, was dem Raumangebot auf dem Meereis angepaßt ist. Sie werden mit der Peitsche dirigiert, die bis acht Meter lang ist. Der Fahrer ruft dazu »ILI, ILI, ILI, ILI« für rechts, »IU, IU, IU, IU« für links.

Der nächste Tag ließ alle Bedenken vergessen. Draußen schien die Sonne von einem wolkenlosen Aprilhimmel – in dieser Zeit ist in Grönland das perfekte Schlittenwetter. Die Hunde aalten sich vor den Schlitten, und beim Aufstellen der Gespanne gab es die ersten Scharmützel. Frell, einer der Hundeschlittenführer, schaffte mit undemokratischer, aber effektiver Justiz, unterstützt von etwas handfester Pädagogik, Ordnung in den Reihen.

Wir starteten bei strahlendem Sonnenschein hinaus auf das gefrorene Meer und hinein in die unwirklich schöne arktische Natur. Die Ski glitten gut auf einem eisigen Untergrund mit pulvriger Schneeauflage. Eisberge von bizarrer Schönheit säumten unsere »Loipe«. Die glasklare Stille wurde nur vom Hecheln der Hunde und dem Geräusch der Schlitten auf dem Eis unterbrochen: Unser *Arktisches Wintermärchen*!

Zwischendurch war es möglich, daß ein müder Läufer sich auf einem der Hundeschlitten erholte. Unter dem dicken Rentierfell fühlte sich das flexible Gefährt fast lebendig an. Doch diese Art des Transports, die zuerst sehr erstrebenswert erschien, erwies sich als unkomfortabel. Denn man wurde bei der rasanten Fahrt über das aufgeworfene und rauhe Eis nicht nur kräftig durchgeschüttelt, sondern begann durch die Untätigkeit und Bewegungslosigkeit zu frieren.

Von den keuchenden Hunden dampfte es. Ansonsten war die Stille überwältigend. Zwölf perfekt geschwungene Hundeschwänze bezeugten, daß der »Motor auf allen Zylindern gut läuft«. Und wir rümpften auch nicht die Nase über die »Auspuffgase«. Bei einer Rast erreichte ein amouröses Abenteuer mitten im Gespann seinen fleischlichen Höhepunkt, ohne erkennbaren Verdruß des Nebenhundes.

Huskies waren der Schlüssel für die Eroberung der Polarregionen. Die halbwilden Schlittenhunde haben ein hartes Leben. Im Winter erfüllen sie ihre Aufgabe als Zugtier und Jagdgehilfe, im Sommer sind sie »arbeitslos«.

Im Fangsthus

Müde, aber glücklich erreichten wir mit den Strahlen der untergehenden Sonne unser erstes Biwak. Das *Fangsthus*, eine Jagdhütte, war ein primitiver Holzverschlag, der uns Aufenthalts-, Speise- und Schlafraum wurde. Der Kocher summte, und alle stürzten wir uns gierig auf heißen Tee, Suppe, Trockenmenüs und Pemmikan. Draußen war es Nacht, und wir bewunderten die Schleier des *Nordlichts*, die sich geheimnisvoll tanzend am dunklen Himmel bewegten. Wir Frauen schliefen in der Hütte, während unsere »harten Männer« in den Zelten campierten. Mußte man nachts nach draußen, galt es aufzupassen, um nicht auf einen der Schlittenhunde zu treten, die im Schnee eingegraben schliefen.

Der nächste Tag war wieder strahlend schön und brachte uns eine enorme Erhöhung der Geschwindigkeit durch die Entdeckung der »Schlepplifttechnik«. Jeweils drei von uns waren einem Schlitten zugeteilt und konnten sich, an einem Seil hängend, von diesem ziehen lassen. Am Anfang gab es einige kapitale Stürze. Denn wir befanden uns ja nicht auf einer glatten Eisbahn, sondern mußten den Schlitten auf ihrer manchmal halsbrecherischen Tour über Schneewehen und Eisaufbrüche folgen. Da die Schlitten dann anhalten mußten, führte das unausweichlich zu einem Leinenchaos bei den Schlittenhunden, das unsere Inuit ebenso geschickt wie geduldig und unmißverständlich autoritär entwirrten.

Nach der Überquerung des *Sermiligaq Fjord* erreichten wir am Abend das gleichnamige Dorf, das von Jägern und Fischern bewohnt wird und sich unter steile Berge duckt. Der dänische Dorflehrer stellte uns seine Schule zur Verfügung. Wir hatten

Glück, es waren Osterferien, und so stand uns das ganze Gebäude mit Küche und Kirche zur Verfügung.

»Wo die Eisberge herkommen« heißt *Sermiligaq* übersetzt. Selten sahen wir eine Kulisse von vergleichbarer Schönheit: Im niedrig stehenden Licht der untergehenden Sonne leuchteten die Berge rund um den Fjord pastellfarben auf. Die Stimmung der Arktis, die Farben und die Landschaft hatten sich unserer Sinne bemächtigt. Wir fühlten uns vollkommen weltfern. Das Leben des Dorfes erschien uns ungewöhnlich authentisch. Neugierige Kindergesichter drückten sich an die Fenster »ihrer« Schule und beobachteten unser Tun. Traten wir in die eisige klare Luft, hängten sich die Kleinen ungeniert an uns, scherzten in unverständlichem Inuktitut mit uns und versuchten lachend, auf

Das Dorf Sermiligaq steht nahe dem Polarkreis und ist eine der nördlichsten Jägersiedlungen an Grönlands Ostküste.

unseren Skiern fortzulaufen. Wenn wir Touren zum *Knud-Rasmussen-Gletscher* oder in die Fjordwelt starteten, waren sie schon da und begleiteten uns winkend ein Stück. Kamen wir abends »heim«, erwarteten sie uns, um unsere Hände zu fassen und uns anzulachen.

Trommeltanz life

Die Nächte waren ebenso klar wie die Tage, nur kälter und sehr hell. Wir waren viel in Bewegung, ständig in der klaren Luft und immer hungrig. Der Lehrer des Ortes arrangierte einen Abend mit den Dorfbewohnern. Die Älteste, *Königin* genannt, führte uns den historischen Trommeltanz vor. Eine alte grönländische Sitte der gewaltlosen Konfliktbewältigung: Zwei Streitende verspotten sich, untermalt von einer Trommel. Sieger ist der, der die besten Worte gefunden hat.

Wie immer in der Arktis, bestimmte das Wetter den Reiseplan. Diesmal hatte die starke Sonne das Eis an vielen Stellen so unsicher gemacht, daß unsere geplante Rundreise in eine der Hinreise ähnlichen Rückreise umgewandelt werden mußte, denn unsere Route führte zu 100% über zugefrorenes Meer. Die Hunde jaulten, wie immer waren sie begierig zu laufen. Wir starteten, es ging zurück Richtung *Kap Dan*. Diesmal war uns die märchenhafte Kulisse der eingeforenen Eisberge vertrauter. Wir begegneten anderen Hundeschlitten, die von *Sermiligaq* nach *Ammassalik* unterwegs waren, um die geangelten und tiefgefrorenen Heilbuttfänge zu verkaufen. Gerne hielten sie zu einem Schwätzchen an. Freundlich grinsend betrachteten sie uns.

Diesmal war das Biwak schon etwas Vertrautes. Jeder schien seine Aufgabe zu kennen. Im Nu waren die Zelte aufgebaut, und in der vom Kocher aufgeheizten Hütte wurden die eindrucksvollen Tage resümiert. Jetzt konnte auch unser Jüngster schon wieder darüber lachen, daß er – als

Qamutit – der Schlitten

Als das *Thule-Volk* um 1000 n. Chr. in Nordgrönland einwanderte, war es mit seinen Kenntnissen allen anderen Kulturen überlegen, was vor allem auf den Gebrauch des Hundeschlittens zurückgeführt wird, mit dem man 80 Kilometer am Tag zurücklegen konnte.
Der Schlitten hat sich seitdem kaum verändert. Zwei vorn hochgezogene Holzkufen werden durch eine Reihe von Querlatten mit *Riemen oder Schnüren* verbunden, die dem Gefährt eine unwahrscheinliche Stabilität und Flexibilität auf dem Rauheis und im Gelände geben.

Robben sind und waren die Lebensgrundlage

Den Inuit – *Menschen*, wie sie sich in völliger Ignoranz der übrigen Welt bezeichneten – war der Seehund ihr ein und alles. Fast nur mit diesem Tier haben sie ihren Bedarf an Nahrung, Brennstoff, Kleidung und Werkzeugen gedeckt. Niemandem hat es an etwas gefehlt, solange es Robben gab: keinen Skorbut, keinen Hunger und keine Krankheiten. Der Seehund war ein Geschenk der Natur, das alle Bedürfnisse deckte. Dieser »Kultur« ist man in *Tunu* näher als im restlichen Land. Die Ostgrönländer respektieren, lieben – und töten ihn! Sein Tod verheißt auch heute noch Wärme, Nahrung, Kleidung. Wen diese ehrliche Lebensweise schockt, der hat nichts in der Arktis zu suchen!

Schweizerland Trek
21
5
Trillingerne
2020
Rytterknægten
1569
1500
1545
Qaqarssuaq
1341
Falkefjeld
Karale Gletscher
Knud-Rasmussen-Gletscher
1500
1393
1500
1405
Qingertivaq
Tasilaq
1450
Apuserajik
1316
1290
1123
Napajaq
1000
1100
1200
1400
900
1243
Ilivtiartik
Napauiag
1061
Qingea
1228
Tunup kûa
784
660 Kigte
Sioraq
1000
Fjelde
1141
1137
Uivpak
800
Ikateq
988
Uneq
Tuno
610
Kungmit
Sermiligaq
1250
Sermiligaq
1080
Nanerersarpik
Fangsthus
Ikasa
Ilivinga
Qianarteq
900
614
Similag
Kungmiut
758
Tupertivakajip qagartiva
Leifs Ö
Ilivte
Avallaitseq
821
Norajik
Kangartik
Eqe
Ikasak
710
Alingat ilivnera
906
462
Fjord
725
Isigtît
Qerpik
635
Aukarnertivaq
300
Pusissaraq
Ungujuk
943
Blokken
840
810
Agiap nuna
Avatit
Erik den Rödes Ö
Hjelmen
Nakarpik
Salivartivaq
735
Ilivtilaq
Naujatsiait
918
Fangsthus
Tiniteqilaq
Uigerte
Ikasagtivaq
Angmagssalik
810
Salissalik
Imitilaq
600
Nuerniagkat
Qivtatit
855
Nertîlat
585
Apusia
622
Fangsthus
Erqiligarteq
553
Kitsigsit kiatit
Imilik
Ingingaleq
619
A
E
Kap Dan (Kulusuk)
Kulusuk
366
Isikajia
ungefähre Packeiskante
N
0
5km

Nützliche Hinweise:

Anreise/Rückreise: Von *Island* mit Turboprop mehrmals wöchentlich nach *Kulusuk*, dem zentralen Flughafen an der Ostküste, auf der *Insel Kap Dan*. Das gleichnamige Dorf ist nur eine Gehstunde entfernt. Kulusuk wird auch von *Kangerlussuaq* angeflogen.
Übernachtung: Im Dorf *Kap Dan* gibt es zwei Hütten, die von Touristen benutzt werden können. Fragen Sie bei der *Helgi Jonson Air* schon in Reykjavík. Zelten überall möglich. Auf der Tour *Zeltbiwaks*, manchmal auch in *»Jagdhütten«* – Bretterverschläge, auf den Karten als *Fangsthus* eingezeichnet – auf den Inseln, die von zweifelhafter Sauberkeit sind. In den Dörfern Übernachtungen in *Schulen* oder *Gemeindehäusern* nach Rücksprache möglich. Vorher mit dem *Turistkontor* in Ammassalik abklären.
Informationen: *DAV Summit Club GmbH*, Am Perlacher Forst 186, Tel. +49 89 651 07 20, Fax +49 89 65 10 72 72 bietet diese Tour geführt im April an.
Ammassalik Turistkontor, POB 120, DK-3913 Ammassalik, Tel. +2 99 1 82 93, Fax +2 99 1 83 93, vermittelt Kontakte zu geschulten und lizensierten Hundeschlittenführern der Region, z. B. in Kap Dan. Es bietet sich an, mit diesen die Preise, die Länge und den Routenverlauf abzustimmen.
In *Kap Dan* hat fast jeder einen Hundeschlitten, so daß man auch »privat« an ein Gespann kommt.
Karten: 1:1 000 000: 2085 Angmagsssalik; 1:250 000: 6501 Angmagssalik.

wir, abweichend von der Schlangenlinienroute der Schlitten dem Dorf zustrebten – bis zu den Hüften ins Eis einbrach. Geschockt vor Kälte und gebeutelt vom Schreck, war er von einem der Inuit auf seinen Schlitten gezogen worden. Wir schworen uns: Nie wieder verlassen wir die Schlittentrasse!

Schlittenhunde sind Schwerarbeiter

Die Schlitten schienen in die Sonne hineinzugleiten. Südwärts hieß die Devise. An manchen Stellen war das Eis schon sulzig, und Wasser schwamm auf der Oberfläche. Es war, als spürten die Hunde das Ende der Reise, so mächtig legten sie sich noch einmal ins Zeug. Unterwegs schoß Schlittenführer Tobias eine Robbe. Das Hundefutter für die nächsten Tage war gesichert. Wir ließen uns von den Schlitten ziehen und hatten so Zeit, die vorbeigleitende Landschaft in ihrer klaren und kalten Schönheit zu bewundern. Wir schauten fast wehmütig auf die unermüdlichen, prächtigen Schlittenhunde, die unser Gepäck während der Tour klaglos gezogen hatten. Sie gaben uns aber keine Gelegenheit, ihnen näher zu kommen. Die halbwilden Huskies, das hatten wir gelernt, sind keine Kuscheltiere. Ihr Leben ist hart und besteht aus Arbeit, durch die sie sich ihr Futter verdienen. Manche waren ungepflegt, aber stark und ausdauernd waren sie alle.

Unseren letzten Tag in *Kap Dan* verbrachten wir als Wanderer. Immer noch war das Wetter schön, die Sonne hatte zusehends an Kraft gewonnen, und so kamen wir bei unserem Aufstieg auf den höchsten Berg der Insel ordentlich ins Schwitzen. Von oben bot sich ein einmaliger Ausblick: Eis, Eis, Eis. Packeis, soweit das Auge reichte. Für mich ist eine Langlauftour mit Hundeschlitten eine der faszinierendsten Trekkingformen.

(Ingrid Ferschoth-Vogeley)

6 Über die Eiskappe aus eigener Kraft ist eine Expedition

Grönlanddurchquerung

Der norwegische Polarforscher *Fridtjof Nansen* durchquert im Sommer 1888 erstmals das grönländische Inlandeis. Unter unvorstellbaren Strapazen überschreitet seine sechsköpfige Gruppe in 42 Tagen die 500 km breite Eiskappe von Umivik südlich Ammassalik bis Nuuk. Grönlands Inneres war damals *terra incognita*, unbekannt und unvermessen (siehe auch Tour 4). Nansen bringt mit dieser spektakulären Tat nicht nur Klarheit über die gigantische Inlandeismasse, die vom Meer bis auf 2900 m ansteigt. Er beweist auch die Funktionstüchtigkeit der Ski und legt damit den Grundstein für den weltweiten Siegeszug der langen Latten.
Die empfohlene Route, nördlicher als Nansens Weg gelegen, ist heute der »Normalweg«. Das Inlandeis ist noch immer ein eisiges Meer, völlig unbewohnt, mit strengen klimatischen Bedingungen und Verhältnissen, die einen guten Alpinisten erfordern. Die körperliche Beanspruchung und die psychische Belastung ist nur etwas für die Trekker-Elite.
Wer die Herausforderung einer Überschreitung der Eiskappe mit *selbstgezogenen Schlitten* besteht, hat nicht nur ein einmaliges Erlebnis bestanden: Es kann der *Höhepunkt eines Trekker-Lebens* sein! In wochenlanger Autonomie, in sozialer und geografischer Isolierung zu sein, ist eine Erfahrung, die man wahrscheinlich nur einmal im Leben macht.
Das Inlandeis ist nicht tot! Es ist der Naturtraum schlechthin!

Routenvorschlag

Halten Sie den Kurs zwischen dem Absetzpunkt beim *Heim-Gletscher* und *Kangerlussuaq* möglichst gradlinig. Das ist alles! Die Natur wird Ihnen Umwege aufzwingen: Gletscherbrüche, Seen, Spalten …

> *»Ich konnte indess nur Leute gebrauchen, die mit dem Schneeschuhlaufen vertraut und die als energische, ausdauernde Menschen bekannt waren …«*
>
> (Fridtjof Nansen, Auf Schneeschuhen durch Grönland, 1891)

Die Vorbereitung ist mitentscheidend

Körperliche und geistige Fitneß: Die meisten Trekker sind körperlich »auf der Höhe«. Das liegt in der Natur ihrer Leidenschaft. Für eine Grönlanddurchquerung müssen Sie jedoch noch »einen draufsetzen«. Eine solche Expedition stellt theoretisch nur Anforderungen, die aus

Kurzcharakteristik

500 km langer *Extremtrek* mit Ski und selbstgezogenen Pulkas, der noch vor wenigen Jahren einer Elite vorbehalten war. Inzwischen »*Normalexpedition*«, da Kenntnisse über das Eis, die Ausrüstung und die Route vorhanden sind. Wird mehrfach im Jahr auf der beschriebenen Route gemacht. Trotzdem eine Tour, die an die psychischen und physischen Grenzen gehen kann. Nichts für Anfänger und auch nichts für alpin Erfahrene ohne Leidensfähigkeit. *Spaltenzonen* an der Ostküste und der Westküste, dazwischen die Eiskappe. An der Westküste im Sommer auch *Gletschersümpfe* und -seen. Mindestens ein gletschererfahrener Alpinist pro Gruppe notwendig.

Beste Jahreszeit: Ende April bis Ende August. Die sicherste Zeit, allerdings auch eine kalte, ist der *Frühsommer*: Die Temperaturen sind erträglich, und die Spalten der Randzonen sind verschneit.

Gesamtgehzeit: Kürzeste Durchquerung auf den 500 km der hier beschriebenen »Normalroute« bisher by fair means 16 Tage durch den Weltklasse-Langläufer Vegard Ullvang mit Gefährten. Realistisch sind *fünf bis sieben Wochen*. Die Zeit wird stark durch die Kondition, das Wetter und durch die Hilfsmittel bestimmt: Bei Benützung von *Parawings* kann mit hoher Wahrscheinlichkeit ab der Eismitte gesegelt werden. Mit diesen gleitschirmähnlichen Segeln werden bei günstigen Winden 100 km Strecke an einem Tag möglich. Wenn man es kann!

Kartenskizze: Siehe Übersichtskarte in der vorderen Umschlagklappe.

gemäßigtem Bergauf-Steigen, Skiwandern in fast ebenem Gelände und gemäßigtem Bergab-Steigen bestehen. Durch das strenge Klima und einen Schlitten, der an die 100-Kilo-Marke heranreicht, ist die Einstellung auf eine *physische und psychische Hochleistung* notwendig: auf einen mühsamen Auf- und Abstieg, bei einer Höhendifferenz von 3000 m, auf beschwerliches Schlittenziehen, auf die Überquerung von Spalten, Gletschersümpfen und Flüssen. Eine Grönlanddurchquerung aus eigener Kraft stellt sehr hohe Anforderungen an die Ausdauer bei gleichzeitigem großen Krafteinsatz. »Normalsportarten« wie Klettern, Wandern, Radfahren, Langlaufen und Skitouren sind bestens als Vorbereitung geeignet. Und das Laufen, modern auch *Jogging* genannt: Laufen, laufen, laufen Sie!

Zu einer guten Vorbereitung gehört ein möglichst großes Wissen über das Ziel, die Route, die zu erwartenden Probleme, die Anforderungen. Durchdenken Sie folgende Punkte und schwören Sie das Team darauf ein:

- Wir achten auf *Gewichtsersparnis*, Sicherheit geht jedoch vor.
- Wir *verteilen* alle lebensnotwendigen Dinge auf möglichst viele Schlitten/Personen.
- Wir gehen es *langsam* an.

Tip Die beste Info-Quelle in deutscher Sprache mit einer Fülle von Informationen und Bildern über die Eiskappe, Reise, Expeditions-, Funk- und Waffenprozeduren, Ausrüstung, Training und mentale Vorbereitung, psychische und physische Anforderungen, Gruppendynamik, ist in dieser Kombination das vergriffene Buch von Miosga/Obster/Schiller/Vogeley, *Herausforderung Grönland*. Über einen Restbestand verfügt *Unlimited Activities*, Fax +49 815 38 91 02. Es kann zum Preis von DM 63 zzgl. Versandkosten bestellt werden. Für ernsthafte Aspiranten einer Grönland-Durchquerung ist es unentbehrlich.

- Wir vermeiden starkes *Schwitzen*.
- Wir gehen nie außer *Sichtweite* und bleiben möglichst hautnah zusammen.
- Wer kocht bleibt beim *Kocher.*
- Wir schlafen mit wechselnden *Zeltpartnerschaften*.
- *Entscheidungen* treffen wir demokratisch. Bei Stimmengleichheit gibt die Stimme des fachlich Kompetentesten zu diesem Thema – den wir *vorher* festlegen! – den Ausschlag.
- Was passiert, wenn etwas passiert? *Es darf nichts passieren*!

Es ist auf dem Inlandeis die *starke Gruppe*, die ein Höchstmaß an Sicherheit bietet.

Spezielle Ausrüstung: Beste *Zelte*; ein Messezelt, z. B. ist das Überzelt eines großen Zeltes ideal zum Kochen. Beste *Kocher*, empfohlen gereinigtes Benzin. *Telemark-Ski* mit Fellen. Nansen: »Das wichtigste auf einer Schlittenexpedition ist der Schlitten.« Norwegische *Schlitten/Pulkas* mit Zuggestänge können Sie beziehen bei *Globetrotter Ausrüstung*, Wiesendamm 1, D-22305 Hamburg, Tel. +49 40 29 12 23, Fax +49 40 29923 80.

Alpine *Gletscherausrüstung*. Schneeschaufeln. *Gewehr* (siehe unten). *EPIRB* (Emergency Position Indicating Radio Beacon) für den Notfall. Ein modernes *GPS* (Global Positioning System) für Positionsbestimmung ersetzt nicht ein Laufrad mit Kilometerzähler (*Odometer*) für die Koppelnavigation. Für elektrische und elektronische Geräte empfehlen sich kältefeste *Lithiumbatterien*. *Halbkugelkompaß* (Fabrikat Silva) für das Zuggestänge vor dem Bauch. Achtung: Auf dem meerähnlichen Inlandeis muß besonders genau mit der *Mißweisung* umgegangen werden. Beste *Schlafsäcke* aus Daune. *Rettungsraketen*.

Speziell: *Parawings*, Drachen aus Ripstop-Gewebe, die in den letzten Jahren Arktis- und Antarktis-Expeditionen revolutioniert haben, erlauben bei günstigen Windverhältnissen enorme Tagesleistungen, die sonst eine Woche benötigen würden. Erfinder, Lieferant und uneigennütziger Informant ist *Wolf Beringer*, Noldeweg 1, D-73547 Lorch, Tel. +49 71 72 54 72.

Für die Basisernährung werden *Pemmikan* (CATHAY, Josef Metzmacher, Fax +49 24 52 239 32), *gefriergetrocknete Menüs* (Simpert Reiter, Travellunch in jedem gut sortierten Trekking-Shop) und *Mineralpulver* empfohlen. Wir schwören bei strengen Touren mit Gewichtsproblemen auch auf *Formuladiät*, Krankenhauskost in Pulverform von Pfrimmer Nutricia (in Apotheken erhältlich). Sie enthält fast balaststoffrei und hochbilanziert alles, was der »Astronaut braucht«; dafür wurde sie entwickelt.

Hundert Kilogramm kommen mit der Tara, dem Schlitten, je Person schnell zusammen, lassen sich aber auf festem Schneeuntergrund und flachem Gelände erstaunlich moderat ziehen.

Respekt und Vorsicht vor Nanooq: Eisbären und Gewehre: Was passiert, wenn ein Eisbär kommt? Tatsache ist, daß in Grönland Schauergeschichten erzählt werden, in denen einsame Eiswan-

»Wir setzten unsere Wanderung fort und kamen nun in das unebenste und unwegsamste Terrain, das uns bisher vorgekommen war...« schrieb Nansen, der Grönland südlicher durchquerte. Obwohl die Zivilisation am Flughafen von Kangerlussuaq nahe ist, wartet vor dem Landfall ein Spaltengürtel, der nochmals Aufmerksamkeit verlangt.

derer kein gutes Ende nehmen. Tatsache ist aber auch, daß Bären auf Eisschollen mit dem Ostgrönlandstrom vom polaren Packeis nach Süden getrieben werden und manchmal ihren Weg über das Inlandeis zurück nach Norden nehmen. Und dann haben sie kräftigen Hunger. Es gibt Fotos, auf denen *Nanooq* 300 km von der Küste entfernt im Landesinneren gesehen wurden. Vor Jahren wurde ein französischer Wissenschaftler auf der Eiskappe gefressen. Die Westküste ist bärenfrei.

Die Wahrscheinlichkeit, auf der Eiskappe und vor allem in der Ostküstenregion, Bären zu treffen, ist gegeben, wenn auch nicht besonders hoch. Ein *Gewehr* gehört trotzdem ins Gepäck – man sollte auch damit umgehen können, ohne dem Freund den Fuß wegzuschießen! In *Ammassalik* kann man in jedem KNI-Shop ein Gewehr ohne lästige Genehmigungsprozedur kaufen. Besser ist es, vorher zu kommunizieren und ein großes Kaliber zu bestellen. *René Nielsen* (siehe Touren 2 und 3) kann auch dabei helfen. Am billigsten ist, man leiht sich eine »Knarre« in Ammassalik.

80 Kilometer Spaltenzone

Der letzte Mensch, den wir sehen, ist der Hubschrauberpilot. Südlich von *Ammassalik* an der ostgrönländischen Küste setzt er uns mit seiner Bell-212 am Rand einer Spaltenzone ab. Die Triebwerke beginnen zu pfeifen, der Heli verschwindet in den Wolken.

Wir wollen das Inlandeis vom Meer zum Meer überwinden – mit fairen Mitteln: ohne Motorschlitten, ohne Schlittenhunde, ohne irgendwelche künstlichen Hilfsmittel, nur auf unsere eigene Kraft

Der Halbkugelkompaß ist bei einer Grönlanddurchquerung »das« Orientierungsinstrument – wichtiger als ein GPS! Die Berücksichtigung der Mißweisung ist elementar. Zur Koppelnavigation gehört auch ein Odometer, bei dem das Laufrad eines Fahrrads mit Kilometermesser dazu dient, die zurückgelegte Strecke festzustellen.

Kompaßkurs ist ungleich Kartenkurs

In Mitteleuropa beträgt die Abweichung von der magnetischen Nordrichtung, die *Mißweisung*, zwischen einem und zwei Grad West, ist also meist vernachlässigbar. Mißweisung heißt, das die Magnetnadel nicht genau nach »geografisch Nord«, also zum Nordpol, zeigt. In Grönland und Baffin Island ist diese Abweichung wegen der Nähe zum *Magnetpol*, der in den Northwest Territories Nordkanadas liegt, groß.
Auf der Durchquerung Grönlands nahe des 65. Breitengrades variiert die *Mißweisung zwischen etwa 33 Grad West an der Ostküste und 38 Grad West an der Westküste*. Das bedeutet: Will man genau nach Westen (= 270 Grad) gehen, so muß man bei einer mittleren Mißweisung auf dem Inlandeis von 35 Grad West einem Kompaßkurs von 305 Grad folgen. Pauken Sie sich ein:
Kompaßkurs = Kartenkurs + Mißweisung
Kartenkurs = Kompaßkurs – Mißweisung

vertrauend. Der Preis für diese Idee sind vier Schlitten, die all das enthalten, was man zum Leben in der arktischen Wildnis braucht. Sie sind unsere Basis, unsere Stütze. Wir steigen zum Meer hinunter. »Grönland by fair means« ist unsere Devise.

80 Kilometer Spaltengürtel liegen noch vor uns. Er trennt das Hochplateau mit dem ewigen Eis vom Atlantik. Doch vorerst trommelt der Regen auf die Persennings der Schlitten. Alles andere hatten wir erwartet, nur nicht, daß es so kräftig schütten würde.

Der Anstieg dauert Stunden, die Schultergurte ziehen. »Wenn man einen Höhenrücken erreicht hat«, schildert der Norweger Nansen den Aufstieg, »liegt stets noch einer dahinter, der höher ist und die Aussicht versperrt.« Mut macht das Frühstück. Es gibt Kaminwurzn. 140 Südtiroler Dauerwürste stecken im Gepäck, für jeden Tag eine pro Mann. Der Speiseplan für die nächsten Wochen steht schon seit langem fest. Knapp ein Kilo schwer ist die Tagesration für jeden. Dann löffeln wir unseren Brei aus in Wasser eingerührtem Pulver: *Formuladiät*, Krankenhauskost, für Astronauten entwickelt. Ballaststofffrei und sofort energiespendend läuft das Getränk sahnig durch die Kehlen und deckt zwei Drittel des auf täglich 4500 Kilokalorien veranschlagten Bedarfs. Außerdem gibt es pro Tag ein Päckchen Nüsse und Trockennahrung – sorgfältig in sieben Sorten getrennt, vom Nudeltopf bis zum Bœuf Stroganoff.

Was passiert, wenn ein Eisbär kommt? Unsere *Büchse*, Kaliber 338 Winchester Magnum, ist immer in der Nähe. Nachts liegt »die Braut« direkt neben dem Schlafsack. Daheim haben wir das Schießen geübt. Jeder von uns ist darauf trainiert, auf 100 m ein Ziel von der Größe eines Fünfmarkstücks zu treffen. In unseren Hosentaschen stecken je vier wasserdicht verpackte Patronen.

Fünf Tage lang ziehen wir bergauf durch den *Spaltengürtel*. Der Schlitten ruckelt. So ist das immer, wenn man in diesem unebenen Gelände anzieht, die zwei Zentner über Schneewehen wuchtet und »das Schiff« in die nächste Kuhle plumpst. Die Schneebahn ist wie eine Mondlandschaft. Gestern haben wir die letzte von ein paar hundert Spalten überschritten. Hinter uns sehen wir *Nunatakker* im Gletscherstrom.

Weißes Schweigen

Über die flache Schneebahn fegen winzige Schneekristalle. Man hört nur das Schlurfen der Schlitten, das Schaben der Ski, das »Tick-tick« der Skistöcke. Wir stemmen uns in die Zugseile. Das Gepäck haben wir gerecht verteilt. Jeder zieht das gleiche Gewicht und hat seine Überlebenseinheiten in der Kunststoffwanne. Falls wir uns verlieren, kommt jeder von uns eine Zeitlang alleine durch. Irgendwo bleiben wir stehen. Es ist es egal, wo man seine Zelte aufschlägt.

Wir holen das *Schleuderthermometer* aus der Anoraktasche und messen die objektive Temperatur: »15 Grad minus.« Anschließend wirbeln die Schaufeln des Anemometers: »48 km/h Windgeschwindigkeit.« Unter Berücksichtigung des Chill-Faktors ergibt das eine Temperatur von minus 42 Grad Celsius.

Unter *Chill-Faktor* versteht man den Auskühlungseffekt des Windes. Schon bei null Grad empfindet der Mensch kühlen Wind als schneidend. Physikalisch ist dies nicht verwunderlich, da der Wind die Körperwärme schneller ableitet. Man kühlt aus und friert. Fällt die Temperatur dann beträchtlich unter den Gefrierpunkt, kann diese Wärmeabfuhr derart rapide fortschreiten, daß in kürzester Zeit eine lebensbedrohliche Situation eintreten kann. Der Chill-Faktor ist in der Arktis bekannt und respektiert.

Unsere modernen eleganten *Telemark-Ski* mit Kunststoff-Steigfellen sind leicht und halten die Spur gut. Für zwei Meter Länge hatten wir uns entschieden. Schon Nansen hatte die Notwendigkeit von Skiern erkannt und damit deren Eignung im verschneiten Gelände bewiesen. Nansen war bei seiner Grönlanddurchquerung nahe an 3000 m Seehöhe herangekommen.

Alles läuft nach Plan, auch der Wechsel an der Spitze. Die Etappen werden von der Stoppuhr diktiert: eine Stunde zehn Minuten laufen; dann eine Viertelstunde Pause. Auch das Tagesziel ist vorgegeben: 20 km im Durchschnitt.

Disziplin ist der Schlüssel zum Erfolg

Müde und zufrieden fallen wir abends in unsere Schlafsäcke mit dicker Daunenfüllung. *Disziplin* ist oberstes Prinzip dieser Tour. Disziplin heißt auch, daß Entscheidungen demokratisch gefällt werden. Steht es »pari«, gibt der den Ausschlag, der im Problemfall am meisten Erfahrung hat. Jeder von uns hat seine Stärken und Kompetenzen. Ein Halbkugelkompaß, am Zuggestänge des vordersten Schlitten montiert, weist den Weg: unter Berücksichtigung der Mißweisung etwa 305 Grad.

White out umfängt uns, der Nebel läßt oben und unten verschwimmen. Man geht wie in einem Wattebausch. Die Mißweisung in dieser Region muß ständig berücksichtigt werden. Nur das *Odometer* beweist, daß es vorwärts geht. Das Laufrad eines Rennrades, gekoppelt mit einem Kilometerzähler, ist ein wichtiges Navigationsgerät. Der länger werdende Strich auf der Karte visualisiert die bisherige Strecke.

Fünf lange Wochen werden wir uns nicht waschen. Wir sind froh, die täglichen *fünf Liter Trinkwasser pro Person* aus Schnee zu gewinnen. Nansen reflektierte: »... fühlten wir uns trotzdem außerordentlich wohl und wendeten die Hemden auf der Eismitte nach links!«

Die Innenschuhe der Tourenstiefel trocknen im Schlafsack. Man kuschelt sich in die Intimität des Schlafsackes und liegt auf dieser Tiefkühltruhe, die Grönland heißt. Der Rauhreif rieselt vom Zeltdach. Ein neuer Tag, wie aus Glas geblasen, bricht an.

Der höchste Punkt

Der Kulminationspunkt ist erreicht: 2960 m über dem Meer zeigt der Höhenmesser. Langsam senkt sich der Kühlschrank in Richtung Westen. »Wißt ihr noch?« Ich sitze auf dem Schlittenrand und komme ins Schwärmen. »Könnt ihr euch noch an den Kühlraumtest erinnern?« Wir lachen. Wir hatten uns akribisch vorbereitet. Dazu gehörten das Gymnastikprogramm, das Lauftraining, die vielen Skitouren, die Biwaks. Aber auch der Lausbubenstreich, im Schlachthof zwischen tiefgefrorenen Kalbsteaks und Schweinehälften eine Nacht »unter realistischen Bedingungen« zu verbringen. Weiter gehörte auch mentale Vorbereitung dazu: lesen, sich informieren, diskutieren. Voraussehen, was vorauszusehen war, festlegen, regeln.

Weiß ist keine Farbe. Seit Wochen nichts als Weiß vor uns. Und das Blau des Himmels über uns. Das Inlandeis kann schön sein, vor allem wenn die Sonne scheint. Besonders dann, wenn wir abends in das niedrige Gestirn hineinzulaufen scheinen. Wir sind von dieser scheinbaren landschaftlichen Monotonie begeistert und haben Farbenspiele von einer Schönheit gesehen, die uns bisher verborgen waren. Eine in dieser Weite völlig neue Wildnisform.

Auf dem grönländischen Inlandeis, Höhe 2950 Meter. Die Wahrscheinlichkeit, einen hochalpinen Hitzerekord zu erleben, ist groß!

Nützliche Hinweise:

Anreise/Rückreise: Nach *Ammassalik* per Flugzeug via Island oder Kangerlussuaq. Mit Charter-Heli (teuer) in wenigen Flugminuten zum *Heim-Gletscher* im westlichen *Petersen Fjord* nordwestlich von Ammassalik. »Drop off« oberhalb der Spaltenzone auf dem Eis. Am Endpunkt *Kangerlussuaq* kommt man am internationalen Flughafen an, dort Flugverbindungen in alle Welt.
Übernachtung: *Hotels* in *Ammassalik* und *Kangerlussuaq*. Während der Tour nur *Zeltbiwak* auf dem »größten Campingplatz der Erde«.
Informationen: *Touristenbüros* in Ammassalik und Kangerlussuaq siehe Touren 5 und 16. Siehe auch Kapitel *Planung und Vorbereitung*. Über die Expeditions-, Waffen- und Funkgenehmigung informiert *Ministeriet for Grönland/Danish Polar Center*, Hausergade 3, DK-1128 Kopenhagen K, Tel. +45 33 13 68 25. *Rechtzeitig beantragen, mindestens ein halbes Jahr vor der Expedition, besser ein Jahr!* Wer sich bei dem komplizierten Verfahren mit organisatorischer Hilfe und kompetenten Tips helfen lassen will, wendet sich an *Arctic Expeditions Adviser*, Gunnar Jensen, Kastanie Alle 5, DK-3520 Farum, Tel. +45 42 95 22 02
Karten: Man braucht nur die Anfangs- und die Endpunkt-Karten. Dazwischen muß im ebenen, spaltenlosen und hindernisfreien Inlandeis nur eine Richtung gehalten werden.
Start: 1:1 000 000: 2085 Angmagssalik.; 1:250 000: 65Ö1 Angmagssalik; 65Ö2 Graahs Öer.
Inlandeis: 1:1 000 000: ONC C-13 USAF Operational Navigation Chart.
Ziel: 1:1 000 000: 2084 Söndre Strömfjord; 1:250 000: 66V2 Söndre Strömfjord Öst.

Für die Arktis braucht man Geld, Zeit und Geduld

An diesen Satz des Arktiskenners *Gunnar Jensen* denken wir 60 Stunden später. Draußen ist es trist, aber windstill. Wir schippen aus der Zeltecke Eis in den Kochtopf – die Handgriffe sind längst Routine.

Wieder die Monotonie des Gehens. Trotzdem ist Grönland wie eine Offenbarung: Wir finden zu uns selbst, das Leben reduziert sich auf die heiße Tasse Mineraldrink, den warmen, trockenen Schlafsack, die Sicherheit des sturmfesten Zeltes – und unsere Freundschaft. Die Tage vergehen im Gleichklang und werden zur Normalität. Das fast stündlich wechselnde Wetter gehört dazu. Ungeduldig suchen wir am Horizont nach etwas anderem als Schnee und Wolken.

Kontrastprogramm im Eis: Dem Schneesturm folgt unerwartet ein Hitzeschub. Doch während in der Sonne die Temperatur auf plus 20 Grad hochjagt, herrscht im Schatten weiter Frost. An den Südseiten der Schlitten tropft Schmelzwasser, die Nordflanken haben einen Eisbelag. Der Wind schläft ein, und die Hitze lastet auf uns. Heute haben wir einen Vogel gesehen. Kommen wir dem Eisrand näher, oder wurde der Schneesperling nur vom Winde verweht? Ich entdecke die Berge als erster. Nach 24 Tagen weißem Horizont endlich winzige schwarze Punkte, die Stunden später zum atemberaubenden Panorama werden. Die Randgebirge der Westküste liegen greifbar nahe. Land! Unsere Stimmung klettert in die Gegend von Euphorie. Die Eiskappe senkt sich, scheint nach unten zu fallen. *Gletschersümpfe* umgehen wir in großen Bögen.

Dann sind die *Spalten* da. Erst kleine Risse, dann immer breitere Furchen. Zu den Hüftgurten der Zuggeschirre legen wir Schenkelschlingen und Brustgurte an, holen das 46 m lange *Elf-Millimeter-Seil* aus der Schlittenwanne und seilen uns an: die normale Ausrüstung eines Hochalpinisten.

Landfall

Seit 26 Tagen sind wir schon im Eis. Der Bruch wälzt sich bis hin zu den Bergen. Am Horizont taucht brauner Fels auf. Kurz bevor die Nacht hereinbricht, wird das Eis grau. Noch 100 m – noch zehn – noch drei Schritte … Dann berühren unsere Sohlen Fels. Steine! Land! Berge! Gewaltige primitive Formen von ungeheurer Frische. Und Leben, das atmet. Wir umarmen uns.

Spärlich zeigen sich das erste Grün, die ersten Blumen im Blockwerk, und mit ihnen wächst die Gewißheit: »Wir haben es geschafft!« Nansen erzählt über diesen historischen Moment: »Eine wahre Wonne durchrieselte uns, als wir mit unseren Füßen das Heidekraut berührten und uns der würzige Duft von Gras und Moos in die Nase stieg. Hinter uns lag das Inlandeis.« Eine Fliege umsummt mich und ist ängstlich bemüht, nicht vom Wind davongetragen zu werden, der kühl von der Eiskappe herunter streicht. Eine erbärmliche Fliege, aber ein Lebewesen! Über 500 km liegen hinter uns, vom Meer zum Meer. »Eigentlich war es wie eine Kur«, flachsen wir, »viel Schlaf, täglich Bewegung, gesundes Essen, kaum Alkohol.«

Biwak auf dem »größten Campingplatz der Erde«. Felsinseln im Eisstrom der Ostküste sind die letzten Felsen und Ruhepunkte für das Auge beim Start zu einer Grönlanddurchquerung.

7 Auf uraltem Eskimoweg durch das Naturparadies der Mega Incognita Peninsula in Baffin Island

Der Itijjagiaq Trail

Acht Monate im Jahr liegt der *Katanillik Park* im Süden der riesigen Baffin-Insel unter Schnee und Eis begraben. Erst 1992 geöffnet, ist er ein Musterexemplar reicher polarer Fauna und Flora. Durch ein ungewöhnlich mildes Mikroklima gesegnet und aus arktischer Sicht mit landschaftlichen Schönheiten überhäuft, ist der Weg durch den Park, der uralte Eskimo Trail *Itijjagiaq*, für den Trekker eine völlig neue Erfahrung.
Dieses besonders schützenswerte Gebiet ist die Heimat von Füchsen, Wölfen, Vögeln, Lemmingen und Karibous. Der Trek über die *Meta Incognita Peninsula* ist ein alter Transport- und Jagdweg. Itijjagiaq bedeutet auf Inuktitut *»Weg über das Land«*.
Sie folgen keinem Weg, eher einer Richtung, die durch die Karte, den Kompaß und den Fluß vorgegeben ist. Tundra wechselt mit steinigen Bergen. Die Höhenunterschiede sind gering. Trotzdem kann der Marsch durch Sümpfe, über Heide und durch Flüsse anstrengend sein.
Die Transportmöglichkeiten sind durch den nahen Fluß relativ unproblematisch. Es sind keine besonderen alpinistischen Voraussetzungen nötig. Die Ernsthaftigkeit des umgebenden Gebirges und die Zivilisationsferne erfordern jedoch eine entsprechende Einstellung. Das Wetter kann blitzschnell wechseln.
Die Ausrüstung muß weniger Kältegraden als naßkühlem Wetter mit Wind angepaßt sein. Gummistiefel mit Profilsohlen sind eine gute Entscheidung, vor allem im Frühsommer.
Ab Juli erblüht das Land. Dann können bis Mitte August auch Mücken zur Plage werden.

Routenvorschlag

In neun Tagen durch den schönsten Teil des Parks *Katanillik* bedeutet in Inuktitut *»Platz der Wasserfälle«*. Diese werden Sie überreich zu sehen bekommen. In dieser von der *UNESCO* geschützten polaren, schneefreien Wildnis merken Sie nicht, daß gut einen halben Meter unter Ihnen der Boden *permanent gefroren* ist.

Sie landen auf einer Sandbank am Fuße des *Mt Joy*, wo Sie das gecharterte Boot erwartet. Vor Ihnen liegt ein Trek zur Zivilisation in *Lake Harbour*.

Die Route folgt dem *Flußlauf*. Bei Abstechern zu malerischen Stromschnellen und Panoramabergen lernen Sie die Arktis kennen – und lieben! Probleme können, je nach Wasserstand, bei Bach- und Flußüberquerungen auftreten. Das Begleitboot kann helfen.

Die einzigen, bis zu dreieinhalb Meter hohen *Bäume* auf Baffin Island finden Sie hier im Tal. Das Mikroklima des Tals produziert eine Fülle arktischer Pflanzen. Die *Limestone River Falls,* ein besonders eindrucksvoller Wasserfall, kündigt sich donnernd an.

Wer sich der Tour nicht mehr gewachsen fühlt, hat die Chance, das *Begleitboot*

Der arktische Sommer dauert nur wenige Wochen. In dieser Zeit »explodiert« die Natur. Dadurch gelingt es der Flora, sich in den kurzen Wachstumsperioden zu behaupten.

zu nutzen. Das ist auch im Fall eines Unfalls beruhigend. Nach sechs Tagen erreichen Sie die brausenden *Soper-Stromschnellen*. Das Flußwasser ergießt sich in spektakulärer Szenerie in den *Soper Lake* und vermischt sich mit dem Salzwasser des Meeres. Eine Wanderung über Bergrücken bringt Sie nach *Lake Harbour.* Sie haben einen eindrucksvollen Trek durch eine polare Wildnis bestanden.

Kurzcharakteristik

Für den geübten Wanderer ist der Trek ein einziger Hochgenuß – auch für den Anfänger mit kompetenter Begleitung. Wir empfehlen den interessantesten Teil des Trails ab dem Mt Joy.
Die Auseinandersetzung mit der perfekt an die Kälte angepaßten Kultur der Inuit, die noch immer in Harmonie mit Land, See und den Tieren leben, ist neben der körperlichen Herausforderung und der polaren stillen Großartigkeit Bestandteil des Erlebens.
Durch die empfohlene ständige Bootsbegleitung auf dem *Soper River*, dem der Trek folgt, kann das Marschgepäck drastisch reduziert werden.
Beachten Sie unbedingt die Pack in-/pack out-Philosophie und lassen Sie kein Bonbonpapier, keine Zigarettenkippe … zurück.
Beste Jahreszeit: Anfang Juli bis Anfang September. Im *Frühsommer viel Wasser* in den Seitenarmen des Soper River. Hat man keine Bootsbegleitung, ist es oft unmöglich, diesen zu queren. Dann bleiben nur lange Umwege ins Gebirge.
Gesamtgehzeit: Auf der empfohlenen Route vom *Mt Joy* mit Abstechern auf die Berge etwa 9 Tage bis *Lake Harbour.*
Kartenskizze: Siehe Seite 142.

Flug über den Park

Was für ein Erlebnis! Wir starten von *Iqaluit* mit einer kleinen Cesna Richtung *Lake Harbour*. Da der Himmel dicht bewölkt ist, fliegen wir unterhalb der Wolkendecke über die Felsen der *Mega Incognita Peninsula*. Zum ersten Mal erlebe ich, daß ein Pilot es Michael erlaubt, zum Fotografieren ein Fenster im Flugzeug zu öffnen! Ich sitze hinten und werde fast hinausgesogen.

Nach kurzem Flug öffnet sich unter uns das Tal des *Soper River*, und wir fliegen den gewundenen Flußlauf entlang. Schon von hier oben ahnt man, wie schön dieses Tal ist. Wir sehen vorerst nur sehr viel Wasser! Es ist Ende Juni.

Mit dem Boot zum Start

Die kleine Maschine kracht auf die Schotterpiste in *Lake Harbour*. Hier werden wir erwartet und in einen »Truck« verladen, der uns samt Rucksäcken zum Fluß bringt. Dort wartet Sandy, ein lächelnder Inuk, mit seinem Boot auf uns. Er wird uns zum Ausgangspunkt unseres Trekking bringen.

Der Fluß führt jetzt im Frühsommer viel Wasser, und es gibt reißende Stromschnellen. Wir staunen, als Sandy das Boot des Wildwassers wegen auf einen großen Schlitten bindet und in Windeseile mit

1992 gegründet, ist der Katanillik Park auf Baffin Island ein noch junges Trekkingziel. Mildes Klima, eine reiche Flora und eine vielfältige Fauna formen ein arktisches Mikro-Universum.

einem dickbereiften Tribike, einem Motorrad mit drei Rädern, über die Berge zieht, während wir zu Fuß bis zu einer *Camping Area* wandern, wo die Bewohner von Lake Harbour ihre Wochenenden verbingen, um zu jagen und zu fischen. Der Platz mit Rosten für Zelte und zwei Bretterverschlägen als Klo ist menschenleer. Nur selten wird der Platz genutzt. Hier werden wir auf dem Rückmarsch biwakieren, so ist unser Plan.

Das Wetter ist grau und der Wind ziemlich garstig. Daher sind wir froh, als wir mit röhrendem Außenborder die Hütte – unseren Ausgangspunkt – erreicht haben. *Nothütten* findet man in den Nationalparks von Baffin häufig. Im *Soper River Valley* liegen sie meist eine Tagesetappe auseinander. Sie sind sauber, ordentlich und mit Funkgerät versehen, sollen allerdings nur im Notfall als Biwak dienen.

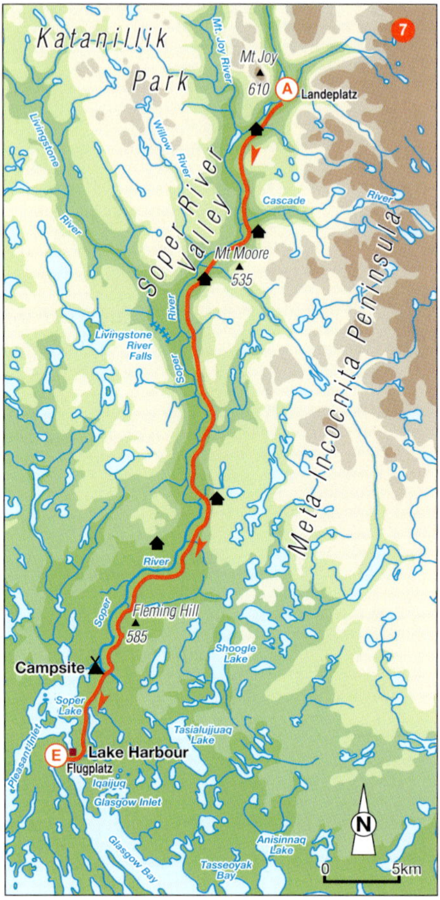

Heute ist unser erster Tag in dieser menschenfernen Landschaft. Die späte Sonne taucht das Tal in rosiges, weiches Licht und hat sogar die ersten Mücken mobilisiert. Sandy ist lachend davongebraust. Wir sind allein in der Wildnis und hören nur das Rauschen des Wassers und die fremdartigen Schreie der Vögel, die in den Uferfelsen nisten. Wir sind für diese Gegend früh im Jahr dran, und deshalb blüht es nur hier und da zaghaft. Aber man kann sich vorstellen, wie die dicken Moos- und Pflanzenpolster bald von wilden Blumen übersät sein werden.

Plötzlich hören wir Motorengeräusche. Sandy macht nochmals kurz bei uns Station. Er hat weiter flußaufwärts zwei Wanderer abgeholt, die an einem Flußarm gestrandet sind, den sie nicht überqueren konnten. Sie haben sich mit dem Funkgerät in einer der Hütten mit der *Parkverwaltung* in Lake Harbour in Verbindung gesetzt. Sie sehen naß und verfroren aus und nehmen dankbar unseren heißen Tee an. Sandy berichtet, daß er große Schwierigkeiten mit den Stromschnellen hatte und warnt uns vor dem hohen Wasserstand des Frühsommers.

Iqaluit: Kapitale der östlichen Arktis

Heute ist *»Der Platz, wo es Fische gibt«*, was *Iqaluit* auf Inuktitut bedeutet, Kristallisationspunkt und wirtschaftliches Zentrum, ein komplexes Kunstgebilde aus Inuitkultur und europäischem Einfluß, der vor 300 Jahren begann. 1576, als *Martin Frobisher* als erster Europäer die Küsten Baffin Islands und die Bay erreichte, die heute seinen Namen trägt, ahnte er nichts vom heutigen Iqaluit. Er dachte, daß er die *Nordwestpassage* gefunden und durchsegelt hatte und irgendwo in Asien war. Er war glücklich, reich zu sein, denn die Felsen rund um Iqaluit glänzten durch das *Pyritgestein*, daß er meinte, Gold gefunden zu haben. Er nahm einige hundert Tonnen mit nach Europa, wo man ihn über seinen Irrtum aufklärte. Die Enttäuschung war groß.
Das moderne Iqaluit, schon von den *Thule-Eskimos* als bevorzugter Platz erkannt, wuchs aus einer *Inuitgemeinde* mit Jägern, Trappern und Fischern, die zuerst im jetzigen Satellitenstadtteil Apex siedelten (siehe Tour 23), zur Hauptstadt der östlichen Arktis und des für 1999 geplanten Inuitstaates *Nunavut*.

Donnernd bahnen sich die Schmelzwasser der Nebenflüsse des Soper River auf Baffin Island ihren Weg. Solche Katarakte wären in Europa eine Touristenattraktion, im menschenleeren Gebirge der Meta Incognita Peninsula haben sie nur wenig Besuch.

Marsch entlang dem Soper River

Die viele frische Luft hat mich müde gemacht. Dankbar kuschele ich mich in meinen molligen Schlafsack. Dennoch wache ich während der Nacht mehrmals von der ungewohnten Stille auf. Es ist taghell und der Himmel tiefblau und friedlich. Wir werden von der strahlenden Sonne geweckt, trotzdem ist es draußen kalt. Daß das *Soper River Valley* wärmer sein soll als der Rest der Insel, ist nicht zu spüren. Doch die Sonne und der wolkenlose Himmel machen Mut zum Aufbruch.

Ich schultere zögernd meinen schweren Rucksack. Noch nie habe ich über längere Zeit in unwegsamem Gelände so schwer getragen. Wir sind froh, daß wir unsere Gummistiefel anhaben. Der weiche, bemooste Boden hat sich wie ein Schwamm mit Wasser vollgesogen, und überall suchen sich Rinnsale aus geschmolzenem Schnee einen Weg zum Fluß. Ich hadere ein wenig mit meinem Schicksal. Das Gefühl, vom Rucksack nach hinten gezogen zu werden, verbunden mit dem mühsamen Wandern in den unförmigen Stiefeln, fordert meine Kondition. Glücklicherweise gibt es keine Steigungen. Wir können auf dicken Moospolstern, immer in Flußnähe, wandern. Schwer stütze ich mich auf die Skistöcke. Ich stemme mich gegen den Wind, der mit einer schwarzen Wolkenbank aufkommt, und habe das Gefühl, unter meinem Rucksack immer kleiner zu werden.

Um uns pure Natur. Nicht weit entfernt sehen wir *Karibous*, die in Herden ihrer Wege ziehen. Entdecken sie uns, bleiben sie neugierig stehen, beäugen uns, nehmen Witterung auf und ziehen dann in gemäßigtem Galopp davon.

Wir machen unsere erste Pause. War das nicht ein *Arktisfuchs*, der vor uns davonläuft? Der Himmel hat sich ganz zugezogen. Auf der Ebene, auf der wir wandern, ist es schwierig, ein windgeschütztes Plätzchen zu finden. Obwohl es in dieser Gegend den einzigen »Wald« der Insel geben soll, sehen wir weder Baum noch Strauch.

Fauna hautnah

Ich habe mich an den Rucksack gewöhnt und fühle mich nach der mehrstündigen Wanderung noch frisch. Der Blick in das weite Flußtal ist von herber Schönheit und Einsamkeit. *Karibouherden* begleiten uns ständig. Nach weiteren Stunden rasten wir erneut. Gegen den Wind Schutz suchend, haben wir uns an die Wände eines kleinen Flußtals geschmiegt. Als wir unser Essen auspacken, verschwinden zwei *Schneehasen* hastig in ihren Löchern. Von den 17 Tageskilometern sind schon zehn geschafft.

Wir schultern unsere Rücksäcke, nachdem wir unser Regenzeug herausgeholt haben. Es fallen erste Tropfen. Zu dem stürmischen Wind gesellt sich prasselnder Regen. Ich merke, wie meine eiskalten Hände sich immer fester um die *Skistöcke* krallen. Von den Hosenbeinen läuft das Wasser unaufhaltsam in die Stiefel und durchnäßt die Füße. Zu allem Unglück müssen wir jetzt den gewählten Weg wieder zurückgehen, weil ein Wasserlauf uns den Übergang verriegelt. Verbissen stapfe ich vor mich hin und weiß schon gar nicht mehr, was kälter ist: meine Hände, meine Füße oder mein Kopf, von dem der Sturm immer wieder die schützende Kapuze herunterreißt, so daß auch die Mütze durchnäßt wird.

Alljährlich wirft das Karibou sein Geweih ab und bildet es neu. Beide Geschlechter tragen das mächtige Gehörn.

Urweltlich ergießt sich der Soper River auf Baffin Island in das Meerbecken des Soper Lake und vermischt sich mit dem Salzwasser.

Hindernisse aus Wasser

Damit nicht genug, werden unsere Wege immer weiter, da kleine Seen durch das Schmelzwasser und den Regen vielfach so groß wie auf der Karte eingezeichnet sind und »creeks« die doppelte Breite erreicht haben. Und zu Feuchtigkeit und dem Sturm kommt die Gewißheit, daß uns keine Hütte am Ende der Strecke erwartet. Nicht einmal eine Shelter wie gestern, sondern nur eine unbewohnte Campsite mit zwei Klos!

Ab und zu dreht Michael sich gegen den Wind und schaut mich aufmunternd an. Ich weiß, daß ihm genauso kalt und naß ist wie mir, doch das tröstet wenig. Der Sturm peitscht Regen ins Gesicht – sind das jetzt nicht sogar Schneeflocken, die mir in die Augen dringen? »Da!« Michael weist geradeaus. Tatsächlich, im Regengrau mache ich weit in der Ferne die weiß-grünen Wände der *Camping Area* aus. Aber sofort sinkt mein Mut wieder, als mir bewußt wird, daß wir noch einen großen See umrunden, Felsen erklettern und Flüsse überqueren müssen, um erst nach Stunden unser kaltes und zugiges Ziel zu erreichen.

Noch einmal erfordert eine Flußüberquerung meine ganzen Kräfte. Nur jetzt nicht in das eiskalte, reißende Wasser fal-

Lake Harbour

Der winzige Ort an der *Glasgow Bay* nahe der *Hudson Strait* ist berühmt für seine jadegrünen *Plastiken* aus Serpentinstein, die talentierte *Carver* geduldigt formen. Freundliche Inuit prägen den Charakter des Ortes, der nur elf Meter über dem Wasserspiegel gelegen ist und den gewaltigsten *Tidenhub* der Erde hat: 28 Meter!

Nützliche Hinweise:

Anreise/Rückreise: Flug via Nuuk oder Montreal/Ottawa nach *Iqaluit*. Kurzer *Charterflug* mit Twin Otter über das beeindruckend öde Gebirge in das Tal des *Soper River*. Landung auf einer Sandbank am Fuß des *Mt Joy*. Hier sollte das Begleitboot aus Lake Harbour warten. Von *Lake Harbour* mit *Linienflug* (Twin Otter) mehrmals wöchentlich zurück nach *Iqaluit*.
Übernachtung: Mehrere Hotels in *Iqaluit*.
Im Tal Zeltbiwak in der Nähe der *Emergency Shelters* empfohlen, die man nach jeder Tagesetappe erreicht. Die Hütten sind für den Notfall gedacht. Kochen in den Hütten wird toleriert. In jeder Hütte ein Funkgerät.
In *Lake Harbour* ein Hotel mit Coop-Laden. Teuer.
Informationen: Kompetenter Outfitter ist *Norths Winds* in Iqaluit (siehe Tour 8), der auch *Hundeschlittentouren* im Winter durch den Park von Iqaluit nach Lake Harbour, die beschriebene Sommertour und *Kajak- und Rafting-Touren* organisiert.
Der *DAV Summit Club GmbH* (siehe Tour 8) ist der einzige europäische Veranstalter, der die Sommertour im Programm hat.
Jede Begehung muß bei der Parkverwaltung in Lake Harbour oder Iqaluit *angemeldet werden*. Informationen im *Unikkaarvik Visitors' Centre* (siehe Karten).
Ausflüge in der Nähe von Iqaluit siehe Tour 23.
Karten: Siehe Tour 8. Zusätzlich: 1:250 000: Armshow River 25 N; Lake Harbour 25 K.
Der ausgezeichnete Führer (englisch) *Itijjagiaq Trail/Katanillik Park* des GNWT, Department of Economic Development and Tourism, ISBN 1-55036-263-1, den man in Iqaluit kaufen kann, enthält auch ein Kartenwerk, das jeden Abschnitt detailliert darstellt. Er ist unentbehrlich. Karten und Führer können bezogen werden von *Unikkaarvik Visitors Centre*, Box 1000, Iqaluit, NWT XOA OHO, Canada, Tel.+1 819 9 79 46 36.

len! Die Füße werden noch nasser, die Anspannung hat Kräfte gekostet. Tränen schießen mir in die Augen. Ich kann das Schluchzen nicht mehr zurückhalten.

Hypothermia – ein in der Arktis gefürchtetes Phänomen

Endlich das Ziel! In Windeseile hat Michael mich in eines der Klohäuschen verfrachtet, das erstaunlich geräumig und sauber ist. Schnell zieht er die nassen Kleider von meinen schlotternden Gliedern. Meine Hände sind so klamm, daß ich nichts tun kann. Ich zittere. Zum Glück haben wir in unseren Rucksäcken noch trockene Kleidung, und auch unsere Schlafsäcke sind einsatzbereit. Bald sitze ich unter zwei Schlafsäcken, der Kocher surrt. Auf das breite Klo gebettet, schlürfe ich dankbar heißen Mineraldrink. Langsam kehren meine Lebensgeister wieder, und ich bestehe darauf, daß auch Michael endlich seine nassen Sachen auszieht und etwas Heißes trinkt. Wir haben ein *Lehrstück arktischer Hypothermia* überstanden und empfinden sogar die Nacht im Klo als nicht so unbequem.

Michael hat ausgerechnet, daß wir noch mindestens fünf Stunden bis *Lake Harbour* wandern müssen. Der Regen hat aufgehört. Wir ordnen unsere Sachen in »klitschnaß, naß, feucht, trocken« und verstauen sie in den Rücksäcken. Michael ist wie immer guten Mutes. Haben wir nicht alles prima überstanden? Wir haben noch trockene Sachen am Leib, und der Weg nach Lake Harbour ist laut Führer ein einfacher Pfad über die Berge, der auch von den dickbereiften Motorrädern benutzt wird.

Ich schäme mich ein wenig wegen meiner gestrigen Schwäche, aber Michael erklärt mir, das sei ein ganz bekanntes Phänomen. Hypothermia ist das Zusammenspiel von Nässe, Kälte, Wind und Erschöpfung: Schon mancher ist an dieser Kombination gescheitert.

Wieder wandern wir durch die Einsamkeit. Es regnet nicht mehr. Diesmal müssen wir Hügel bergauf und bergab erklimmen, bis wir die ersten Häuser von *Lake Harbour* in der Ferne erkennen können. »Hörst du die Zwölf-Uhr-Sirene?« Die Zivilisation ist nicht mehr weit.

Im kleinen Hotel von *Lake Harbour* werden wir freundlich und mitfühlend empfangen. Es gibt heißen Kaffee und herrlich süßen, sahnigen Kuchen: Die Zivilisation hat uns wieder.

(Ingrid Ferschoth-Vogeley)

Die »Emergency Shelter« im Katanillik Park sind, wie der Name sagt, für den Notfall gedacht. Die perfekten Schutzhütten sind mit UKW-Funkgeräten ausgerüstet. Diese Region auf Baffin Island wurde von der UNESCO unter Schutz gestellt.

8 Winterdurchquerung und Sommertrekking durch »Das Land, das niemals schmilzt«

Der Auyuittuq National Park

!!! Winter

!! Sommer

Baffin Island ist Synonym für *eine der letzten Wildnisse dieser Erde*. Gipfel, Gletscher, Tundra und Meer formen eine beeindruckende Urnatur. Die sensationellen Berge im Auyuittuq National Park am *Polarkreis* sind weltberühmt und gehören zu den eindrucksvollsten Formationen des Erdballs. Die »National Park Reserve« ist ein von den Kanadiern gehütetes Kleinod. Der großartige Park hat eine spektakuläre Berglandschaft, in der selbst Patagoniens kühne Berge zur Normalität würden. Der 100 km lange *Pangnirtung Pass*, auf Inuktitut *Akshayuk* genannt, und ein alter Eskimo-Trail, der mitten durch das Gebirge führt, ist ein alpines Trekkingziel par excellence. Das enge Tal wird von gewaltigen Bergformationen begrenzt, deren Steilwände zu den höchsten der Erde gehören: Mt Thor, Mt Asgaard, Mt Loki, Mt Sigurd – die Namen sind der Wikinger-Historie entlehnt. Die Berge formen das größte Granitgebirge des Globus nach dem Karakorum. Eine Reise in den Park hat drei Themen: die arktische Wildnis, die dramatische Geschichte der Insel und die Inuit.
Im Winter ist der Pangnirtung Pass ein Idealziel mit *Expeditionscharakter* für Skitourengeher, auch wenn Hundeschlitten die Traglasten erleichtern. Im *Sommer* ist der schönste Teil des Parks leicht von Pangnirtung (Kurzform *Pang*) erreichbar, und die anspruchsvolle Wanderung führt tief ins Gebirge hinein zu den Höhepunkten und eindrucksvollsten Berggestalten des Parks.

Routenvorschlag Wintertrekking

Das Programm ist lediglich ein Anhaltspunkt; das Wetter und andere Faktoren bestimmen letztlich das Ergebnis. Sie sollten ein sicherer Skitourengeher sein, auch wenn keinerlei Abfahrtskünste verlangt werden.

Vor Ihnen liegt ein herausforderdes Trekking durch eine gewaltige Berglandschaft. Bei schönem Wetter ist die Skitour eine anstrengende »Spielwiese«, falls der begleitende Hundeschlitten das Gepäck transportiert, bei grimmigen Verhältnissen eine »Expedition«.

1. Tag: Mit Motorschlitten von *Broughton Island* etwa 70 km über zugefrorenes Meer via *Mouth of North Pang Fjord Hut*

Kurzcharakteristik

Zwei Megatrekkings: Sowohl im Sommer als auch im Winter *hochalpin*. Durch die strengen klimatischen Verhältnisse fließen die Gletscher bis in den Talboden, die Route ist jedoch eisfrei. Die Berge sind kaum über 2000 m hoch, trotzdem sind sie stark vergletschert und bilden mit der *Penny Icecap* eine der größten Inlandeismassen der nördlichen Erdhalbkugel. Die Touren beginnen auf Meeresniveau und erreichen auf der Paßhöhe nur 500 m. Der *Polarkreis* durchschneidet den *Akshayuk Pass*.
Die *Sommertour* wird häufiger gemacht, im Jahr 1995 zählte man etwa 400 Trekker. Die *Wintertour* mit Ski und Hundeschlitten ist eine expeditionsähnliche Unternehmung, die 1996 erstmals von einer Gruppe unter Leitung von Michael Vogeley in dieser Form durchgeführt wurde (siehe Informationen). Sie ist jedoch nicht nur für »extreme« Trekker geeignet und erfordert bei weitem *nicht* die organisatorischen und konditionellen Anforderungen wie beispielsweise eine Grönlanddurchquerung.
Beste Jahreszeit: Die *Wintertour* macht man am besten von Ende März bis Ende April; früher ist es zu kalt, später kann es Probleme mit dem Schmelzwasser geben. Für die *Sommertour* bietet sich die Zeit von Mitte Juli bis Anfang September an, wobei im Frühsommer die schmelzwassergefüllten Flüsse unpassierbar sein können.
Gesamttourenzeiten: Für die *Wintertour* rechnet man von Broughton nach Pangnirtung – Snowmobil-Transport zum und vom Park vorausgesetzt – etwa zehn Tage.
Die *Sommertour* dauert auf der empfohlenen Route von und bis Pangnirtung vier Tage; mindestens fünf, falls man zum Kulminationspunkt des Passes, dem Summit Lake, wandert.
Besonderheiten: Mit dem Wetter, das von »hervorragend« bis »miserabel« alle Spielarten bietet, ist nicht zu spaßen. Der Paß kanalisiert die Westwinde wie eine Düse. Blizzards mit Windgeschwindigkeiten um 100 km/h sind keine Seltenheit. *Hypothermia* und *Chill-Faktor* sind zu beachten. Das Klima ist kälter als in Grönland! Ende März muß man durchaus mit –30 °C rechnen. Die Niederschläge im Winter sind gering, der Regen im Sommer kann ergiebig sein. An schönen Tagen ist die Urnatur unübertrefflich, ein Erlebnis fürs Leben!
Für die *Wintertour* werden Schalenbergschuhe mit warmem Innenschuh und Telemark- oder Cross-Country-Ski mit Fellen empfohlen (siehe Tour 5). Wer keinen Hundeschlitten hat, braucht eine Pulka. *Sommer*: Gummistiefel mit Profilsohlen sind wegen der Bach- und Flußdurchquerungen vor allem im Frühsommer besser als Trekkingstiefel.
Kartenskizze: Siehe Seite 159.

an den Beginn des Passes im Nordosten des Parks. Schon diese Fahrt wird zum Erlebnis. Die Chance, Eisbären zu sehen, ist gegeben. Biwak bei der Hütte am *North Pangnirtung Fjord*.

2. Tag: Etwa 18 km bis zur *Owl River Hut*. Dem breiten Flußdelta auf der orographisch rechten Seite folgen.

3. Tag: Weiter zur *June Valley Hut*, etwa 14 km, wo der Owl River nach Nordwesten abbiegt. Hohe Granitwände. Grundsätzlich ist der Weg durch das Tal vorgezeichnet, Orientierungsprobleme im Großen gibt es nicht, jedoch bei Nebel im Detail, um genau die Hütten zu treffen. Weiter, dem Tal folgend, zur Hütte am *Glacier Lake*.

4. Tag: Über den zugefrorenen Glacier Lake und den damit verbundenen *Summit Lake* zur *Summit Lake Hut* am Westende

Wissenswertes

Die *Temperaturen* liegen im *März/April* zwischen –7 Grad und –26 Grad Celsius bei einem *Minimalniederschlag* von 23 bis 34 mm je Monat. Es kann auch kälter werden! Im *Juli/August* pendeln sich die *Temperaturen* zwischen 4 Grad und 11 Grad ein. *Niederschlag* fällt zwischen 43 und 52 mm je Monat.

des Sees (18 km). Diese Etappe führt an den spektakulärsten Berggestalten des Gebirges, wie dem unfaßbaren *Mt Asgaard*, vorbei. Weiter am orographisch rechten Ufer des *Weasel River* zur Hütte unter dem *Mt Thor*, etwa 12 km. Weiter am orographisch linken Ufer, durch sehr steile Flußtäler und vorbei an gefrorenen Wasserfallstufen zur *Windy Lake Hut*. Insgesamt etwa 20 km. Der Windy Lake hat seinen Namen nicht umsonst! Von der Hütte kann man Radiokontakt nach Pangnirtung aufnehmen, um für den nächsten oder übernächsten Tag einen Motorschlitten nach Overlord zu bestellen.

7. Tag: Problemlos durch das weite Tal 14 km bis zur *Overlord Hut* am Beginn des *Pangnirtung Fjord*.

8. Tag: 30 km mit Ski oder Motorschlitten bis *Pangnirtung*.

Routenvorschlag Sommertrekking

Die Sommertour wird *von Pangnirtung nach Pangnirtung* empfohlen. Sie sollten ein ausdauernder Trekker sein, der mit vollem Rucksack in unebenem Gelände sechs bis acht Stunden täglich trittsicher unterwegs sein kann. Die Temperaturen liegen über dem Gefrierpunkt, sie sind nicht das Problem. In der sommerlichen Arktis schlägt man sich eher mit Regen und Wind herum. Der Weg ist durch das Tal vorgezeichnet. Im Detail sollten Sie den *Inuksuit* folgen, Steinmänner, wie sie auch in den Alpen üblich sind, die oft kunstvoll aufgeschichtet sind. *Inukshuk*, der Singular, bedeutet »Der wie ein Mann aussieht«.

Empfohlen wird die *Hauptroute* von Overlord bis zur Summit Lake Hut, dann

Die kleine Baffin-Kommune Broughton am Polarkreis liegt an der Davis Strait gegenüber Grönland. Ein winziger Zivilisationspunkt im Eis, Hunderte Kilometer von der nächsten Stadt entfernt.

Länger als drei Meter ist das Fell des Eisbären, das hier auf Broughton Island von Wind und Wetter gegerbt wird. Anschließend wird das Leder mit Holzstöcken »geprügelt«, um es geschmeidiger zu machen. Dann erst kann es zu den warmen Hosen verarbeitet werden, die Schlittenhundeführer gerne tragen.

um den Summit Lake herum und auf der *Alternativroute*, orographisch links des Weasel River zurück zum Windy Lake und nach Overlord.

1. Tag: Mit Charterboot von Pangnirtung nach *Overlord* (etwa drei Stunden Fahrt) und weiter zur *Windy Lake Hut* (14 km, 4 Stunden).

2. Tag: Dem Haupttrail folgend über eine Brücke an das orographisch rechte Ufer des Weasel River und zehn Kilometer, drei Stunden, zur Hütte unter dem *Mt Thor*. Dieser gewaltige, steile Berg beherrscht drei Tage die Szenerie. Die 1500 m hohe Nordwand gehört zu den höchsten Granitwänden des Erdballs. Weiter in drei Stunden (12 km) zur *Summit Lake Hut*. Hier ist im Sommer eine *bewartete Station* der Parkverwaltung. Es gibt jedoch keine Einkaufsmöglichkeiten.

3. Tag: Die Zelte können stehengelassen werden. Mit leichter Ausrüstung (Biwaksack nicht vergessen!) am Nordufer des *Summit Lake* auf Pfadspuren und markiert durch Inuksuit bis zum Ostende des *Glacier Lake* und auf der Südseite beider Seen zurück. Die *Summit Lake Hut* wird über einen Kabel-Sessel-Drahtseillift erreicht, der eine tiefe Schlucht quert und in der mächtige Wassermassen tosen. Rechnen Sie für diese Rundtour mit mindestens acht Stunden, etwa 25 km.

4. Tag: Mit der Seilfähre zurück auf die orografisch linke Seite des Weasel River und etwa 18 km auf weniger gutem »Weg«, mehrere Bäche querend, zurück zur Hütte am *Windy Lake*.

5. Tag: Auf dem Hauptweg im südlichen Teil des *Weasel River* zurück nach *Overlord*. Den Bootsrücktransport sollten Sie schon beim Start organisieren. In Overlord herrscht eine Tide von zwölf Metern! – Sie verlassen eine auf der Welt einmalige Landschaft.

Der Pangnirtung Pass auf Baffin Island ist ein herausforderndes Skiziel durch eine wilde Berglandschaft. Die Route ist durch das Tal vorgezeichnet.

Tunik time

Es ist Mitte April. In *Montreal* schneit es naß, und es herrscht das übliche Schmuddelwetter. Wir sind froh, die triste Metropole zu verlassen, und erhoffen statt Schneeregen klares, kaltes Weiß. Nach drei Stunden Flug über endloses Packeis landet der Jet bei prächtigem Wetter in *Iqaluit*. Hier ist noch tiefer Winter, das Thermometer ist auf –20 °C gefallen. Skidoos brausen durch die Straßen der »Hauptstadt« der Region Baffin. Es ist *Tunik time*, ein Frühlingsfest, das alljährlich gefeiert wird. Abends geht es in der Stadthalle »zur Sache«, und eine einheimische Band heizt mit der typischen Musik der Region, einer Mischung aus Shanty, Waltz und Inuitklängen, den Tanzenden ein. Die Atmosphäre scheint einem Wildwestfilm entsprungen, der die Zeit der Siedler vor 100 Jahren beschreibt.

Als wir aus der Halle treten, verblassen die Lichter der Stadt unter einem gründgelben Leuchtfeuer: *Aurora borealis*, das Nordlicht, fegt in glühenden Vorhängen über den schwarz-dunklen Himmel.

Wichtig! Die gesamte Wegstrecke ist eisfrei, obwohl mächtige Gletscher bis zum Talboden reichen. Die Arktis und vor allem die *sensationellen Berge* bieten einzigartige Fotomotive, die Schönheit und Klarheit des Lichtes im Norden ist sprichwörtlich. In den Shelters sind *Funkgeräte* stationiert. Dadurch gibt es bei Unglücksfällen limitierte Übernachtungs- und Rettungsmöglichkeiten.
Flußüberquerungen im Sommer sind an der Tagesordnung. Nach ergiebigen Niederschlägen oder zu Beginn der Schneeschmelze Ende Juni/Anfang Juli kann die Überquerung völlig unmöglich werden. Ein Seil kann wichtig sein.

Ausrüstungs-Check und Trainingstour

Der chinesische Hotelmanager, den es in die hohe Arktis verschlagen hat, ist voller Verständnis für unsere Sorgen und überläßt uns den Speisesaal, um unsere Ausrüstung vorzubereiten, die Rationen zu verteilen, die Felle zu optimieren, die Ski zu entwachsen, damit der Kleber auch bei großer Kälte hält, und die Zelte aufzubauen.

Nachmittags steigen wir hinab zum nahen Meer und machen eine Testtour mit unseren Spezialstiefeln und den nordpolerprobten Kunststoffbindungen auf dem rauhen Meereis. Anschließend gilt es, hier ein Stück Ausrüstung zu richten, dort umzupacken oder die Rucksäcke optimal einzustellen.

Abends erleben wir in der überheizten Halle der Gemeindeschule eine *High-Arctic-Modenschau*. Inuitkleidung aus alten, erprobten Materialien – Kariboufelle, Seehundhäute und »Polar Bear Skins« – sind in der traditionellen Form geschneidert, mit neuzeitlichen, modischen Accessoires versehen und werden von hübschen jungen Mädchen, drallen Matronen und zahnluckerten Hundeschlittenführern vorgeführt. Ein Heidenspaß, aber auch ein eindrucksvolles Erlebnis: Tradition wird im kommenden »Eskimostaat« *Nunavut* hochgehalten.

Jägerdorf Broughton

Es ist klirrend kalt, und eisiger Nebel liegt über dem Meer, als die Turboprop auf die Schotterpiste des kleines Dorfes an der *Davis Strait* kracht. Nur wenig haben wir bei dem Flug über *Auyuittuq* von den Bergen gesehen – sie waren in Nebel gehüllt. Der Abschied von Iqaluit fiel nicht leicht. Als Höhepunkt des Tunik-Festivals war ein Igloo-Wettbewerb ausgeschrieben. Der Schnellste, ein wettergegerbter Inuk, schaffte es in 40 Minuten, ein stabiles Schneebiwak herzustellen. Hier in *Broughton Island* beherrschen die meisten Jäger

Beim Biwak am North Pang Fjord auf Baffin Island empfindet man auch heute wie die Polarforscher vor einem Jahrhundert: »Ich hatte das Gefühl, als wäre ich auf einen anderen Planeten oder in ein anderes Erdzeitalter geraten, von dem der Mensch kein Wissen, an das er keine Erinnerung hat.« (Polarforscher Richard E. Byrd). Heute ist dieser Punkt leicht erreichbar.

diese Kunst des Schneehausbaus; denn auf den oft wochenlangen Jagdreisen zieht ein Inuk das eisige »Atomei« jedem Zelt vor.

Das kleine Dorf wird in der »Eiszeit« – neun Monate im Jahr ist die Insel von Packeis umschlossen – ausschließlich von Flugzeugen versorgt. Nur die Jäger bringen Robben, Karibous, Fische und Eisbären ins Dorf.

Stevie, der unsere Skitour über den *Pangnirtung Pass* begleiten wird, lebt in einem Holzhaus, dessen überheizte Wohnstube an kleinbürgerliche deutsche Verhältnisse erinnert. Im Gegensatz zu vielen Inuitbehausungen ist das Haus sauber, adrett und fast gemütlich. Wir verabreden uns für den nächsten Morgen. Im nahen Supermarkt kaufen wir *Naphta*, gereinigtes Benzin, das im Gewicht/Leistung-Verhältnis die besten Werte erreicht. Nochmals testen wir die Kocher, die für jede Arktisexpedition ein Schlüssel sind.

Beim *Park Warden* melde ich unsere Gruppe an, bezahle die Gebühr, die »im nächsten Jahr« entfallen soll, und lasse mir die Funkfrequenzen geben. Damit sind wir bereit, das Abenteuer der »ersten Skidurchquerung des Auyuittuq mit Hundeschlitten« zu wagen.

Über das Meer zum Beginn des Pangnirtung Pass

Stevies Sohn läßt den Motor seines Snowmobils aufheulen und rumpelt über das unebene Meereis des *North Pangnirtung Fjord*. Wir sitzen im Schlitten dahinter und nehmen gelassen die Rüttelmaschine in Kauf. Besser durchgeschüttelt zu werden, als 70 km und drei Tage per Ski zum Start zu laufen. Stundenlang fahren wir in die Sonne, lassen das eisige Land auf uns wirken und genießen den arktischen Traum rund um uns. Obwohl hier *Eisbärenland* ist, sehen wir das »größte Landraubtier der Welt« nicht. Stevie folgt mit leichtem Hundeschlitten und ist kaum langsamer als wir. Am Ende des Fjords sehen wir da, wo der *Owl River* im Sommer in breiten Mäandern ins Meer fließt, einen kleinen orangefarbenen Fleck: die *North Pang Fjord Hut*.

Der Wind frischt auf. Innerhalb einer Stunde tobt um uns ein Blizzard, der ungehemmt durch die Düse des Passes fegt und eisige Schneefahnen mit sich treibt. Im Windschutz eines großen Felsblockes ist es möglich, die Zelte aufzustellen. Der Chill-Faktor macht uns bei den 25 Minusgraden und den geschätzten 80 km/h Wind zu schaffen. Der Sturm kriecht in jede Lücke, bläst durch die Reißverschlüsse und staubt Schnee ins Gesicht, der erst schmilzt und dann sofort gefriert. Das sind Verhältnisse, bei denen die Arktis nicht mit sich spaßen läßt.

Es ist fast Mitternacht und noch immer taghell, als unsere flatternden gelben Zelte ruhiger werden. Wir atmen auf; denn die Wolken verziehen sich, und wir ahnen, daß wir morgen schönes Wetter haben werden. Stevie versucht, draußen auf dem Meer ein Loch ins Eis zu pickeln, um Heilbutt zu angeln. Er scheitert nach etwa eineinhalb Metern.

Wir sind in Autonomie, die Skidoos sind nach Broughton zurückgekehrt. Vor uns liegt eine 100 km lange Skitour, die wir zu Fuß und mit Hundeschlitten auf einem alten *Eskimo-Trail* nachvollziehen wollen. Stevie: »Nobody did it before.«

Baffin Island mit dem Auyuittuq Park gehört zu den letzten Wildnissen dieser Erde. Berge, Tundra, Gletscher, Flüsse und Seen formen eine beeindruckende Urnatur. Der Skitourist ist ein winziger Punkt in der Weite des Akshayuk Pass.

18 Kilometer sind es zur Owl River Hut

Wir laufen hinein in einen strahlenden Sonnentag, lassen die roten Granitwände auf uns wirken und schieben unsere Ski mit den Fellen durch leicht gewelltes Gelände flußaufwärts. Das schöne Wetter vermittelt die Atmosphäre freundlicher Winterarktis. Wir scherzen, genießen die Urlandschaft um uns und sehen weit vor uns Stevies Schlitten als Punkt verschwinden. Er kann die halbwilden Huskies nicht halten. Sie würden verrückt, wenn sie unser Tempo und unseren Rhythmus – eine Stunde gehen, zehn Minuten Rast – nachvollziehen müßten.

Voll des Erlebens und beeindruckt von den imposanten Bergen um uns, fallen wir nach sieben Stunden in die orangefarbene Hütte ein. Stevies Hunde liegen an einer Kette davor, die er mit Eisschrauben auf einem See fixiert hat. Sie nehmen nur milde Kenntnis von uns. Der Benzinkocher schnurrt, und wir freuen uns über den heißen Mineraldrink.

Die Hütten sind nur für den Notfall gedacht, auch wir benutzen sie nicht zum Schlafen. Sie stellen für eine Gruppe wie uns – sieben Menschen – ein ideales »Kochzelt« dar. Das wird von der Parkverwaltung toleriert. Der verhaltene Stevie »taut auf«. Wir *qalunaat,* Weiße, haben seinen Respekt gefunden.

Orientierungsprobleme

Wir erwachen an einem trüben Tag, buddeln die Zelte aus und suchen die Hunde, die sich vom Triebschnee haben zuwehen lassen. Den Schwanz über die Schnauze gelegt, hat ihr Atem Hohlräume gebildet, während sie unter einem Schneehügel verschwunden sind. Einer nach dem anderen taucht auf, durchbricht den Schnee, schüttelt sich und ist voller Drang, endlich laufen zu dürfen. Stevie hackt mit einer großen Axt aus der gefrorenen, fetten Robbe, die auf den Schlitten gebunden ist, zwölf kiloschwere Fleischbatzen herunter und wirft die Tiefkühlkost den Tieren zu. Sofort beginnt eine wüste Rauferei, die Stevie mit der langen Peitsche in Ordnung bringt. Ohne Kauen wird das gefrorene Fleisch hinuntergewürgt.

Auyuittuq hat im Winter geringe Niederschläge. Der wenige Schnee wird vom Wind ins Lee verblasen. Wir beschließen, über die feste Schneedecke des Flußlaufs zu gehen und tragen die Ski. Die *June Valley Hut* soll nach der Tourenbeschreibung nur neun Kilometer entfernt sein. Doch da gibt es einen Umrechnungsfehler aus der Meilendistanz. Es werden 15!

Wir spuren in eine dramatische Bergwelt. Das Tal wird enger, die Wände steiler. Hier ist viel Kletterneuland. Es wird kühler, windiger und neblig. Trotzdem finden wir die kleine Behausung auf Anhieb und beschließen nach kurzer Diskussion weiterzugehen. Es sind nochmals 16 km zur *Glacier Lake Hut*. Unsere Kondition ist gut, unsere Beine sind noch fit, und das Wetter ist erträglich. 30 km bedeuten zwar elf bis zwölf Tourenstunden, aber keiner von uns ist müde.

Stevies Schlitten fetzt vorbei und verschwindet im aufkommenden *white out*. Wir schnallen die Ski wieder an, denn der Wind hat hinter einen Paß Schnee verfrachtet. Später schleichen wir über Blankeis, das von einem Flußdelta und einem Seensystem gebildet wird. Immer wieder vergleiche ich die Karte mit der Realität, was wegen der groben Linien und schlechten Sicht schwierig ist. In der Hauptrichtung kann man sich nicht »verhauen«, im Detail liegt das Problem. Wo finden wir in diesem Weiß den kleinen Punkt der Hütte? Unsere Zelte sind auf

Stevies Schlitten und schon weit vor uns. Ein Biwak im Zeltsack wäre bei diesen Temperaturen und dem scharfen Wind nicht lustig.

Wir gehen nicht mehr hinter- sondern nebeneinander, um die kleinste Spur, die Stevies Hunde und die Kufen seines Schlittens im harten Triebschnee oder auf dem glasigen Eis hinterlassen haben, zu verfolgen. Finden wir sie, setzen wir unseren Weg in dieser Richtung fort. Verlieren wir die Spur, suchen wir seitlich, spuren zurück ... Wir sehen nicht einmal mehr den Fuß der himmelhohen Wände. Das Eis ist durchsichtig und wie ein fantastisches Kunstwerk in sich gebrochen. Federleichter kalter Schnee fegt darüber hinweg. Wenn die Situation nicht so spannend wäre, könnte man dieses Naturschauspiel genießen wie ein klassisches Konzert mit einer surrealistischen Bildschau.

Endlich. Umgeben vom Bodennebel ahnen wir am anderen Flußufer den orangen Fleck der Hütte. Geschafft.

Der Schlafsack ist eine warme Heimat, der Bauch ist voll, der Wind zerrt an den Zeltwänden, der Freund liegt neben mir. Es war ein toller Wintertag.

Die höchsten Granitwände des Globus

Wir verlassen die *Glacier Lake Hut* am frühen Morgen bei lächerlichen –5 °C, leichtem Wind und Schneetreiben. Die Berge ringsum verstecken sich im Nebel. Der *Summit Lake* ist eine weiße platte Ebene, fest gefroren und von Schnee überzuckert. Ein Blick auf die Karte: Rechts von uns muß der *Mt Asgaard* stehen, eine perfekte Pyramide mit abgeflachter Spitze, die fast 1500 m hoch aus dem Talgrund in den Himmel steigt. Die Berge rundum sind Schaustücke.

Ende Juni und Anfang Juli steht die Sonne im Auyuittuq Park fast 24 Stunden täglich am Himmel. Das Gletschereis schmilzt unter der warmen Sonne und bildet mächtige Wildwasserströme. Für Trekker sind die reißenden Schmelzwasserflüsse Hindernisse, die sich nicht immer so komfortabel überwinden lassen.

Nur 2175 Meter ist der Mt Asgaard hoch. Aber seine eineinhalb Kilometer hohen Granitwände gehören zu den gewaltigsten Wandabbrüchen der Erde. Sie sind sensationelle Schaustücke.

Zwischen dem *Glacier Lake* und dem *Summit Lake* gibt es einen gefrorenen Flußlauf, vor dem uns Stevie warnt. Wenn der Frühling kommt, rinnt ein starker Schmelzwasserstrom zwischen den Seen, der oft vom Schnee verweht ist. Dann besteht das Risiko, wie in eine Gletscherspalte zu fallen und Opfer des strudelnden Wassers zu werden. Es empfiehlt sich, immer am Ufer zu bleiben und *erst bei Erreichen* des gefrorenen Summit Lake über den See zu queren.

Bei leichtem Wind und moderaten Temperaturen erreichen wir die *Summit Lake Hut*. Wir haben den Kulminationspunkt des Passes erreicht, den »Zenit landschaftlicher Schönheiten und gewaltiger Berggestalten«.

Sturmtag

Starkwind fegt vom *Pangnirtung Fjord* den Paß hinauf, schüttelt die Zelte und orgelt in den Felswänden, unter denen sich unsere winzigen gelben »Häuser« ducken. Im Luv haben sich schützende Schneewände aufgebaut. Wir wissen, heute ist kein Tourenwetter, und beschließen einen Ruhetag. In der Arktis muß man gehen, wenn das Wetter gut ist, und nicht, wie man es am »grünen Tisch« beschlossen hat. Wir füllen die Kaloriendefizite der vergangenen Tage auf, schreiben Tagebuch, schlafen und sind gar nicht enttäuscht, pausieren zu müssen. Ab und zu reißt es auf, und die enormen Berge entzücken uns. Die kühne Nadel des fast 2000 m hohen *Mt Thor* ist eine steile Zinne.

Wir haben noch Reservetage, aber morgen wollen wir weiter. In zwei Tagen sollten wir *Overlord* erreichen: das Ende des Passes und den Beginn des *Pangnirtung Fjord*. Stevie erzählt von seinen Jagderlebnissen und daß er in dieser Saison schon zwei Eisbären geschossen hat. An einem Tag hat er 400 kg Heilbutt geangelt. Seine Seehund-Kamiken hat seine Frau selbst gekaut und genäht.

Unter den Wänden des Mt Thor zum Windy Lake

Wolken und Sturm fetzen die ganze Nacht und tauchen den Mt Thor im auftauchenden Vollmond in gespenstisches Licht. Doch morgens ist Tourenwetter. Rundum vereister Fels, fantastische Wandfluchten und Stimmungen wie in Patagonien. Wir schultern die Rücksäcke. Der Hundeschlitten fliegt an uns vorbei. Die Tiere sind nach der langen Ruhe kaum zu halten. An einem Steilhang wartet Stevie mit dem Schlitten, und wir helfen ihm hinunter, indem wir uns anhängen und die hetzenden Hunde bremsen.

Bald sind wir wieder allein. Der *qamutit* ist hinter einer Talkurve verschwunden. Wieder ist das Eis eines Seensystems freigeblasen, und wir haben ein wenig Mühe, mit unseren Skiern auf dem Eisparkett das Gleichgewicht zu halten. Der Paß bietet sich nicht für eine Langlauftour an. Die Entscheidung, mit Fellen zu gehen, war richtig.

Es ist nicht besonders kalt, und die *Ski* sind durch ihre große Auflagefläche ein *Sicherheitsfaktor* bei der Überquerung der Seen. Das Tal wird enger, das Seensystem verengt sich zu einem Fluß, der in einem steilen Cañon als Eisfall verschwindet. Stufe um Stufe gehen wir »wie auf Eiern« dem nächsten See entgegen. Hoch über uns eine Hängebrücke, über die im Sommer die Schlucht gequert wird. Uns ist schleierhaft, wie Stevie und die Hunde mit dem Schlitten diese Stelle bewältigt haben. Aber die Spuren zeigen, daß er es geschafft hat.

Pangnirtung

Pang lädt zur Erholung ein und hat einiges zu bieten. Bummeln Sie durch den Ort und beobachten Sie die Jäger, wenn sie Karibous, Eisbären, Robben oder Fische von ihren Streifzügen mitbringen.
Lassen Sie sich zum Kauf der berühmten *Inuit-Stencil-Malereien* (siehe Kapitel über Kunst) inspirieren oder erwerben Sie einen *handgewebten Teppich*. Das Museum ist liebevoll gepflegt und zeigt interessante Exponate. Die Parkverwaltung hält ein Dutzend sehenswerter Videos bereit.

Auf dem sommerlichen Trek staunt man über die spektakuläre Urnatur des Auyuittuq. Das Tal wird von kühnen Bergen begrenzt. Die gesamte Wegstrecke ist sommers wie winters eisfrei, obwohl Gletscher bis zum Talboden fließen. Im Summit Lake spiegeln sich die umliegenden Berge und bilden ein einzigartiges Fotomotiv.

Über freigeblasenes Geröll – nicht umsonst heißt der See *Windy Lake* – erreichen wir bei Windstille die Hütte. Vom Erleben und landschaftlichen Eindrücken erfüllt, kriechen wir abends in die Schlafsäcke.

Staublawinen und ein Traumtag

Wir wissen: Heute stehen wir am Meer. Lächerliche 14 km sind es zur *Overlord Hut* am *Pangnirtung Fjord*. Die Berge rundum sind hoch, das Tal weit. Mächtige Gletscher fließen von der *Penny Icecap* ins Tal. Die Hunde rutschen auf dem glatten See-Eis, der Schlitten schwänzelt über den Spiegel. Doch wie jeden Tag verschwindet das »dog team« hinter einer Bodenwelle.

Es grummelt, donnert, und dann trifft uns der Luftdruck: Zwei Staublawinen fegen aus der 1200 m hohen Flanke des Berges, der das Tal südlich begrenzt. Wir sind nicht in Gefahr; denn die Schneemassen werden durch zwei Rinnen kanalisiert.

Wieder helfen wir dem Schlitten, der eine steile Schneeflanke hinunter muß. Wieder sind wir die schwergewichtigen Anker, die die Masse des Schlittens und des Gepäcks daran hindern, auf den nächsten vereisten See zu donnern. Das weite Delta des *Weasel River* ist sowohl eine Eis- wie auch eine Sandwüste. Durch schwarzen gefrorenen Granitstaub spuren wir den Fluß entlang in Richtung Meer, dessen Packeis wir an diesem strahlenden Tag schon weit in der Ferne erkennen. Wir haben die Anoraks ausgezogen, die Ärmel aufgekrempelt und lassen die Sonne auf die cremegeschützten Hautpartien brennen. Es ist Ende April, der Frühling steht vor der Tür, und die Sonne steht fast 18

Stunden am Tag am Himmel. Das Flußeis beginnt zu schmelzen – viel später hätten wir diese Tour nicht machen dürfen!

Dann – wie jeden Tag – der orangerote Fleck, der zuverlässig eine Hütte signalisiert. Dahinter ein zerrissener Eisgürtel. Nicht weit blinkt der glatte, vereiste Fjord. Es ist völlig windstill. Zufrieden sitzen wir am Ufer, genießen die vollkommene Stille, die nur vom Surren des Kochers unterbrochen wird. Wir lauschen den Erzählungen Stevies, der von der Jagd auf Narwale be-

Kekerten Historic Park

50 km südöstlich von Pang war von 1857 bis in das frühe 20. Jahrhundert auf der Insel im *Cumberland Sound* eine Station schottischer und amerikanischer Walfänger. Die reichen Walgründe wurden auch »*Arktischer Garten Eden*« genannt. Von lokalen Outfittern in Pang werden Tagesausflüge organisiert (can$ 140 Pax).
Auf einem Lehrpfad lernt man die Handelshäuser kennen, sieht Reste einer Rutsche für die Boote und große Eisentöpfe für das Kochen des Walspecks (»blubber«). Alles ist gut erklärt und sehenswert. Die Chance, auf diesem Bootsausflug Wale zu sehen, ist groß.

richtet, die im *Pangnirtung Fjord* häufig sind. Jede Kommune darf pro Jahr noch 50 Stück jagen.

Das Funkgerät der Hütte ist untauglich, da die Antenne vom Triebschnee völlig verdeckt ist. Doch Stevies *Spilsbury SPX11A*, das legendäre Funkgerät der Arktis, ist der Kontakt zur Außenwelt. Unproblematisch kommen wir in Kontakt mit der Parkstation in *Pangnirtung*, und das Arrangement, daß morgen Motorschlitten kommen, um uns in das 30 km entfernte Dorf zu bringen, ist »easy«.

Es ist windstill und kalt. Die Freunde liegen im Zelt, ein Schnarcher klingt herüber. Ich sitze auf einem Felsen, genieße die Einsamkeit, habe eine Aufgabe erfüllt und trauere ein wenig, daß morgen alles vorbei ist. Am Horizont, hinter schwarzen Bergen, bildet die untergehende Sonne gegen Mitternacht einen Lichtwall.

Ich freue mich auf das Dorf *Pang-*

Beim Windy Lake (Auyuittuq National Park Reserve) quert man den Polarkreis. Die sommerlichen Temperaturen liegen weit über dem Gefrierpunkt, das Klima entspricht dem der Zugspitzregion.

Nützliche Hinweise:

Anreise/Abreise: Von *Iqualuit* bestehen Flugverbindungen nach Broughton Island und Pangnirtung. *Broughton* ist Startpunkt für die Wintertour; *Pangnirtung* ist Endpunkt der Wintertour und Start- und Endpunkt der Sommertour.
Bei der *Wintertour* wird die Anreise zur North Pangnirtung Fjord Hut, dem östlichen Beginn des Parks, mit Motorschlitten empfohlen. Im Sommer erspart die Bootsfahrt Pang/Overlord jeweils zwei Tage stramme Wanderung am Fjord entlang.
Übernachtung: Je ein teures *Hotel* in Pang und Broughton. Eine ausgewiesene *Camping Area* am Ortsrand von Pang; in Broughton am Ortsrand Zelten möglich oder eine *einfache Hütte* im Ort (beim Park Warden fragen).
Im Park bietet sich an, nahe der *Emergency Shelters*, die im Abstand von zwölf bis 20 km entlang der gesamten Route zu finden sind, zu biwakieren. Das Übernachten in den Hütten ist nicht erlaubt. Sie sind – wie der Name sagt – für den Notfall gedacht. Toleriert wird, daß man in den Hütten kocht. Durch das oft unberechenbare Wetter ist es unklug, sich darauf zu verlassen, die Hütten zu erreichen! Spitzenzelte sind notwendig, sowohl im Sommer als auch im Winter! In den Hütten sind *Funkgeräte* installiert, mit denen man die Parkverwaltung in Pang oder Broughton zu bestimmten Zeiten erreicht – ein beruhigender Sicherheitsfaktor, den man nicht ausreizen sollte. Die *Toilettenhäuschen* bei den Shelters sollten auch benutzt werden!
Besonderheit: Trittsicherheit bei der *Sommertour* ist unbedingt nötig, Erfahrung in rauhem Gelände von Vorteil.
Informationen: *Auyuittuq National Park Reserve*, Parks Canada, POB 353e, Pangnirtung, NWT, Canada XOA ORO, Tel. +1 473 88 28, Fax +1 473 86 12.
Die unserer Meinung nach kompetenteste Outfitter-Organisation der Region Südbaffin ist *Norths Winds*, POB 849, Iqaluit NWT, Canada XOA OHO, Tel. +1 819 9 79 05 51, Fax +1 819 9 79 05 73.
Ein guter Hundeschlittenführer in Broughton Island ist *Stevie Audlakiak*, Fax +1 819 9 27 85 25.
DAV Summit Club GmbH, Am Perlacher Forst 186, D-81545 München, Tel. +49 89 6 51 07 20, Fax +49 89 65 10 72 72, bietet das Wintertrekking, eine Skitour mit Hundeschlittenbegleitung, als weltweit einziger Veranstalter an.
Eine Broschüre über den Park, Luftfoto-Fotokopien und die Karten erhält man bei *Parks Canada* in Pang.
Bootstransport von Pang nach Overlord can$ 75 Pax, einfache Strecke durch mehrere Outfitter in Pang.
Weitere Informationen siehe auch Tour 22.
Karten: 1:1 000 000: Koukdjuak River NQ-17/18/19/20; 1:250 000: Pangnirtung 26-I, NWT.

nirtung, dessen Name bedeutet »Wo viele Karibou-Bullen sind«. Im *Auyuittuq* haben wir nur einen Fuchs gesehen und viele Vögel. Karibous sind am Paß selten, Wölfe lassen sich nicht blicken. Und der Eisbär spurt lieber über gefrorene Fjorde als über felsige Pässe. Trotzdem bin ich über Stevies vorsintflutliches Gewehr froh, das griffbereit in einer zerrissenen Segeltuchhülle auf dem Schlitten festgebunden ist.

Morgen werden wir die 30 Kilometer – mit Ski eine stramme Tagesetappe – mit Motorschlitten abkürzen.

9 Mellemlandet: Durch das Flower Valley zum Inlandeis

Kurzcharakteristik

Narsarsuaq ist der Verkehrsknotenpunkt Südgrönlands. Auch bei kürzeren Aufenthalten ergeben sich Wandermöglichkeiten, die einen Tag nicht überschreiten und direkt beim Flughafen beginnen.
Das Mellemlandet, Land zwischen den Gletschern, schließt sich nordöstlich an den Flughafen der »Großen Ebene« an, was Narsarsuaq bedeutet. Die leichte Wanderung zum Inlandeis ist ideal zum »Schnuppern« in die grönländische Trekkingwelt geeignet und fordert nicht, wie die meisten Touren in Grönland, die Kreativität der eigenen Routenfindung heraus.
Ergänzend werden andere Touren in diesem ergiebigen Trekkinggebiet beschrieben.
Beste Jahreszeit: Anfang Juni bis Ende September.
Gesamtgehzeit: 1 Tag.
Kartenskizze: Siehe Seite 168.

Routenvorschlag

Durch das Flower Valley zum Toten Gletscher

Der Gletscher *Kiattuut Sermiat* ist ein beliebtes und eindrucksvolles Ziel für eine Tagestour. Was in Grönland nicht oft möglich ist, ist hier die Attraktion: Gletscherberührung. Man kann sehr nahe an das Inlandeis herankommen und die trägen Eismassen bewundern, die sich von der Eiskappe durchs Gebirge schieben. Als »toter Gletscher« wird in Grönland ein solcher bezeichnet, der nicht im Meer mündet. Der *Kiattuut Sermiat* bewegt sich etwa 5 m am Tag, eine Strecke, für die mancher Alpengletscher ein Jahr braucht.

Südgrönland: Auf einem Aussichtspunkt oberhalb des Flower Valley öffnet sich der Blick über die »Große Ebene«, was Narsarsuaq auf Inuktituk bedeutet.

Er ist die »Mutter« der »Großen Ebene« *Narsarsuaq* und hat diese mit Schlamm, Geröll und Sand aufgefüllt.

Man nimmt die Asphaltstraße Richtung Nordost. Den sich fortsetzenden Weg 300 Höhenmeter hinauf den *Markierungen* folgend nach Norden, an einigen Seen vorbei und hinab zum Eis. Vorher wird das *Flower Valley* durchschritten, das bis in den Spätsommer hinein durch seine geschützte Lage eine reiche arktische Flora beherbergt.

In der unmittelbaren Nähe des Gletschers liegt fein gemahlenes Gestein auf den Felsen, der Gletscher knistert und knackt, kühler Wind streicht von der Eiskappe. Ein *Betreten* kann nur verantwortet werden, wenn die entsprechenden alpinen Kenntnisse vorhanden sind.

Rückweg auf demselben Weg.

Wanderung zum Qooroq Fjord

Man sucht durch die steilen Bergflanken östlich *Narsarsuaq* einen Weg durch Weidengestrüpp und Felsblöcke etwa 300 Höhenmeter hinauf auf ein *Hochplateau* mit Seen und Flüssen und überschreitet den Gebirgsrücken hoch über dem *Fjord Qooroq* und dem *Qooqqup-Gletscher*, der zu den schnellfließendsten Grönlands

Die wilde Welt des Mellemlandet in Südgrönland: Gletscher, die von der Eiskappe herabfließen und sich verlaufen; urwüchsiges Fjell; eine reiche arktische Flora – und das alles wenige Kilometer vom Jet-Flughafen Narsarsuaq entfernt!

gehört und sich mit 21 m pro Tag fortbewegt. Der Blick auf den eisverrammelten Fjord ist ein Erlebnis. Westlich zurück, weglos zur *Narsarsuaq-Ebene* absteigen und der Piste ins Dorf zurück folgen. Eine stramme Tagestour, die nach Belieben verkürzt oder verlängert werden kann.

Tip Im Hotel nahe dem Flughafen ist ein Büro der Reiseorganisation *Arctic Adventure*. Die jungen Führer sind nett und geben gerne und hilfreich Auskunft. Es ist möglich, Touren jeder Schwierigkeit zu buchen, auch kulturhistorische Trips, z. B. nach *Qassiarsuk*, dem Hof von Erik dem Roten, oder nach *Igaliku*, wobei der mächtige *Qooroq Fjord* gequert wird und man die Eisberge bewundern kann, die heraustreiben. Auch Helitransporte werden arrangiert.
Nahe dem Flughafengebäude gibt es ein kleines *Museum*, das die Geschichte Narsarsuaqs zeigt, das im Zweiten Weltkrieg ein militärischer Stützpunkt der USA war. Während des Korea-Krieges wurde das hiesige Hospital benutzt, um Verwundete zu pflegen und Verstümmelte von der Heimat fernzuhalten: Die Kriegsmoral war hoch zu halten. Hier gibt es auch die Möglichkeit, Mountainbikes auszuleihen und mehrstündige Ritte auf *Islandponys* zu unternehmen.
Narsarsuaq liegt in einem weiten Tal am östlichen Ufer des hinteren Teils des *Tunulliarfik Skovfjorden*. Das unmittelbar nordöstlich anschließende *Mellemlandet*, das wie ein Finger ins Inlandeis hineinragt, der Inbegriff südgrönländischer Gebirgsnatur, ist ungewöhnlich leicht erreichbar.

Zum höchsten Gipfel

Diese Route kann auf mehrere Tage ausgedehnt werden und ist ein *Klassiker*. Durch das *Hospitalsdahl,* dem Fluß und der Schotterstraße, später dem Weg entlang dem Gebirge folgend, in Richtung Nordost. Nach der Durchquerung eines Geröllfeldes, das eine Ablagerung des Flußlaufes ist, erklimmt ein gut sichtbarer Pfad nordwestlich eines Wasserfalls die 300 Höhenmeter bis zur terrassenförmi-

gen Hochebene des *Mellemlandet*. Das Terrain ist einfach zu begehen, wenn man auf der Hauptroute bleibt.

Das *Hochplateau* mit seinen Seen bietet sich für ein Zeltlager an. Tourenmöglichkeiten sind der *Punkt 877*, der über eine wüstenartige Landschaft erwandert wird. Bei Nebel gibt es *Orientierungsprobleme*, falls man nicht exakt mit Karte und Kompaß umzugehen weiß. Nach Norden hin wird das Gelände schwieriger, auch nach Westen öffnen sich große Schluchten und Cañons. Mehrere Gipfel, bis hin zum 1093 m hohen *Kulminationspunkt* der Felshalbinsel, sind möglich. Die atemberaubende, einzigartige Aussicht über zwei Gletscher, die dem *Mittelland* seinen Namen gaben, die spitzen *Nunatakker* und die mächtige *Eiskappe* versprechen urweltlich-traumhafte Trekkingtage. Das Gelände zwischen 500 und 1000 m ist hochgebirgsartig.

Narsarsuaq als Trekkingzentrum

Das kleine Dorf mit kaum 100 Einwohnern hat eine *hervorragende Infrastruktur*: Hospital, Einkaufsgelegenheiten, eines der besten Hotels Grönlands und die internationale Landepiste. Es bietet sich für *mehrstündige bis mehrtägige Trekks* an. Nach genauem Kartenstudium kann man sich eine individuelle Strecke ausarbeiten. Da es wenig Wege und kaum Markierungen gibt, ist *der sichere Umgang mit Karte und Kompaß* eine unbedingte Voraussetzung, was für grundsätzlich alle Touren in Grönland und Baffin Island gilt. Der Trekker muß sich bewußt sein, daß er durch menschenleeres Gebiet streift. Dieser wichtige Hinweis vor allem hier, weil Narsarsuaq von Europa leicht erreicht werden kann und der Reisende innerhalb weniger Stunden aus einer überzivilisierten Welt in eine menschenleere Wildnis geliftet wird.

Nützliche Hinweise

Der Trek ist beliebt, wird an schönen Sommertagen für arktische Verhältnisse relativ häufig unternommen und wird auch organisiert durchgeführt. Die Reiseagentur Arctic Adventure hat ein Büro im Hotel Narsarsuaq beim Flughafen und führt mit einer kostendeckenden Anzahl von Teilnehmer die Wanderung jederzeit durch.
Weitere Informationen siehe Touren 1, 10, 11, 12.

Anreise/Rückreise: Flug nach Narsarsuaq von Kopenhagen oder Island mehrmals wöchentlich.

Übernachtung: Jugendherberge (DVL-Station Tel. +299 35221) 1 km vom Flughafen. Hervorragendes Hotel Narsarsuaq (Tel. +299 35253) beim Flughafen. Zelten überall möglich.

Karten: 1:1 000 000: 2107 Julianehab; 1:250 000: 61V3 Narsarsuaq. 1:100 000: Wanderkarte Südgrönland.

10 Weltenfernes Johan Dahl Land

Kurzcharakteristik

Johan Dahl Land bietet dem erfahrenen *Wildnistrekker* eindrucksvolle Wanderungen im Sommer und Skitouren im Frühling. Es ist geprägt durch steile Schluchten, reißende Flußsysteme, Gletscherüberquerungen und Berührung des Inlandeises. Vom *Camp Icecap*, einem sommerlichen, halbpermanenten Zeltlager der Reiseorganisation *Arctic Adventure* am *Nordbosö*, ist es möglich, den 1650 m hohen *Valhaltinde* zu besteigen, einen der höchsten Berge Südgrönlands und den höchsten der Region. Die Tierwelt ist reich, Rentiere werden Ihnen vielfach begegnen. Die hier empfohlene *Wanderung mit alpinem Charakter*, ausgewählt aus einer Fülle von Möglichkeiten, führt vom *Zeltlager Camp Icecap* zum höchsten Berg der Region.

Beste Jahreszeit: Mitte Juli bis Anfang September.

Gesamtgehzeit: Grundsätzlich sind in dieser Region Touren von 2 Tagen bis zu wochenlangen Aufenthalten möglich. Läßt man sich mit dem Helikopter irgendwo absetzen, z. B. am *Camp Icecap* beim *Norbosö*, so kann man genügend Nahrungsmittel und Brennstoff mitnehmen und beliebige Zeit mit Stichtouren, die wiederum mehrere Tagen dauern können, verbringen. Die empfohlene Route dauert etwa 5 Tage.

Kartenskizze: Siehe Seite 168.

Das Camp Icecap im Johan Dahl Land (Südgrönland) erreicht man am einfachsten mit dem Helikopter von Narsarsuaq aus.

Routenvorschlag

Vom Camp Icecap zum Valhaltinde

1. Tag: Von *Narsarsuaq* mit dem Helikopter in einem eindrucksvollen Viertelstundenflug zu einem Zeltplatz oberhalb des *Nordbosö*, *Camp Icecap* (660 m) genannt. Von diesem fantastischen Lagerplatz aus kann man anhand der Karte beliebige Touren bis hin zum mehrtägigen Trek durchführen. Hier schlagen Sie Ihr Basislager auf. Es ist möglich, die den Sommer über aufgebauten großen Messezelte zu benutzen sowie Gletscherausrüstung, wie Steigeisen, Seile und Pickel, auszuleihen. Dicht neben der kleinen Zeltstadt, in der Sie sich die nächsten Tage aufhalten, wälzt sich ein 30 m hoher Gletscherbruch in den See. Die Großartigkeit der Umgebung entzieht sich einer Beschreibung – man muß sie erlebt haben. Besonders vom Aussichtspunkt, den Sie in kurzem Spaziergang erreichen, wirkt die Landschaft wie der Eiszeit entsprungen: zerrissene Gletscher, die blinkende Endlosfläche des Inlandeises, Felsberge, Seen mit Eisbergen.

2. Tag: Eine Sechs-Stunden-Wanderung an der Südseite des *Nordbosö* führt zu einem enormen *Wasserfall*, der bis 14 m^3 Wasser in der Sekunde in einen 100 m tiefen Cañon bläst. Auf dem gleichen Weg zurück zum Camp.

3. Tag: Mit Biwakzelten im Rucksack überqueren Sie den zerrissenen Gletscher unmittelbar unter dem Camp. Die Phänomene des Eises – Spalten, Seracs, Wasserläufe – sind hier besonders eindrucksvoll. Im Spätsommer ist die Überquerung kein großes Problem, da der Gletscher aper ist. Vom *Nordbogletscher* über Fels- und Grasgelände an den Fuß östlich des *Valhaltinde*. Biwak.

4. Tag: Besteigung des 1650 m hohen Gipfels, dem höchsten des *Johan Dahl Land*. Zurück zum Biwak und auf dem Anstiegsweg über den *Nordbogletscher* zum *Camp Icecap*.

5. Tag: Abholung durch den Helikopter und zurück nach *Narsarsuaq*.

Das einsame Paradies

Johan Dahl Land ist eine weite, fast unberührte und herbe Landschaft, eingezwängt zwischen der Eiskappe und spaltenreichen Gletscherausläufern. Das Gebirge, nördlich von *Narsarsuaq* gelegen, ist eine eigene Welt mit großen Seen und Flußsystemen. Der mächtigste tosende Schmelzwasserfluß ist der *Kuukuluup Kuua*. Für den Trekker stellen Flüsse und Bäche das größte Problem dar. Eine entsprechende Ausrüstung, wie z. B. Turnschuhe und Seile, können lebensrettend und notwendig sein.

Man folgt bei Wanderungen in diesem einsamen Gebiet möglichst den Tälern, weicht jedoch auch auf die *Hochebenen* aus, da die Flußläufe in *Cañons* verschwinden, die unbegehbar sind. Sanftes Gelände wechselt ab mit sehr steilen Felswänden, und manchmal wächst störendes Gebüsch. *Wege gibt es nicht*. Für denjenigen, der sich, sein Können und seine Ausrüstung einschätzen kann, bieten sich hier in *absoluter Einsamkeit* Touren von mehreren Tagen bis zu Wochen an. Der Zugang zu dieser wilden Landschaft ist *Qassiarsuk*, das man in wenigen Bootsminuten vom kleinen Hafen *Narsarsuaq* erreichen kann. Dem *Kuukuluup Kuua* kann man bis in das Gebiet am *Nordbosö* und dem *Hullet* folgen, zwei schönen Hochgebirgsseen mit aktiven Gletschern und Eisbergen sowie Ruinen eskimoischer Rentierjäger.

Qajuutap Nunaa ist ein hochalpines Gebiet mit steilen Bergen, in das Schafe von *Qassiarsuk* nicht selten hinaufsteigen. *Qajuuttaq*, am nördlichen Ende des *Nord-*

re Sermilik Fjord, ist ein prächtiges Ziel für längere Wanderungen. Vom *Punkt 510* nordwestlich einer Schafsammelhütte und des Biwakplatzes kann man eindrucksvoll erleben, wie der Gletscher *Eqalorutsit Kangilliit Sermiat* kalbt. Dann wallt die See auf, und große Wellen schlagen ans Ufer. Es gibt verbürgte Erzählungen, daß solche Flutwellen bis 20 m hoch sein können, was Sie bei der Wahl der Biwakplätze berücksichtigen sollten. Ruinen der Wikinger in diesem Gebiet zeugen von einem milderen Klima zu jener Zeit. Das Gebiet verdankt seinen Namen *Qajuuttaq* einer sagenhaften Figur und bedeutet *Kochlöffel*. Angeblich war dies ein ungeheuer starker und wilder Bursche aus dem 18. Jahrhundert mit holländischem Walfängerblut in den Adern.

Nützliche Hinweise

Anreise/Rückreise: Siehe Tour 9. Zum *Camp Icecap* mit Heli, den man bei *Arctic Adventure*, Hotel Narsarsuaq, buchen kann, die mehrmals wöchentlich Sightseeing-Flüge durchführen. Denen sollte man sich anschließen, was eine preiswerte Alternative zur eigenen Charter ist.
Übernachtung: Siehe Tour 9. Im und ab *Camp Icecap* in eigenen Zelten.
Informationen: Siehe Tour 9.
Karten: Siehe Tour 9.

Die Tierwelt im Johan Dahl Land ist überaus reich. Rentiere und die abgeworfenen Reste ihrer mächtigen Geweihe kann der Trekker leicht finden. Es sind schwergewichtige Souvenirs.

11 Der Schaftrail über die Narsaq-Halbinsel

Kurzcharakteristik

Die *Narsaq-Halbinsel* zwischen *Qassiarsuk* und *Narsaq* ist das Land der intensivsten Schafzucht in Südgrönland. Hier leben die Nachkommen von Otto Frederiksen, dem ersten Schafzüchter. Fast überall stößt man in den welligen, bis über 1000 m hohen Bergen auf Pfade, die Schafe und Lämmer in den fruchtbaren Boden getreten haben. Es gibt unzählige Ruinen aus der Wikingerzeit, vor allem am Ufer des *Tunulliarfik*, dem Eriks Fjord. *Brattahlid*, der Hof des Entdeckers Grönlands, stand in Qassiarsuk, dem Ausgangspunkt des Treks.

Viele der Schaffarmen sind miteinander durch *Wege* verbunden, die vor allem im nördlichen Teil der Halbinsel mit 4-Wheel-Drives befahren werden. Um *Qassiarsuk* liegen die meisten Hütten, die der Trekker nutzen kann. Der *Schaftrail*, die *klassische Wanderung* zwischen *Qassiarsuk* und *Narsaq,* soll markiert werden.

Abseits der Wege ist das Gelände trockener als sonst in Grönland und meist leicht zu begehen. Es kann auf der Hochebene südwestlich des *Naajat* bei schlechter Sicht sehr schwierig sein, sich zu orientieren. Hinzu kommt eine Mißweisung der Kompaßnadel durch Erzlager. Deviation plus Deklination können Probleme bereiten und den Kompaß unnütz machen.

Beste Jahreszeit: Mitte Juli bis Mitte September.

Gesamtgehzeit: 4 bis 5 Tage.

Kartenskizze: Siehe Seite 83.

Am Sermilik Fjord füllen Gletscher das Meer mit Eisbergen – man sieht kaum Wasser. Beeindruckend ist der Kontrast zwischen dem Grün der Pflanzen und dem Weiß des Eises.

Zwei Tage in Narsaq

1. Tag: Bummeln Sie gemütlich durch die hübsche Stadt mit den farbigen Häusern. Besichtigen Sie den *Kajak-Hafen* und das kleine *Museum*. Schauen Sie den Fischern beim Ordnen ihrer Netze zu, und besuchen Sie die *Pelzmanufaktur*. Mittags wandern und kraxeln Sie auf den 685 m hohen *Qaqqarsuaq*, eine fantastische Aussichtsloge. Das Inlandeis beherrscht den Horizont, drunten liegt die bunte Stadt, und wilde Eisbrüche fließen am Horizont ins blaue Meer. Die Sechs-Stunden-Tour erleichtert Ihnen der lange subarktische Tag.
2. Tag: Bootsfahrt durch den eisgefüllten, kristallblauen *Nordre Sermilik*. Die Schiffahrt können Sie im *Hotel Perlen* buchen. Eisberge aller Größen und Farben scheinen das Schiff zu erdrücken. Besuch von Eskimoruinen bei *Niaqornaq*. Weiter tief in die Fjordwelt hinein und Landfall, wo ein mächtiger *Gletscher* von der Eiskappe hinablappt. Weiter vorbei an senkrechten *Klippen*, auf denen Hunderte von *Raubmöwen* nisten. Der Norden ist ein Tierparadies ersten Ranges. Ein hoher *Wasserfall* übertönt die Schreie der Vögel.

Routenvorschlag

1. Tag: Mit dem Hotelboot von *Narsarsuaq* nach *Qassiarsuk* übersetzen. Sie können die Ruinen der Nordmänner in dem kleinen Bauerndorf besichtigen. Auf der »Straße« südwestlich zu einer Paßhöhe, dann über das gewellte Gelände zum *Punkt 410*; umfassende Sicht zum *Johan Dahl Land, Vatnaverfi*, die Gletscher des *Mellemlandet* und den *Eriks Fjord*. Weglos abwärts zu einem der schönsten Flecken Südgrönlands, *Tasiusaq*, am gleichnamigen eisgespickten Fjord. Dieser Weiler mit mehreren Schaffarmen bietet einen einmaligen Kontrast: grüne Felder und segelnde Eisberge. An diesem klimatisch gesegneten Flecken wird sogar Getreide angebaut. Es gibt eine Hütte, die am Fjord gelegen ist.
2. Tag: Über gut sichtbare Wanderwege von *Tasiusaq* östlich ansteigend oberhalb des Fjords zum Bauernhof *Nunataaq*. In einer reichlichen Stunde zum engen Fjord *Tasiusaarsuk* auf Schafpfaden queren. Hier gibt es eine Stelle, an der sich der Fjord bis auf wenige Meter verengt; die Gezeiten erzeugen wildwasserartige Strömungen und lassen Eisberge mit hoher Geschwindigkeit driften (»the floating icebergs«). Zurück nach *Nunataaq* und südlich weiter bis zur Schaffarm *Kangerlua*. Nahe der Farm Eskimoruinen.
3. Tag: Die Überschreitung zum *Tunulliarfik* ist nicht schwer, erfordert aber einen Tag strammer Wanderung. Beim Bauernhof *Ipiutaq* wird der Fjord erreicht. Von hier aus ist es evtl. möglich, »per Anhalter« eines der Schiffe zu nehmen, die zwischen *Narsaq* und *Narsarsuaq* pendeln.
4. Tag: Entlang dem See nördlich von *Nunasarnaq*, Bügeleisen, die Küste entlang. Erreicht man den Fluß, der vom *Nakkaalaaq*, 1334 m, in den Fjord fließt, wendet man sich auf dem westlich des Flusses verlaufenden Bergrücken flußaufwärts bis zum See *Taseq*. Die Wirtschaft von *Narsaq* hofft, das ausgezeichnete Trinkwasser des Sees exportieren zu können. Sie sollten 1 km weiter östlich an einem sehr schönen Lagerplatz Ihr Zelt aufschlagen.
5. Tag: Hinunter durch eine Hochebene zum Fluß *Narsaq Elv* und zur Stadt. Von einer Wanderung um den steilen *Sisuugukkaat* auf der Fjordseite wird abgeraten, da die Wände steil sind und der Weg gefährlich und unangenehm sein kann.

Eisberge und Blumen

Eisgepanzert und lieblich, baumlos und mit reicher Vegetation, moderne Siedlungen und geschichtsträchtiger Boden... Widersprüchlich. Vor über 1000 Jahren entdeckten die Wikinger die eisgepanzerte Insel mit den grünen Fjorden und siedelten in dem Land, »wo der Honig von den Grashalmen troff«. Damit waren vor allem der *Eriks Fjord,* die Gegend zwischen *Narsaq* und *Qassiarsuk*, gemeint.

Die Kultur der Nordmänner blühte fast ein halbes Jahrtausend, bis sie rätselhaft unterging und die Ureinwohner vom Land wieder Besitz ergriffen. Durch diese wilde »Kulturlandschaft« wandern Sie auf dem *Schaftrail* zwischen Gletschern und Blumen, Meer und schroffen Bergen, Eisbergen und steilen Felsen und später auch durch alpines Gelände über die *Narsaq-Halbinsel*. Driftende Eisberge und die üppige arktische Flora stellen dabei einen Höhepunkt des Trekkings dar.

Zentrum der Schafzucht

Das Klima ist erstaunlich mild. Immer wieder treffen Sie auf Zeugen der Geschichte: Wikingern und Eskimos war dieses ernste, wundervolle Land eine Heimat – und ist es den grönländischen Schafzüchtern noch heute. Der Trekker erhält in *Südgrönland* den Eindruck, daß *Schafzucht* das vorherrschende Gewerbe des Landes ist. Bienenfleißige Farmer ziehen Zäune, bauen Futtergetreide oder Gras an und bearbeiten ihre Äcker bis weit in die hellen Sommernächte hinein. Die Schäfer fahren auf den Schotterwegen zwischen ihren Farmen mit geländegängigen Tribikes oder sind auf Islandponies unterwegs, stets von einem Rudel bellender schottischer Hirtenhunde begleitet, die einer strengen Auslese unterliegen. (Wir haben unter erheblichen Mühen einen solchen Hund mit nach Deutschland genommen, eine Mischung aus Collie und Wolf, hochintelligent, wachsam, gelehrig und lieb.)

Schafe wurden in Südgrönland im Jahre 1915 eingeführt. Sie sind für 350 Menschen in etwa *70 Weilern* Lebensunterhalt. Die Farmen liegen weit verstreut. Ein

Das Klima der Narsaq-Halbinsel ist erstaunlich mild. Tasiussaq ist einer der schönsten Flecken Südgrönlands. Der Weiler liegt am eisgefüllten Sermilik Fjord. Hier wird sogar Getreide angebaut. Der Kontrast kann nicht größer sein: grüne Felder und segelnde Eisberge.

Abstand zu den Nachbarn ist notwendig, um eine ausreichende Weidefläche zu haben. 200 bis 400 Mutterschafe ernähren eine Familie. Wochenlang durchkämmen die Schafzüchter in Gruppen »ihr« weitläufiges Berggebiet. Im Herbst werden die ausgesonderten Lämmer zusammengetrieben und zum Schlachten nach *Narsaq* gebracht.

Für Trekker bietet eine Wanderung in diesen *Schafgebieten* eine Reihe Vorteile. Das Grasen beeinflußt die Vegetation. Gebüsch und Gestrüpp werden nieder gehalten, kurze Gräser herrschen vor: Ein überaus *angenehmes Trekkinggelände*. Eine weitere Hilfe sind die *Schaftriften*. Ein feinmaschiges Netz von 30 cm breiten, mehr oder weniger deutlichen Pfaden durchzieht die Landschaft, die von den scharfen Hufen in die dünne Humusschicht getreten werden. Genau wie Trekker wollen Schafe das Gelände auf die bequemste Weise passieren. Es lohnt sich, diesen Wechseln zu folgen. Und noch ein

Vorteil: Es gibt eindeutig weniger Mücken, wo viele Schafe sind!

Nehmen Sie Rücksicht auf die Menschen, die vom Lande leben. Es wird keinen Farmer geben, der Sie abweist, wenn Sie um Übernachtungsmöglichkeit in den Hütten und Herbergen bitten. Und oft ist es möglich, Eier, Forellen, Schaffleisch oder sogar Gemüse zu kaufen, was den Rucksack entlasten hilft.

Was einem Trekker als eine schöne, einladende Blumenwiese erscheinen mag, ist in fast allen Fällen eine *Heuwiese*, die sorgfältig von Steinen befreit, gedüngt und bewirtschaftet wird. Widerstehen Sie der Versuchung, über Zäune zu klettern, auch wenn der Weg zum nächsten Durchlaß weit sein sollte. Beim Passieren eines Durchgangs hinterlassen Sie ihn im selben Zustand, wie Sie ihn vorfinden – entweder offen oder geschlossen.

Nützliche Hinweise

Anreise/Rückreise: *Narsarsuaq* siehe Tour 9. Rückreise mit Fährboot von *Narsaq* nach *Narsarsuaq* mehrmals wöchentlich.

Übernachtung: Narsarsuaq siehe Tour 9. In *Tasiusaq* eine von *Arctic Adventure* gepachtete unbewirtschaftete Hütte.
Im Büro *Hotel Narsarsuaq* fragen. Den Schlüssel hat Otto Frederiksen, ein Bauer, der neben der Hütte sein Haus hat. Während der Tour im ersten Teil auf den Bauernhöfen *Nunataaq*, *Kangerlua* und *Ipiutaq* möglich. Nach Ipiutaq nur noch *Zeltbiwaks*. In *Narsaq* Jugendherberge. Das *Hotel Perlen* gehört Arctic Adventure und ist empfehlenswert.

Informationen: Siehe Tour 9. Fremdenverkehrsamt Narsaq, Niels Bohr Plads 441, DK-3921 Narsaq, Grönland, Tel. +299 3 13 25.

Karten: Siehe Tour 9; zusätzlich 1:250 000: 60V2 Nanortalik.

12 Der Königsweg über die Qaqortoq-Halbinsel

Routenvorschlag

Die relativ oft durchgeführte Wanderung, deren *Markierung geplant* ist, führt von *Igaliku* nach *Qaqortoq*, wobei der 6 km lange »Spazierweg« von *Itilleq* nach *Igaliku*, *Kongevej*, dem ganzen Trek seinen Namen gab.
Wie überall im grönländischen Fjell gibt es mehrere Routenmöglichkeiten, der Anstieg auf die Halbinsel hat jedoch immer den gleichen Ausgangspunkt. Am Fluß östlich des *Qalilimmiut Qaqqaa*, der sehr viele schöne Wasserfälle hat, steigt man auf und erreicht den See auf 400 m Höhe. Nicht weit davon entfernt ist ein weiterer kleiner See auf 310 m, wo man schöne Lagerplätze findet. Der direkte Weg folgt nun dem Tal nach Westen nördlich um das *Redekammen-Massiv* und weiter am *Lakseelv* entlang.

Der Besuch der *Hvalsey-Ruine* gehört auf dem Königsweg zum *Muß*: Man folgt dem westlichen Zufluß des *Lakseelv* südwärts zum *See 470* und hinein in das Tal, das hinunter zum *Qaqortup Imaa* führt. Auf etwa 200 m Höhe ist ein sehr schöner

Der einzige Springbrunnen Grönlands steht auf dem Marktplatz der hübschen Stadt Qaqortoq, die eine gelungene Mischung aus Altem und Neuem bietet.

Kurzcharakteristik

Die *Halbinsel Qaqortoq* erstreckt sich von *Igaliku* bis zur größten Stadt Südgrönlands: *Qaqortoq*. Nördlich wird sie vom Fjord *Tunulliarfik*, südlich vom *Igalikup Kangerlua* begrenzt. Diese Halbinsel ist gebirgiger als beispielsweise die Narsaq-Halbinsel. Besonders der gezackte, steile und imponierende Gipfel des *Redekammen*, 1210 m, unterstreicht den alpineren Charakter. Wegen der eher spärlichen Vegetation gehörte die Halbinsel in der Wikingerzeit zu den dünner besiedelten Gebieten. An den Fjordrändern waren die *Wikingerhöfe* wie Perlen auf einer Schnur aufgereiht. Zwei der damals wichtigsten Siedlungen, der Bischofssitz in *Igaliku*, *Gardar* genannt, und die Kirche in der Nähe des Herrenhofs *Hvalsey*, zählen zu den interessantesten Wikingerzeugnissen und gaben dem Königsweg, *Kongevej*, der in seiner ursprünglichen Form am *Eriks Fjord* bei *Itilleq* begann und nach *Igaliku* führte, seinen Namen.

Außer *Qaqortoq* und der Schäfersiedlung *Igaliku* liegt die landwirtschaftliche Versuchsstation *Upernaviarsuk* auf der Halbinsel, wo man Verbesserungen in der Schafzucht und in der Agrarwirtschaft im rauhen Klima Südgrönlands erforscht.

Da man sich bis auf den Start und Endpunkt in Autonomie befindet, sind Zelt und Verpflegung Voraussetzungen für dieses schöne Trekking. Die ein wenig Kletterkönnen erfordernde Besteigung des *Redekammen*, was *Frisierkamm* bedeutet, sollte in die Tour eingebaut werden. Über eine schmale Landenge und durch ein Seenplateau führt der Weg nach *Qaqortoq* hinab.

Beste Jahreszeit: Ende Juni bis Mitte September.

Gesamtgehzeit: Mindestens 5, besser 7 Tage mit Reserven und Besteigung des *Redekammen*.

Kartenskizze: Siehe Seite 83.

Lagerplatz. Landschaftlich reizvoll geht es vom *See 310* südlich zum *Punkt 230*, von dort aus in südwestlicher und westlicher Richtung hinauf durch ein Seitental und nach einer Paßüberschreitung um die beiden *Seen 410 und 380*. Die Schäfersiedlung *Tasiusaq, Qaqortukulooq,* wird erreicht. Zur Kirchenruine *Hvalsey* ist es nur noch eine kurze Wegstrecke.

Von *Hvalsey* westlich am Ufer auf einem Pfad zu einem Bach, der vom *Redekammen* herabrauscht. Aufstieg zu einem kleinen See mit idealem Biwakplatz. Der zackige Gipfel ist attraktives Ziel für einen Tagestrip. Über den südlichen Rücken steigt man bis auf etwa 700 m Höhe auf, dann beginnt eine begeisternde, leichte Kletterei über rauhen Granit. Die Aussicht vom Gipfel ist einzigartig und reicht von den Schären und dem Packeis bis zu den schneebedeckten Gipfeln des *Johan Dahl Land*. Das Gelände kann schwieriger sein, als es auf den ersten Blick scheint. An einigen Stellen fällt es steil zur Küste ab.

Abstieg zur Küste und auf dem Weg von *Hvalsey* ohne große Probleme weiter. Am *Taartoq* wird der Weg wegen hoher Vegetation beschwerlich. Findet man einen Schafpfad, so erleichtert man sich das Trekking erheblich. Vom *Illorsuit Qaqqai,* 300 m, nach *Qaqortoq* nutzt man die Pfade, die östlich des *Störefjeld,* 412 m, an der Küste entlangführen. Man kommt in den Bereich des feuchten Küstenklimas.

Von Wikingern, Bischöfen und Königen

Als *Erik der Rote* von Island nach Grönland segelte, hatte sich seine Werbekampagne des »Grünen Landes« bewährt. Er pries Grönland an, wie man heute ein Waschmittel bewerben würde. Von den 25 Schiffen, die mit Kind und Kegel, Hausrat und Tieren *Island* verließen, erreichten jedoch nur 14 ihr Ziel. Einer der Überlebenden war *Ejnar*, Eriks Freund, der sich in *Gardar*, was »Der Hof« bedeutet, niederließ. Er rodete die buschbewachsenen Hänge am Fjord und gründete das heutige *Igaliku*. Der Hof blühte während eineinhalb Jahrhunderten und wurde 1126 n. Chr. grönländischer Bischofssitz und der äußerste christliche Posten im Westen. Bis zum Tod des letzten Bischofs *Alf* im Jahr 1378 war *Gardar* Sitz des obersten Geistlichen in Grönland und entwickelte sich zu einem stattlichen Ort. Wenn man Igaliku heute durchstreift, so sind die ehemaligen Kirchen, Königsschlösser und Stallungen nur noch als Schatten in der für grönländische Verhältnisse fruchtbaren Erde zu erkennen.

Während des *Königsweg-Trekkings* erreicht man ungefähr auf der Hälfte der Tour die Kirchenruine *Hvalsey*, eine für damalige Verhältnisse monumentale Anlage. Unweit davon stand – und steht – ein Bauernhof, der von einem Vetter Eriks, *Thorkel Farserk*, erbaut wurde. Die Kirche entstand erst im Jahr 1300. Die Mauern sind aus Granit vom Massiv des *Redekammen*, das unmittelbar hinter der Kirche beginnt. Sie sind fast eineinhalb Meter dick und noch intakt. Nur das Dach fehlt. Es wurde aus Treibholz gebaut und später von den Inuit als wertvolles Material für ihren Hausbau verwendet. In *Hvalsey* fand 1408 eine »Königshochzeit« statt. Viele Gäste waren aus Island gekommen und reisten erst Jahre später wieder zurück. Es ist die letzte dokumentierte Reise, die die Wikinger in Grönland mit der Alten Welt verband.

Mehr als 300 Jahre später, 1723, war der bigotte Missionar *Hans Egede* auf der Suche nach den Wikingern erfolgreich und entdeckte die Kirche wieder. Die Normannen jedoch waren aus auch heute nicht sicher geklärten Umständen ausgestorben

Auf dem »Königsweg« zwischen Igaliku und Qaqortoq sind Wikingerruinen wie Perlen auf einer Schnur aufgereiht. Die südgrönländische Kirche Hvalsey gilt als das besterhaltene Beispiel einer Hallenanlage aus der Normannenzeit.

und das Land seit Jahrhunderten von Eskimos bewohnt, die eine der Natur besser angepaßte Lebensform besaßen.

Tips und Trips rund um Igaliku

Zwischen *Narsarsuaq* und *Itilleq* gibt es wöchentlich mehrmals Schiffsverbindungen. Weiterhin arrangieren das *Hotel Narsarsuaq* und die Reiseorganisation *Arctic Adventure* in den Sommermonaten meist täglich Fahrten.

Von *Itilleq* wandert man auf dem historischen *Kongevej* über die schmale Landzunge. Auf leichtem Weg und einer Forststraße durch hügeliges Gelände steigt man aufwärts, bis die Siedlung zu Füßen liegt. *Igaliku* ist einmalig. Geschützt durch hohe Berge und in ihrem Windschatten liegend ergibt sich ein mildes *Mikroklima*. Im Hochsommer werden Rüben, Kohl und Kartoffeln geerntet. Der Ort ist »touristisch«, was in Grönland nicht bedeutet, daß man Rummel hat. Er hat für arktische Verhältnisse eine gute Infrastruktur: eine *Cafeteria*, einen *KNI-Laden*, eine *Jugendherberge*. Ein *Motel* steht bei

Bootstrip zum Qooroq Fjord

Die Fahrt von *Narsarsuaq* nach *Itilleq*, dem Ausgangspunkt des *Königswegs*, bietet die Möglichkeit zu einem Besuch des Fjords *Qooroq*, der normalerweise nicht in das touristische Programm von den Veranstaltern eingebaut wird. Es ist ein eindrucksvolles Erlebnis, mit dem Boot in den 15 km langen Seitenarm hineinzufahren. Wände ragen steil aus dem Meer, und durch ein Labyrinth von Eisbergen erreicht man das Fjordinnere. Hier kalbt ein tätiger Gletscher, und man kann erleben, wie unter urweltlichem Donnern Eisberge geboren werden.

der grünen Amerika-Baracke, die von Narsarsuaq hierher verfrachtet wurde.

Vom Gipfel des roten Sandsteinberges *Nuuluk*, 823 m, überblickt man das Dorf, die Fjorde und die *Qaqortoq-Halbinsel*. Um den Gipfel zu besteigen, wandert man eineinhalb Kilometer nach Süden, folgt dem Fluß ins Land hinein und westwärts am Gipfel vorbei zum nordwestlichen Ausläufer. Über lockeres Geröll erreicht man den Gipfel. Die Wanderung ist recht schwierig, und man muß ein wenig klettern.

Besuchenswert sind auch die imposanten *Wasserfälle* der Region. Besteigt man den *Nuuluk*, so wählt man für den Abstieg nicht den Aufstiegsweg, sondern wendet sich nach Westen zum *See 380*. Dem Flußlauf westlich bzw. nördlich folgend steigt man in einen Cañon ab, der von zahlreichen Wasserfällen beherrscht wird. Das Tal ist sehr vegetationsreich. An der Küste zurück nach *Itilleq* und auf dem *Kongevej* zurück nach *Igaliku*.

Der mächtige Berg *Illerfissalik* ist mit 1752 m einer der höchsten Südgrönlands. Schon von den Wikingern wurde er als Signalgipfel benutzt. Man hat eine atemberaubende Aussicht über den *Tunulliarfik Skovfjorden* und den *Igaliku Fjord*. Durch seine exponierte Lage ist er von überall sichtbar, und die Normannen zeigten mit riesigen Feuern an, wenn die lang ersehnten Handelsschiffe aus Norwegen die Fjorde entlangsegelten. Die Steinmauern auf dem Gipfel waren vermutlich Hütten der Wachleute. Die Westseite ist der günstigste Anstiegsweg über große Geröllfelder. Über den Südwestrücken steigt man bis zum Gipfel hinauf. Der Anstieg ist ohne Kletterei möglich, jedoch mühsam, das Geröll ist rutschig.

Aktivitäten um Qaqortoq

Die »schönste Stadt Grönlands« liegt an einer offenen Bucht, an deren Ufern zahlreiche bunte Holzhäuser verstreut sind. Das alte Stadtzentrum mit seinen bekannten *Springbrunnen* und den *Gebäuden aus der Kolonialzeit* hat ein bezauberndes Flair. *Qaqortoq* ist mit etwa 3000 Einwohnern die *größte Stadt Südgrönlands* und bietet gute Jagd- und Angelgründe, was zur wirtschaftlichen Sicherung beiträgt. Es gibt eine *Fischfabrik* und eine *Robbenfellgerberei*.

Qaqortoq ist eine moderne Stadt. Doch nicht allzu weit entfernt beginnt die Wildnis, und es eröffnen sich, vor allem für Eintagestouren, hervorragende Möglichkeiten. So ist eine Wanderung nach *Peters Varde* und das *Storefjeld*, die östlich und nördlich der Stadt liegen, lohnend. Eine nette Tagestour ist die Umrundung des Sees *Tasersuaq*.

Nützliche Hinweise

Siehe Touren 1, Seite 82, und 9, Seite 168.

13 Die Vatnaverfi-Halbinsel Südgrönlands

Kurzcharakteristik

Eines der schönsten Wandergebiete ist die *Halbinsel Vatnaverfi*, die selbst von erfahrenen Grönland-Trekkern mit drei Sternen versehen wird. Die Hügellandschaft ist geprägt von großzügigen Tälern und offenen Ebenen. Hunderte kleiner Seen lassen das Herz eines Trekkers und Naturfreundes höher schlagen.
Durch die fruchtbaren Weiden in den Bergen expandiert die Schafzucht. Weil das Gelände gut zu begehen ist, besonders wenn man den vorhandenen Schafpfaden folgt, kann man fast überall wandern. Abwechslungsreiche Landschaften, Gletschertäler, tobende Wasserfälle und Reste alter Wikingersiedlungen prägen den grandiosen Eindruck eines der *reizvollsten Trekkinggebiete Grönlands*.
Startpunkt ist das mit Charterboot erreichbare *Söndre Igaliku*, Endpunkt ist das am Eismeer gelegene *Alluitsup Paa*. Neben diesem klassischen Trek, der *markiert* werden soll, bietet die zerrissene Halbinsel unzählige Wandermöglichkeiten. *Vatnaverfi* hat verhältnismäßig einfaches Gelände. Doch der schwere Rucksack, gepackt für acht bis zehn Tage, drückt. In den Schaffarmen und kleinen Ortschaften gibt es nur wenig Möglichkeiten, sich zu versorgen.
Beste Jahreszeit: Ende Juni bis Mitte September.
Gesamtgehzeit: 8 bis 10 Tage.
Kartenskizze: Siehe Seite 183.

Bei der Wanderung über die Halbinsel Vatnaverfi erreicht man die ehemalige Herrnhuter Mission Lichtenau. Hier wurde Samuel Kleinschmidt geboren, dessen »Grammatik der grönländischen Sprache« die Grundlage der grönländischen Schriftsprache wurde.

Routenvorschlag

Von Söndre Igaliku nach Alluitsup Paa

Der Trek hat drei logische Abschnitte:

Söndre Igaliku bis Qorlortorsuaq: Der Trek führt durch das zentrale Hochland mit vielen Seen, das das eigentliche *Vatnaverfi* darstellt. Man wandert südlich von *Söndre Igaliku* am Fluß entlang und durch eine wüstenartige Ebene in das Tal hinein. Bei der Talbiegung nach Südwest geht man in südlicher Richtung weiter, überquert jedoch den Fluß nicht. *Punkt 460* wird umrundet, wobei das Problem die Büsche sein können, die man auf Schafpfaden überlistet. Abstieg in die Ebene oberhalb des Sees. Vom *Punkt 290* bei den Seen *Stenfjeld* und *Vig* öffnet sich eine weite Aussicht. Östlich des *Vig* auf einem Pfad am Ufer entlang und südlich durch eine Schlucht. Auf einem Weg zum *Qorlortorsuup Tasia*, großer Wasserfallsee, unter dem gleichnamigen Berg. Diesen umwandert man westlich. Durch hohe Sträucher mühsam am See entlang. Der Fluß in dem Tal, das auch *Sarah Nielsens Dahl* genannt wird, stellt die Verbindung zwischen *Qorlortorsuaq* und *Qallimiut* dar. Der Fluß muß möglichst frühzeitig überquert werden.

Qorlortorsuaq bis Qallimiut: *Quallimiut* ist eine Siedlung, die heute fast völlig verlassen ist. Nur noch einige Familien sind Schäfer. Das *Schullandheim* kann möglicherweise als Übernachtung genutzt werden. Von *Qorlortorsuaq* wendet man sich südwestlich durch das *Sarah Nielsen Dahl, Saarap Qoorua*. Auf der Nordseite des Flusses bis zur Paßhöhe und weiter auf der Südseite rund um das Massiv nach Süden bis *Qallimiut*.

Qallimiut bis Alluitsup Paa: Zum *südlichsten Punkt der Halbinsel* trekkt man durch weite Ebenen und breite Täler. Nördlich des Sees bei *Qallimiut* quert man auf die Westseite. Eine Brücke oberhalb des Sees erlaubt dies problemlos. Man wandert weiter nach Südwesten und durch ein Tal bis zur Ebene nördlich von *Qallimiut Qaqqaa*. Südwestlich über die Ebene, nördlich des *Amaataa,* 770 m, über einen fast 400 m hohen Paß und weiter südwärts einen See entlang zum *Kangerluluup Tasia*. Dem Fluß, der im See entspringt, weiter bis zum Fjord folgen. Immer an der Küste entlang weiter bis *Alluitsoq*.

Früher *Lichtenau* genannt, ist *Alluitsoq* eine hochinteressante Siedlung aus der Missionszeit. Die Herrnhuter Mission wirkte hier bis etwa 1900, bis das Land als christianisiert betrachtet wurde. Einige Jahre war *Lichtenau* der volkreichste Ort Grönlands. Hier wurde *Samuel Kleinschmidt* geboren, der als erster die grönländische Grammatik erforschte. Am Meer entlang auf Pfadspuren nach *Alluitsup Paa* an der Südspitze der Halbinsel. Es wurde 1830 gegründet. Heute ist es ein betriebsames Fischerdorf, das vom Krabben- und Kabeljaufang lebt.

Allgemeines über Vatnaverfi

Vatnaverfi hatte zur Zeit der Wikinger die größte Bevölkerungsdichte. Die meisten Höfe lagen an den Fjorden oder an den Landseen *Tasersuaq* und *Tasikulooq*. *Vatnaverfi* hat noch heute viele Schafzüchter, Siedlungen und erstaunlich viele Einwohner. Neue Traktorwege werden zwischen den verstreut liegenden Höfen angelegt. So gibt es sogar eine Straße zwischen den Weilern *Söndre Igaliku* und *Qanisartuut*. Nahe *Qanisartuut* liegt das *Landschulheim Kangilleq*, das in den Sommermonaten auch von Wanderern genutzt werden kann (siehe Tour 1). Informationen sind bei der Touristeninformation in *Qaqortoq* zu erhalten.

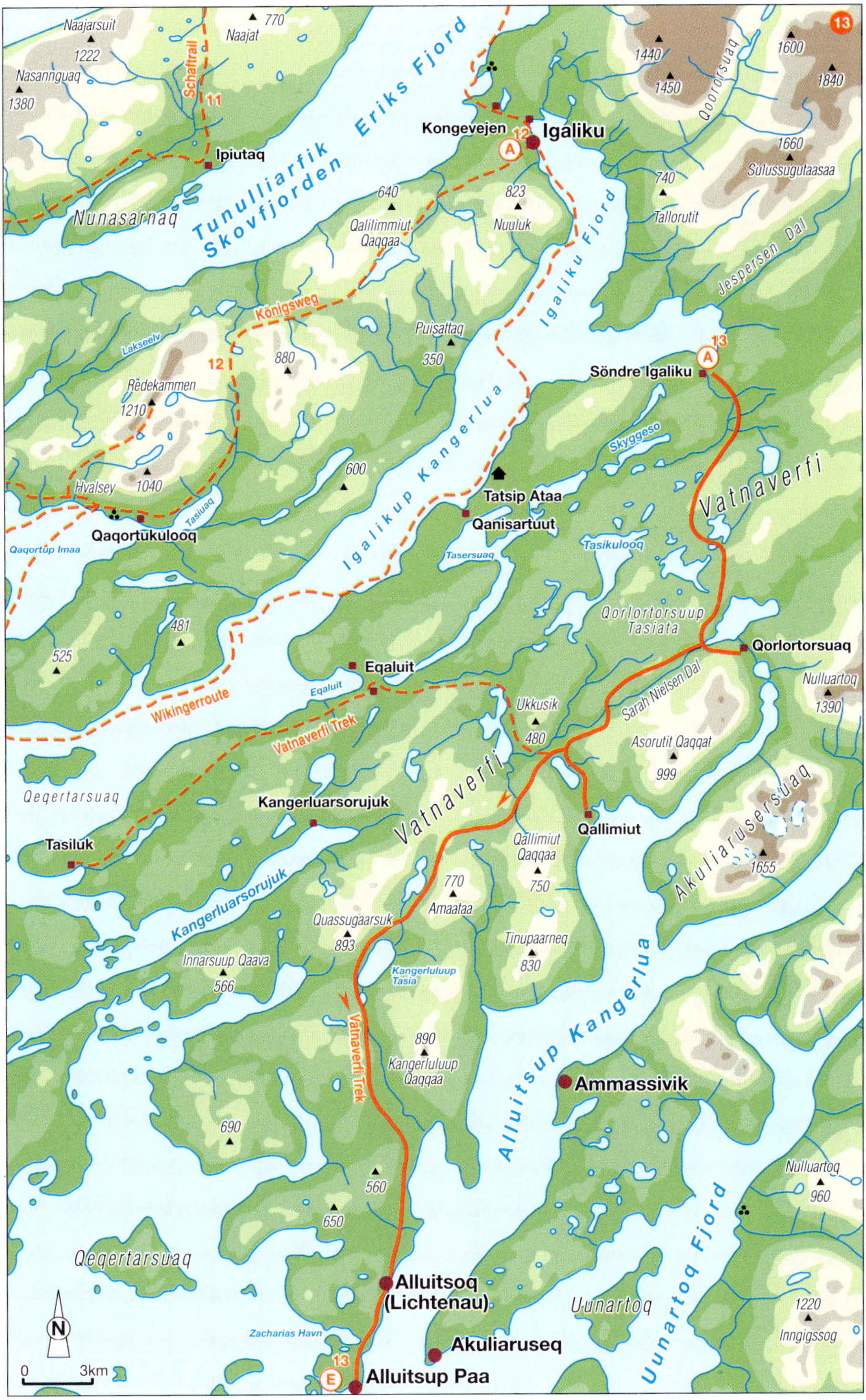

Naajarsuit
1222
Nasannguaq
1380
770
Naajat
Schaftrail
11
Ipiutaq
Nunasarnaq
Tunulliarfik Skovfjorden
Eriks Fjord
Kongevejen
12
Igaliku
640
Qalilimmiut Qaqqaa
823
Nuuluk
Igaliku Fjord
1440
1450
Qooroorsuaq
1600
1840
1660
Sulussugutaasaa
740
Tallorutit
Jespersen Dal
Königsweg
Lakseelv
Puisattaq
350
880
Redekammen
1210
12
1040
Hvalsey
Tasiuaq
Qaqortukulooq
Qaqortup Imaa
600
Igalikup Kangerlua
Tatsip Ataa
Qanisartuut
Tasersuaq
Söndre Igaliku
13
Skyggeso
Vatnaverfi
Tasikulooq
Qorlortorsuup Tasiata
Qorlortorsuaq
481
525
1
Eqaluit
Eqaluit
Wikingerroute
Vatnaverfi Trek
Ukkusik
480
Sarah Nielsen Dal
Nulluartoq
1390
Asorutit Qaqqat
999
Qeqertarsuaq
Kangerluarsorujuk
Vatnaverfi
Tasiluk
Qallimiut
Qallimiut Qaqqaa
750
Akuliaruserssuaq
1655
Kangerluarsorujuk
770
Amaataa
Quassugaarsuk
893
Innarsuup Qaava
566
Tinupaarneq
830
Kangerluluup Tasia
Vatnaverfi Trek
890
Kangerluluup Qaqqaa
Alluitsup Kangerlua
Ammassivik
690
560
650
Nulluartoq
960
Qeqertarsuaq
Alluitsoq (Lichtenau)
Uunartoq
Uunartoq Fjord
1220
Inngigssog
N
0 3km
Zacharias Havn
13
E
Alluitsup Paa
Akuliaruseq

Die heißen Quellen von Uunartoq

Nicht weit von Alluitsup Paa steigen die Berge der Insel Sermersoq, einem Bergsteigerparadies, über dem Weiß der Eisberge auf. Eine Bootsstunde entfernt liegt davor die Insel Uunartoq, die wegen ihrer warmen Quellen berühmt ist. Mit Charterboot von Alluitsup Paa oder mit organisiertem Trip von Nanortalik oder Qaqortoq aus sollten Sie unbedingt den Ausflug machen, um im 37°C warmen Wasser zu baden, während Eisberge im Fjord vorbeitreiben. Die Wikinger glaubten an eine heilende Wirkung der Quellen. Zahlreiche eskimoische Ruinen sind auf der Insel auszumachen. Das Bad in den heißen Quellen ist ein exotisches und exzentrisches Erlebnis, wie es auf der Welt kaum ein zweites zu finden gibt!

Söndre Igaliku und seine Wandermöglichkeiten

Die kleine Siedlung kann von *Igaliku* per Charterboot oder in schwieriger eintägiger Wanderung erreicht werden. Informationen erhält man in der *Jugendherberge* in *Igaliku*. Die verlassenen Häuser der ehemals mehr besiedelten Ortschaft dürfen, nach Rückfrage bei den Schäfern, zur Übernachtung genutzt werden.

Igaliku ist ein guter Standort für eine Reihe von Touren in das *nördliche Vatnaverfi*. Das Gelände ist nicht schwer, und der Fluß, der im Dorf mündet, kann im Landesinneren unproblematisch durchwatet werden, wenn man nicht die kleine *Hängebrücke* im Zentrum des Dorfes benutzt.

Die Berge *Nuniagiarfiup Qaqqaa* im Westen oder der *Punkt 360* nordöstlich des Dorfes bieten prächtige Ausblicke auf den *Igaliku Fjord* und den mächtigen *Jespersens-Gletscher*.

In einer Zweitagestour ist es möglich, den großen Gletscher *Sermeq Kangilleq* zu erreichen, indem man durch die Schlucht östlich des Dorfes wandert und entlang der *Punkte 180 und 130* weitergeht. Man erreicht Wikinger-Ruinen und östlich davon eine kleine Schlucht, die nordostwärts zu einem Fluß führt, der aus dem Gletscher entwässert. Der Aufstieg bis hierher ist recht steil und manchmal problematisch, von hier aus jedoch leicht begehbar. Er führt zu einem guten Biwakplatz nahe *Punkt 310*. Mit der nötigen alpinen Erfahrung und Ausrüstung kann man den *Jespersensbrae* begehen.

Alternative zum Routenvorschlag über die Halbinsel

Das Gelände ist meist gut begehbar, und auf den Schafwegen sogar leicht. Grundsätzlich kann man fast überall wandern. Statt auf dem empfohlenen Trek von *Qallimiut* nach *Alluitsup Paa* zu gehen, kann man einer Route folgen, die westlich nach *Tasiluk* führt. Man durchquert einige der schönsten Teile Vatnaverfis mit offener Landschaft, langen Tälern und Hunderten von Seen.

Von *Qallimiut* nördlich an der Westseite des Sees zu einem Quertal südlich des *Ukkusik*. Der Fluß muß durchwatet werden, um *den Ukkusiip Tasersua* zu erreichen. Am Ostufer verläuft ein gut ausgetretener Pfad durch das dichte Gestrüpp. Erst am Nordende findet man gute Zeltplätze. Nördlich des Sees, um einen Berg herum, entlang einer Seenkette westlich des Südendes des *Tasersuaq* und weiter bis zum *Eqaluit Fjord* mit der gleichnamigen Schäfersiedlung. *Eqaluit* bedeutet *Forellenort*. Die Fische werden hier in großen Mengen gefangen: ein Anglerparadies.

Ein langer Tagesmarsch führt von

Auf der Insel Uunartoq in Südgrönland ist die Erdkruste dünn. Ein Bad im 35 Grad warmen Wasser im Anblick segelnder Eisberge ist eine Attraktion, wie sie kontrastreicher kaum sein kann.

Eqaluit bis *Tasiluk* an der *Westspitze* von *Vatnaverfi*. An der Felsküste entlang westwärts, teilweise auf Pfaden, oft hoch über den Fjord in anspruchsvollem Gelände, das jedoch keine Kletterkünste erfordert. Später wieder über ein Seensystem nach *Tasiluk*. Es gibt von *Tasiluk* keine regelmäßigen Verkehrsverbindungen nach *Qaqortoq*, man sollte die Abholung entweder vorher arrangieren oder den Schäfer zu einem »Lift« gegen Entgelt bewegen.

Nützliche Hinweise

Anreise/Rückreise: Nach Igaliku siehe Touren 1, 12. Von Igaliku nach Igaliku Kujalleq, Söndre Igaliku, Charterboot. In der Jugendherberge von Igaliku fragen. Von Alluitsup Paa Linienschiff mehrmals wöchentlich nach Qaqortoq.
Übernachtung: Siehe Touren 1, 12 für Narsarsuaq, Igaliku, Qaqortoq. Übernachtungen in Schäferhütten in Söndre Igaliku, Qorlortorsuaq, Qallimiut, Alluitsoq möglich, aber nicht sicher! Schullandheim, Hütte, bei Qanisartuut. Öffnungszeiten und Möglichkeiten beim Turistkontor in Qaqortoq erfragen. Teures Hotel in Alluitsup Paa. Zelt unbedingt notwendig.
Informationen: Siehe Touren 1, 9.
Karten: Siehe Touren 1, 9.

14 Der Drei-Fjorde-Trek im Paamiut-Gebiet

Kurzcharakteristik
Eine Unzahl Fjorde trennen die Halbinseln rund um *Paamiut,* die für einsame Gebirgstouren wie geschaffen sind: Steilwände, Plateaus mit der für die Arktis beachtlichen Höhe über 1000 m, prächtige Täler und charakteristische Gipfel.
Die Stadt *Paamiut*, früher *Frederikshab* genannt, liegt an der Mündung des Fjordes *Kuannersooq*, der bis zu den Gletschern des Inlandeises tief ins Landesinnere hineinreicht. Ein halbes Dutzend weiterer Fjorde dominiert die Gegend. Der beschriebene Trek auf der Halbinsel, auf der Paamiut liegt, berührt einen der schönsten Teile der Region und drei der Fjorde, die den Zugang zum Hochland und zum Gebirge erleichtern.
Südöstlich des Stadtgebietes erreicht das Gebirge Gipfelhöhen von 1300 m, die von Gletschern und Schnee bedeckt sind. Die ergiebigsten Rentiergebiete Grönlands finden sich hier. Der Forscher *James Hall* nannte es schon im 17. Jahrhundert »*Land of Comfort*«, einen der freundlichsten und schönsten Landstriche Grönlands. Der berühmte *Gletscher Isblink* und die verlassene Siedlung *Avigaat* nördlich von Paamiut bieten »touristische« Ziele.
Je weiter man ins Landesinnere zum Inlandeis vordringt, desto milder wird das Klima, da es von den Küstengebirgen beschützt wird. Das Farbenspiel im Packeis ist ein ganz besonderes Erlebnis, wenn das azurblaue Meer mit leuchtend weißen Eisbergen bestückt ist. Draußen am Meer bei *Paamiut* ist das Wetter weniger beständig. Das Meeresklima ändert sich nur wenige Kilometer im Inneren der Fjorde. Während Nebel und Nieselregen die Küstenstriche beherrschen, strahlt die Sonne nur wenige Kilometer entfernt in der Fjordwelt.
Beste Jahreszeit: Anfang Juni bis Ende September.
Gesamtgehzeit: 4 Tage.
Kartenskizze: Siehe Seite 188.

Routenvorschlag
1. Tag: Über das östlich an *Paamiut* anschließende tundraartige Seengebiet, am Nordende des Fjords *Sammisoq* vorbei und den 691 m hohen *Ungilak* umgehend, am Westufer des Fjords *Eqaluit* bis zu den unscheinbaren Ruinen von *Illorsuit*. *Eqaluit* ist als Basislager und Ausgangspunkt für Tageswanderungen hervorragend geeignet. Es kann auch von *Paamiut* in einer Bootsstunde erreicht werden.
2. Tag: Das Ziel des *Drei-Fjorde-Trek* ist die *Umrundung des Iviangiusarsuit*, eines steilen, 650 m hohen Massivs, während der man drei Fjorde berührt: den *Eqaluit*, den *Kangerluarsuk* und den *Nigerleq*, einen Ausläufer des *Nerutusoq*. Von *Illorsuit* folgt man dem Fluß ostwärts, vorbei an zwei Seen. Das Gelände ist auf einem guten Pfad zu begehen und das Gebiet um den *Nigerleq* ohne Probleme zu erreichen. Weiter quert man nach *Itilleq* am Südufer des Fjords entlang und kehrt zum Basislager am *Eqaluit* über einen Paß zurück.
3. Tag: Südlich des *Punktes 320*, den

Die Fjorde der grönländischen Westküste zu erwandern, ist wie eine Zeitreise, ein Trip in die Schöpfungsgeschichte.

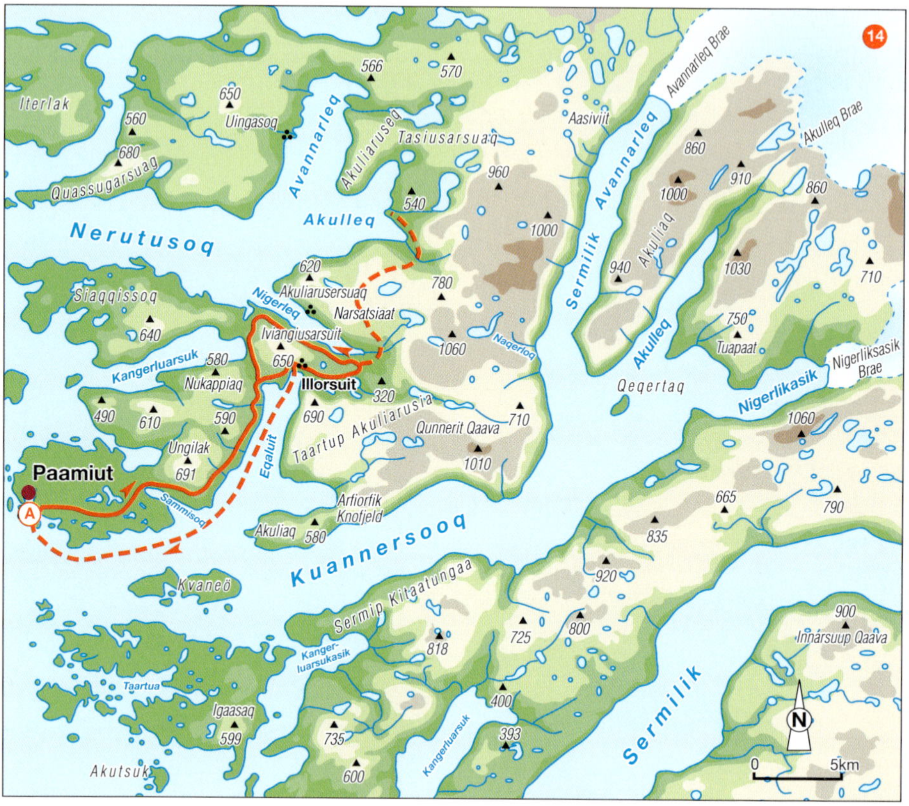

man wie am Vortag über die Route nördlich des Flusses und der zwei Seen erreicht, gelangt man in ein Gebiet mit vielen kleinen Cañons und schäumenden Wasserfällen. Auf den Aussichtspunkten öffnet sich der Blick auf das Innere des Fjords *Kuannersooq* und das Inlandeis. Zurück zum Basislager *Illorsuit*.

4. Tag: Per Boot oder auf ähnlichem Weg wie beim Hinmarsch zurück nach *Paamiut*.

Tagestouren ab Paamiut

Paamiut liegt auf einer hügeligen Halbinsel, die sich für schöne Wanderungen anbietet. Es erschließen sich immer neue Täler, neue Ausblicke, und an schönen Tagen hat man einen spektakulären Blick auf die *Packeisfelder* vor der Küste.

Eine Bootstour zum Gletscher *Nigerlikasik* ist kein Trekking; die Fahrt durch den steilen Fjord, dessen Wände bis 1000 m hoch senkrecht aus dem Meer schießen, ist jedoch sehr beeindruckend. Auch der nördliche Nachbarfjord *Sermilik Avannarleq* kalbt enorme Eismassen, die den Fjord oft so dicht bedecken, daß man das Wasser nicht mehr sieht. Die Gletscherfront des *Nigerlikasik* ist eine mächtige Mauer, die aus dem schwarzem Wasser ragt. Auch sie kalbt, und Eisberge treiben in den Fjord hinaus. Ein Landtrip entlang der Nordseite ins Landesinnere erschließt die Phänomene der Gletscherwelt Grönlands. Vor allem im Abendlicht ist die kalte Faszination, die Erhabenheit, Urgewalt und enorme Größe überwältigend.

Es gibt beliebig viele weitere Treks im

Paamiut-Distrikt. Das Gebiet wird nur von wenigen Touristen und Trekkern besucht. Zu Unrecht: Hier ist der Wanderer allein in einer beeindruckenden Natur. Die Touren sind durch ihre Einsamkeit anspruchsvoller als die südgrönländischen. Dem verwöhnten und erfahrenen Trekker öffnet sich hier das Herz, dem wildnisungewohnten »rutscht das Herz in die Hose«.

Die Gebiete um Qassit und Nerutusoq

Dem kreativen Trekker sei diese Gegend *nördlich* von *Paamiut* für einen längeren Aufenthalt empfohlen. Vor allem sind das Fjordende des *Qassit Kangerluarssua* und die Gegend des Flusses *Iterlaq* bestens geeignet. Im Fjord dominieren steile hohe Berge, in die sich das Meersystem eingeschnitten hat. Von dort aus kann man über pflanzenreiche Berghänge das Plateau auf etwa 500 m erreichen und über ein *Seensystem zum Inlandeis* wandern.

Eine schöne, anspruchsvolle Wanderung ergibt sich, wenn man sich von *Paamiut* aus mit Charterboot nach *Akulleq* am östlichen Ende des *Nerutusoq* bringen läßt. Der Weg über das Gebirge zum *Nigerleq Fjord* (siehe oben Drei-Fjorde-Trek) und über *Eqaluit* nach *Paamiut* ist eine Alternative.

Nützliche Hinweise

Anreise/Rückreise: Helikopterservice und Schiffsverbindung von Narsarsuaq/Qaqortoq.
Übernachtung: Auf der Tour Zeltbiwaks.
Karten: 1:1 000 000: 2107 Julianehab; 1:250 000: 61V1 Ivigtut; 62V1 Frederikshabs Isblink.

15 Der Tutu Trek am Nuuk Fjord

Kurzcharakteristik

Tutu bedeutet in Inuktitut *Rentier*. Die Gegend des *Nuuk Fjord* zwischen der Hauptstadt und dem Ort *Kapisillit* ist ein wildes Land und das rentierreichste Grönlands. Der Trek ist schwierig und anspruchsvoll. Das Gelände ist alpin. Schneebedeckte Pässe, steile Wände und dichte Vegetation erschweren das Wandern. Das Wetter kann hier hart sein. Die großen Steigungen, die steilen Hänge mit Geröll und dichtem Weidengestrüpp machen den Trek anstrengend, sind jedoch auch die Erfüllung für arktiserprobte Trekker.
Der *Nuuk Fjord* ist ein komplexes System aus Buchten, Fjorden und Sunden östlich der Hauptstadt bis zum Inlandeis. Es ist ein enorm großes Gebiet. Von Nuuk zur Eiskappe beträgt die Entfernung 100 km Luftlinie; vom *Ameralik Fjord* im Süden bis zu den großen Rentierweiden nördlich des *Nuup Kangerlua* ist es genauso weit.
Beste Jahreszeit: Juli und August.
Gesamtgehzeit: Etwa 5 Tage.
Kartenskizze: Siehe Seite 191.

Rentierjagd und Rentierzucht

Die Jagd auf die halbwilden Rene ist für Grönländer nicht nur Leidenschaft, sondern auch Bestandteil des ökonomischen Systems. Von Anfang August bis Ende September ist Saison, und die Einheimischen fahren mit ihren Booten in die Jagdgebiete. Sie kehren mit riesigen Fleischbergen und mächtigen Geweihen zurück. Geweihe und Hoden werden als *Aphrodisiakum* nach Japan exportiert.
Der jagdinteressierte Trekker hat vor allem in der Gegend um *Nuuk* hervorragende Möglichkeiten zur Rentierjagd. Das zentrale Gebiet zwischen dem *Ameralik Fjord* und dem *Nuuk Fjord* darf nicht bejagt werden, da hier »Hausrentiere« weiden, die von den Kommunen wie wilde Rinder gehalten und im Herbst geschlachtet werden. Nördlich des *Nuuk Fjord*, vor allem in der Gegend des *Qussuk Fjord*, ist die Jagd auf Rene möglich. Der *kleine Jagdschein* gilt für Hasen und Vögel und kostet etwa 1000 Kronen. Der *große Jagdschein* beinhaltet die Lizenz für zwei Rene, zwei Blaufüchse und zwei Weißfüchse. Die Schonzeiten sind regional unterschiedlich.

Routenvorschlag

Der Trek hat zwei Abschnitte:
Von Nuuk nach Qooqqut: Nordöstlich der Stadt liegt der *Flughafen*. Von der Haarnadelkurve wandert man nördlich um den *Berg Lille Marlene* und anschließend in ein Tal zwischen dem *Kuanninnguit* und dem *Punkt 800*. Ist der *Itilinnguaq* erreicht, steigt man von der Paßhöhe des Tales etwa 150 Höhenmeter hinauf und weiter südöstlich. In etwa 300 m Höhe erreicht man den *Aqqitsoq* an seinem westlichen Hang. Hinunter zum *Kobbe Fjord* und weiter bis zum Fjordende. Dem *Qassinnguaq* zum *Uummanna Sullua Fjord* folgen. Nördlich des Sees ostwärts und steil zu einem Paß zwischen *Punkt 1389* und *Punkt 1310*. Weiter am Gletscher vorbei südlich, die *Punkte 1310* und *1480* umgehen, nach Norden zum Sattel zwischen den *Punkten 1320* und *1120*. Hier liegt selbst im Sommer noch Schnee, besonders auf den Nordseiten. Der *Punkt 1090* kann beliebig umgangen werden. Die Hauptrichtung ist jetzt Osten. Über den Paß zwischen dem *Punkt 790* und einem Berg im Norden zum *Paßpunkt 330*. Nordwärts erreicht man den Fjord und das *Hotel Qooqqut*, das in Grönland eine Einmaligkeit darstellt. Es liegt mitten in der Wildnis und ist das einzige außerhalb von Städten. Es ist gleichzeitig ein hervorragender Stützpunkt für Wander- und Skitouren und vor allem für Leute geeignet, die ohne Zelt unterwegs sein wollen. Der gleichnamige Fjord ist ein hervorragendes Angelgewässer, in dem man sogar Rotbarsche fangen kann, die normalerweise nur im freien Meer leben.

Von Qooqqut nach Kapisillit: Die Route wird leichter, man benutzt mehr die Täler, und die Berge sind weniger alpin und steil. Das Gebiet wird »geschichtsträchtiger«. Der *Fluß östlich des Hotels* wird durchquert. Weiter dem Tal *Qinngua* folgen bis *Ilunnguaq*. Man findet zahlreiche *Wikinger-Ruinen*. Nördlich des *Sees 380* steigt man auf einen Paß und hinunter zum *Itilleq Fjord*. An Wikinger-Ruinen in nördlicher Richtung vorbei, über *Ivissuit*, *Itinneq* und *Itinnera*. *Itinnera* wurde von den *Saqqaq-Eskimos* schon vor etwa 4000 Jahren als Rentierlager benutzt. In *Itinnera* werden jährliche *»round up«* von den

Karibous, auf Inuktitut »Tutu« genannt, leben bis hinauf zum 80. Breitengrad. In Westgrönland werden sie als halbwilde Rentiere gezüchtet. Ihr Fleisch ist eine begehrte Delikatesse.

Rentierzüchtern aus *Kapisillit* veranstaltet. An der Küste entlang und östlich um den *Pingo* (siehe Tour 4) nach *Kapisillit*.

Das Vesterbygden der Wikinger

Die Landschaft wechselt oft in der Region des *Nuuk Fjord*. Im Nordteil erstreckt sich ein Seenhochland, das bis zur *Sukkertoppen Iskappe* reicht. Die Inseln haben große und steile Berge, die oft vergletschert sind. Die wenigen Wandermöglichkeiten sind anspruchsvoll. Im Inneren der Fjorde wird das Gelände sanfter und hügeliger, ist vom Eis gehobelt und von Wind und Wetter erodiert. Hier ist ein ideales Wandergelände. Der Fjord-Bereich war bevorzugte *Residenz der Wikinger* und die als *Westsiedlung* bezeichnete Region. In der Gegend von *Kapisillit* und dem Land südlich davon, im *Austmannadalen* und am *Ameralik Fjord*, sind Ruinen der Wikinger zahlreich. Daß die Wikinger im 14. Jahrhundert auch in *Vesterbygden* verschwanden, liegt nach einer der wahrscheinlichsten Theorien daran, daß es im *Nuuk Fjord* eine Periode harter Eiswinter gab. Mit *Hans Egede* begann 1721 die Periode der Erschließung durch Europäer. *KGH* errichtete Handelsstationen und die *Herrnhuter Missionsplätze*, vor

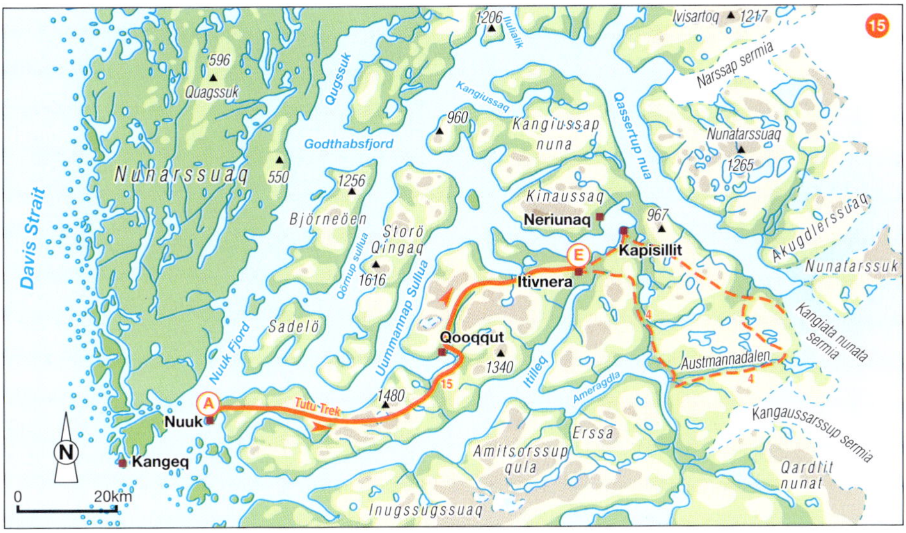

Obwohl jeder Inuk das Recht auf Jagd und Fischfang hat, versorgen sich die »verstädterten« Hausfrauen in Nuuk auf dem Markt mit Fisch und Karibufleisch.

Die Hauptstadt Grönlands

In *Nuuk* regiert das grönländische Parlament, und der Großteil der Zentralverwaltung des Landes ist hier angesiedelt. Die hohe Einwohnerzahl – es leben fast 15 000 Menschen hier – beweist, Nuuk ist das *Zentrum Grönlands* und Kristallisationspunkt eines lebendigen kulturellen Lebens. Nuuk hat die *Pionierstellung* eines modernen urbanen Wachstums, und diese Entwicklung geht schnell voran. Die Größe der Stadt hat sich in den letzten *20 Jahren fast verdoppelt*. Die Hälfte der Wohnungen sind modern und komfortabel, auch wenn die Wohnblöcke nicht unbedingt ansprechend sind. Zusätzlich hat man viele alte Häuser liebevoll restauriert. Grönlands *Landsmuseum*, das Nationalmuseum, hat eine einzigartige Sammlung: Die mumifizierten *Eskimoleichen* aus *Qilakitsoq* lohnen allein schon einen Besuch der Stadt. Weitere interessante Exponate aus der *Gustav-Holms-Sammlung* von der *Umiak-Expedition* an der Ostküste vervollständigen das berühmte Museum.

allem auf der Insel *Uummannaq* am Beginn des *Kapisillit Fjord*.

Trips um Nuuk

Der Name der Hauptstadt heißt übersetzt *Landspitze*. Durch diese exponierte Lage sind die sommerlichen Wandermöglichkeiten begrenzt. Das Fjordrevier stellt jedoch ein *ideales Kajak- und Kanuland* dar!

Die Region um den *Lille-Marlene-Berg* ist ein frequentiertes Naherholungsgebiet der Nuuker. Der Berg ist leicht vom Flughafen aus zu besteigen. Eine nette Wanderung führt durch das *Cirkus-Tal* und am *Marlene-Berg* vorbei. Dazwischen liegt ein versteckter See, von steilen Felswänden geschützt.

Nützliche Hinweise

Siehe Tour 4, außerdem: Hotel Qooqqut, Box 18, DK-3900 Nuuk, Grönland.

16 Der Arctic Circle Trail: Kangerlussuaq – Sisimiut

Kurzcharakteristik

Der Trek von *Kangerlussuaq* nach *Sisimiut* ist ein Klassiker. Er ist relativ preiswert, weil man direkt beim internationalen Flughafen in *Kangerlussuaq* startet. Die abwechslungsreiche Landschaft knapp nördlich des *Polarkreises* führt über weites Fjell, Seenlandschaften und Gebirge mit alpinem Charakter. Der Trail ist im Winter eine traumhafte Langlauftour.

An der Westküste Grönlands erstreckt sich von der *Baffin Bay* bis zur Abbruchkante des Inlandeises eine 250 km breite eisfreie, arktische Grünlandzone. Die Gletscher haben sich hier zurückgezogen und eine *grandiose Fjordlandschaft* hinterlassen. Schären, Inseln, Fjorde, Seen und Flüsse, schneebedeckte Bergrücken und Moorlandschaft mit dichtem Bewuchs bilden einen *arktischen Park*. Dieses Land ist, abgesehen von einigen nomadisierenden Karibou-Jägern und Lachsfischern, menschenleer. Wege und Stege fehlen und garantieren eine Natur im Urzustand.

Alte Eskimo-Jagdpfade und -Schlittenrouten führen durch dieses Naturparadies. Der Trail durch dieses Gebiet ist ein *Trekkinghöhepunkt* in Grönland. Hier ist ein Paradies für die seltenen Falken und viele andere Vögel. Der *Arctic Circle Trail* bietet lohnende Abstecher auf Gipfel, die man am besten von den Lagern aus besteigt. Vor allem während der Zeit der Mitternachtssonne ist der Trek ein großartiges Erlebnis. Das Gelände ist nicht schwierig, verlangt jedoch den ausdauernden Trekker. Die weitläufige Fjell-Landschaft mit einer reichen Tierwelt, die vor allem durch Rentiere geprägt ist, wird Sie in Verzückung versetzen. Die glasklaren Seen können im Sommer durchaus zum Baden verlocken. Als Empfehlung gilt die Richtung vom *Flughafen bis Sisimiut*. Bei der *Polizei* in *Kangerlussuaq* sollte man seine *Wanderpläne melden*.

Beste Jahreszeit: Ende Juni bis Mitte September.

Gesamtgehzeit: Etwa 10 bis 14 Tage.

Kartenskizze: Siehe Seite 195.

Nach fünf Stunden Flug von Kopenhagen aus steht man unvermittelt vor dem berühmten Wegweiser in Kangerlussuaq, der signalisiert: Der Nordpol ist näher als jede Großstadt!

Routenvorschlag

Der Trek hat zwei wesentliche Abschnitte: **Kangerlussuaq – Sarfanguaq:** Nutzen Sie einen der Busse des Hotels und fahren Sie 15 km zum Hafen. Dort beginnt der Trek. Nördlich des *Hundsö*, Hundesee, wandern Sie durch das Gebiet des *Tarajornitsut*, hinein in ein Seengebiet südlich des *Aasivissuit Tasia*. Weiter bis zum Wasserfall *Qorlortoq*. Der Fluß führt im Frühsommer viel Wasser, die Überquerung kann problematisch sein. Flußabwärts erleichtern einige Blöcke den Übergang. Steil zu den Seen auf der Nordseite des *Punktes 420*.

Westlich über die Oberläufe der Flüsse, die am *Kiattup Umiivik* enden. Am westlichen Flußlauf nördlich, dann in ein Tal nach Westen und südlich des *Punktes 650* wandern. Das Gebirge im Norden wird auf einem Paß überschritten. Nordwestlich an kleinen Seen vorbei. Der Fluß *Umiivik* muß nördlich, d. h. weit oben, gequert werden. Weiter am Fluß entlang durch *Naqinninnguaq* bis zum *Punkt 1120* auf der Südseite. Die Hauptrichtung heißt West. Südlich von *Pingu* und *Pingu Salia*, vorbei an einem schönen Wasserfall. Weiter nach Westen zum *See 290*. Auf der westlichen Talseite Abstieg nach *Itinneq*. Hier steht im Sommer ein halbpermanentes Fischerlager der Grönländer. Sie werden mit Wahrscheinlichkeit Menschen treffen. In der Nähe gibt es mehrere Eskimo-Gräber.

Über eine Terrasse der Südseite des *Ituliumanersuup Portornga* bis zu einem breiten Tal, dem man folgt, und über einen Paß zwischen dem *Arnaq Qallunaq*. Steil hinab zu einem See und über einen Paß westlich. Bei einem kleinen See hält man sich nach Süden, um Steilhänge beim großen See nördlich von *Igalaasat* zu umgehen. Das folgende Gebiet ist von Meerklima geprägt, das gesegnete Inlandwetter macht einem feuchteren Wetter Platz. Auch das Fjell wird alpiner. Südlich vom großen See an zwei kleinen Seen vorbei, wo man sich westlich orientiert und den *Igalaassat* erreicht. Der Fluß wird etwa 4 bis 5 km vor der Küste, bei einem kleinen See, durchquert. Über die Berge westlich zu einem weiteren See, dessen Abfluß einen Wasserfall bildet. Westlich des Falls den Fluß überqueren, der parallel zum *Igalaassat* fließt. Südlich hinauf, vorbei an zwei kleinen Seen, zu einem größeren See. Westlich durch ein Tal und langer Abstieg zu einem See nördlich von *Sarfanguaq*.

Für diesen Abschnitt muß man etwa neun Tage rechnen. *Sarfanguaq* bedeutet »Die kleine Stromschnelle«. Das Dorf ist hübsch, mit bunten Holzhäusern an den Bergflanken. Da *Sarfanguaq* kein Süßwasser hat, wird an diesem Platz Wasser gefaßt. Die Chancen auf einen »Lift« über den Fjord sind groß. Außerdem ist es üblich, gesehene Gäste vom anderen Ufer abzuholen. Der Ort wird dreimal wöchentlich mit einem Schiff von *Sisimiut* bedient.

Sarfanguaq – Sisimiut: Der interessanteste Teil des Treks folgt. Wo die auf der Karte eingezeichnete Schlittenspur beginnt, folgt man einem Pfad zu einem Paß und einer Schlucht. Westlich um das Massiv, nördlich zu einem Fluß, der eine »Nase« bei der Durchquerung und dem Ausstieg aus dem Cañon erfordert. An

Kangerlussuaq – »Kunstort« Flughafen

Es gibt eigentlich *keinen Ort*, sondern nur eine *Ansammlung von Häusern* und Wirtschaftsgebäuden um den Flughafen herum. Das *Hotel* ist ordentlich und vermietet Zimmer und Schlafräume. In der Nähe ist ein Campingplatz. Ein *KNI-Laden* bietet sich für die Verproviantierung der Treks an. Von Europa aus kann man versuchen, hier seinen Tourenproviant rechtzeitig zu bestellen, so daß man ihn nicht nach Grönland einführen muß.

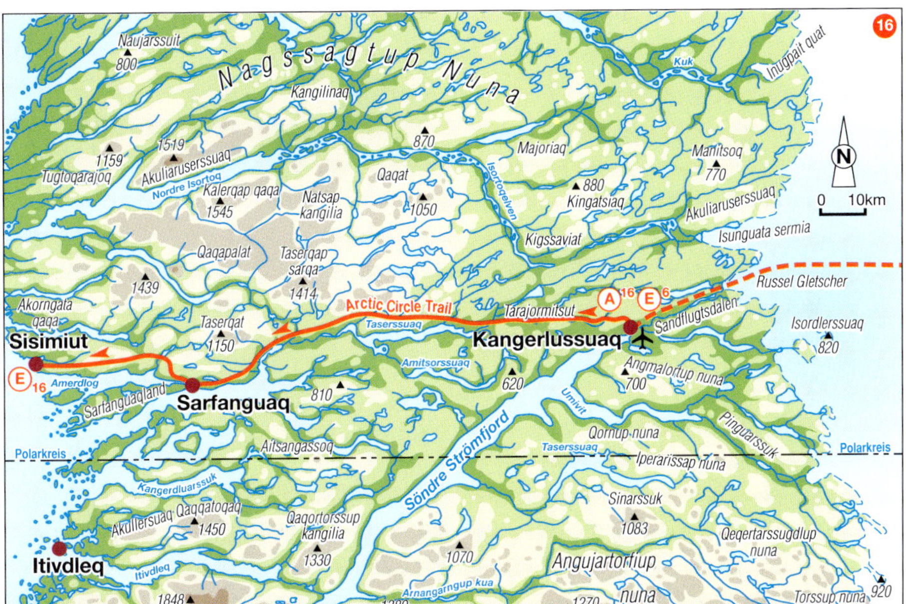

Die grönlandische Westküste lockt mit glasklaren Seen und Flüssen, die im Sommer durchaus zum Baden einladen. Für den Trekker, den eine weitläufige Fjellandschaft begeistert, liegt hier das Paradies. Solche Wasserfälle, in Mitteleuropa eine Attraktion, werden in Grönland der Normalität zugeordnet.

der Westseite des Berges *Utoqqaat Kinginnerat* nördlich. Das Land wird weiter. Breite Sandbänke durchwandern Sie, der Fluß am Oberlauf beim großen See wird überquert. Nordwestlich zu einem langen See, den man auf der Nordseite umrundet, bis man den See westlich von *Qaarajuttoq* erreicht. Am Fluß entlang bis zum *Fjord Kangerluarsuk Tulleq*. Weiter westlich um *Punkt 150* herum. Über den *Paß Qerrortusup Majoriaa* auf der Nordseite zu einer großen Ebene. Am Berg *Kaellingehaetten* durch das Tal nach *Sisimiut*. Diese Etappe erfordert etwa drei Tage.

Der Icecap Trail

Die lohnende Zwei- bis Drei-Tage-Tour führt zum *Russell-Gletscher*, einem Gletscherarm, der das *Sandflugtsdalen* nach Osten abschließt. Vom Flughafen führt hierher eine Schotterstraße. Der *Sugar Loaf* kann auf einem Pfad bestiegen werden, wo Sie Fragmente eines früheren Rundfunksenders finden. Vom *Sugar Loaf* weiter über Radspuren bis dicht an den Gletscher. Hier stehen Sie an einer 30 m

Der Klassiker im Winter »auf die Schnelle«: Arctic Circle Race

Ein neuartiges Langlauf-Ereignis wird jährlich auf dem *Arctic Circle Trail* durchgeführt. Der grönländische Skiverband veranstaltet im April ein *Arctic Circle Race*. In drei Tagen laufen Sie 160 km durch die herbe Natur von *Kangerlussuaq* nach *Sisimiut*. Die Landschaft ist zu einem überdimensionalen weißen Eisteppich geworden, der durch zugefrorene Seen und Fjorde verstärkt wird. Das »Rennen« wird mit Hunde- und Motorschlitten unterstützt. Sie sollten ein erfahrener Langläufer sein, mit Ausdauer, Abenteuerlust und einer guten Kondition. Die Route ist markiert, aber ein großer Teil des Rennens hat nach Warnung des Veranstalters *»expeditionsähnliche Bedingungen«*.

hohen Eismauer, mit der nicht zu spaßen ist. Denn der Gletscher ist in Bewegung, und immer wieder brechen tonnenschwere Eisstücke ab. Weiter um den *Aajuitsup Tasia* herum. Biwak am Ostufer des Sees, von dem man einen Tagestrip an der Nordseite des Gletschers zu mächtigen Wasserfällen unternehmen kann. Auf Rentierspuren den *Aajuitsup Tasia* nördlich entlang, zwischen ihm und dem *Sanningasoq* zu einem Schotterweg hinunter steigen und zurück nach *Kangerlussuaq*.

Sisimiut

Die *zweitgrößte* Stadt Grönlands hat etwa 5000 Einwohner und liegt knapp nördlich des Polarkreises. Haupterwerbszweig ist die *Schleppnetzfischerei*. *Tourismus* wird hier als Wirtschaftsfaktor gepflegt. *Sisimiut* bedeutet »Das Volk an den Fuchsbauten«. Die Stadt hat im Sommer sogar ein Freibad und einen Heliport. Es ist eine gute Infrastruktur vom Seemannsheim bis zum Sternehotel in der Stadt vorhanden.

Nützliche Hinweise

Anreise/Rückreise: Der Jet landet von Europa kommend in *Kangerlussuaq,* dem Ausgangspunkt. Eines der wenigen Trekkings auf diesem Erdball, wo auf dem internationalen Flugplatz der Rucksack geschultert wird. Von *Sisimiut* mit dem Helikopter zurück nach *Kangerlussuaq*. Siehe auch Tour 6.
Übernachtung: In *Kangerlussuaq* gibt es ein für arktische Verhältnisse gutes Hotel: Lufthavnshotellet, POB 1006, Tel. +299 111 80, Fax +299 112 84. In *Sisimiut/Holsteinsborg* übernachtet man in einfachen Hotels (Hotel Sisimiut, Tel. +299 148 40) oder im Seemannsheim (Sömandshjemmet, Tel. +299 141 50, Fax +299 15791). Während der Tour Zeltbiwaks. Hütten auf dem Trek sind geplant.
Informationen: *Kangerlussuaq Tourist Service,* Tel. +299 11098. Sisimiut Turistkontor, POB 65, DK-3911 Sisimiut, Grönland, Tel. +299 148 48, Fax +299 156 22.
Karten: 1:1 000 000: Söndre Strömfjord; 1:250 000: 66V1 Holsteinsborg, 66V2 Söndre Strömfjord Ost; 1:100 000: Fjeldkort Söndre Strömfjord, Fjeldkort Sisimiut.

17 Der Isbrae Trek auf der Halbinsel Ilulissat

Kurzcharakteristik

Das großartigste Naturschauspiel in der Region von *Ilulissat* ist der Anblick des *Jakobshavn Isfjord*, der von den gewaltigen Eisbergen des *Jakobshavn Isbrae* verrammelt und vielleicht *die* Sensation in Grönland ist! Der Riesengletscher kalbt enorme Eisberge, die langsam in Richtung *Diskobucht* treiben. Es sind so viele der »weißen Wunder«, daß man kaum Wasser sehen kann, da sie sich an der Mündung des Fjords an einer unterseeischen Schwelle stauen.
Der *Isbrae Trek* beschreibt eine Runde auf der *Halbinsel Paakitsup Nunaa,* auf der *Ilulissat* liegt, und berührt die eindrucksvollsten Teile dieses Naturwunders. Er eröffnet spektakuläre Blicke auf das Meer, das Inlandeis und den *Isfjord*.
Beste Jahreszeit: Anfang Juni bis Ende September.
Gesamtgehzeit: 3 Tage.
Kartenskizze: Siehe Seite 201.

Routenvorschlag

Hinter dem *Flughafen*, der einige Kilometer nördlich der Stadt liegt, trifft man auf eine Schlittenspur, die nach Norden in Richtung *Bredebugt* in leicht begehbares Gelände führt. Man kann auch der flachen Küste folgen, mit sehr schönem Ausblick auf das Eismeer. Bei der *Bucht Uujuk Kangilleq* mündet der *Fluß Uujuup Kuua*, der von einem Seengebiet südöstlich kommt, das im Sommer trockenfällt. Durch eine tiefe Schlucht mit steilen Wänden klettert man, oder springt von Stein zu Stein, durch das Flußbett.

Nach 2 km wird das Tal weiter, und man erreicht einen flachen See. Die Route verläuft weiter südöstlich über Geröllfelder zu einem zweiten Cañon. Dort, wo dieser nach Nordost abbiegt, bildet der Fluß einen schönen Wasserfall. Über Sand- und Geröllfelder – oder im Früh-

Die gewaltigen Eisströme des Jakobshavn Isbrae untermauern die Metapher vom »Ewigen Eis«. Sie sind allerdings nicht mehr als ein winziger Aderlaß des Inlandeises. Hier können Eisberge enorme Dimensionen erreichen. Sie haben sogar eigene Seen!

sommer um die Seen herum – zum *Nalluarsuup Tasia*, einem flachen Bergkamm im Südosten. Von hier spektakulärer Ausblick auf Meer, Eiskappe und Isfjord.

Am Ende der *Bucht Naalluarsuk* »berührt« man die Eismassen des Isbrae im wahrsten Sinne des Wortes. Weiter am Ufer entlang in Richtung *Ilulissat*. Bei *Aallaaniarfik* steht eine kleine Hütte der Robbenfänger, die diese im Winter auf ihren Schlittentouren benutzen. Empfehlenswerter Aufstieg auf den Berg *Inussunnquaq* (234 m). Weglos, immer auf den Höhen oberhalb des *Isfjord* bleibend, mit fantastischen Ausblicken zurück nach *Ilulissat*.

Weltwunder Jakobshavn Isbrae

Als einer der *aktivsten Gletscher der Erde* bewegt er sich *täglich* etwa 25 bis 30 m. Diese Geschwindigkeit erreichen »schnelle« Alpengletscher im Jahr! Er kalbt auf einer Breite von 10 km und produziert 140 000 000 Tonnen Eisberge täglich, was 25 km^3 Kalbeis im Jahr entspricht. Die Verzweigungen des Gletschers reichen mehrere hundert Kilometer ins Inlandeis hinein. Das Eisgebirge ist keine einheitliche Masse, sondern besteht aus ruhenden Partien, aber auch aus Gletschern, die den Talsenken im Untergrund folgen und sich als große Eisströme durch die Landschaft schlängeln, bis sie ins Meer kalben.
Eisberge bis 100 Meter Höhe sind keine Seltenheit. Unter Berücksichtigung, daß $^7/_8$ bis $^9/_{10}$ der Masse eines Eisberges unter Wasser liegen, haben diese eine Tiefe von bis zu 1000 Metern! An einem unterseeischen Riff vor der *Diskobucht* bleiben sie hängen und führen zu diesem spektakulären Stau.

Die Stadt Ilulissat

Die große *Diskobucht*, die nach Norden den breiten Landgürtel Mittelgrönlands abschließt, ist ein Insel- und Fjordsystem. Die Region ist gesegnet durch sonniges, trockenes und sehr viel windstilles Wetter. Die *außergewöhnlich trockene Luft* erlaubt eine enorme Weitsicht bis 150 km. Die Gegend um *Ilulissat* bietet einzigartige Szenerien entlang des *Jakobshavn Isfjord*.

Die Stadt ist *kulturelles Zentrum* von Nordwest-Grönland und wird auch »Grönlands Tor nach Norden« genannt. Über 5000 Schlittenhunde gehören genauso zum Stadtbild wie die bunten Häuser, der Hafen, Schulen, Kirchen, Einkaufsläden, Hotels, Restaurants und der Fisch- und Jägermarkt. *Ilulissat* ist Verkehrszentrum. Es bestehen Flugverbindungen von *Kangerlussuaq* und *Kopenhagen* hierher. Über diese »Drehscheibe« befördern Helikopter Passagiere zu den anderen Orten der *Diskobucht* sowie nach *Uummannaq*, *Maarmorilik* und *Upernavik*.

Sehenswert ist das kleine *Museum* von Knud Rasmussen, der mit langen Hundeschlittenexpeditionen das Wissen um die Eiswildnis Grönlands und den Nordteil der Insel erhöhte. *Ilulissat* ist relativ touristisch. Es gibt eine gute Infrastruktur sowie eine rege Stadtverwaltung. Vor allem in der Winterzeit werden Hundeschlittenfahrten und Angelausflüge auf dem gefrorenen Meer angeboten. Eine mehrtägige Tour führt bis hinauf nach *Uummannaq*. Die gesamte Bucht ist ein *hervorragendes Kajakrevier*, geführte Touren werden angeboten.

Ilulissat hieß früher Jacobshavn. In den Holzhäusern des Ortes am gleichnamigen Fjord leben etwa 3000 Einwohner, die sich von den fischreichen Gewässern vor der Küste ernähren.

Wanderung nach Oqaatsut

Diese alte holländische Walfängerstation, auch *Rodebay* genannt, ist eine stramme, aber leichte Wanderung von *Ilulissat* aus. Bis zum *Uujuk Kangilleq* auf dem *Isbrae Trek* vom Flughafen nach Norden und dann die Bucht im weiten Bogen nach Osten ausgehend, bis man auf die Schlittenhundespur beim *Qarajaq* trifft. Weiter bis zur Siedlung. Hier findet man einen alten Laden, die Reste der großen Trankochereien mit riesigen Kesseln, in denen der Speck gekocht wurde, und große Pressen für die Trangewinnung.

Der Trek von/bis Ilulissat dauert zwei Tage. Man kann auch einen Bootstransport zurück nach Ilulissat buchen.

Nützliche Hinweise

Anreise/Rückreise: *Ilulissat* wird mit Turboprob von *Kangerlussuaq* angeflogen. Schiffsverbindungen bestehen entlang der Küste. *Ilulissat* ist Ausgangs- und Endpunkt der Tour.
Übernachtung: In *Ilulissat* gibt es mehrere Hotels. *Das Arctic Hotel*, 2 km stadtauswärts in Richtung Flughafen, hat europäischen Standard und eine spektakuläre Aussicht (Tel. +299 44153, Fax +299 43924). Das *Hotel Hvide Falk* (Tel. +299 43343, Fax +299 43508) in der Stadt hat das beste Essen.
Informationen: *Ilulissat Tourist Service,* POB 272, DK-3952 Ilulissat, Grönland, Tel. +299 44322, Fax +299 43933.
Karten: 1:1 000 000: 2058 Disko; 1:250 000: 69V2 Jakobshavn.

18 Der Qeqertarsuaq Trail auf der Insel Disko

Kurzcharakteristik

Etwa 500 km nördlich des Polarkreises liegt die *ungewöhnliche Insel Disko*, der man nachsagt, das schönste und stabilste Wetter Grönlands zu haben. Verläßt man *Grönland,* ohne diese Insel zu besuchen, hat man Grönland nicht gesehen. *Disko*, in Inuktitut *Qeqertarsuaq* genannt, was »Die große Insel« bedeutet, ist eine Besonderheit. Sie wird von Bergen gebildet, die weit über die 1000-Meter-Grenze reichen. Ein Gebirge im Meer! Hier ist Bergsteigerland.

Der *Qeqertarsuaq Trek* bietet sich von der gleichnamigen Stadt als Rundtour an. Die Route berührt das Meer und führt durch zwei Täler, in denen man sich sehr gut orientieren kann, so daß sich der Trip auch für »Orientierungsanfänger« eignet. Die Flora ist in ihrer arktischen Pracht beeindruckend. Lagerplätze findet man fast überall.

Beste Jahreszeit: Anfang Juni bis Ende September.

Gesamtgehzeit: Die empfohlene Rundtour dauert etwa 5 Tage. Sie kann um 2 bis 3 Tage verlängert werden, wenn man nicht das *Blaesedalen* benutzt, sondern östlich weiter zum *Brededal* wandert und über *den Paß Tunusua* ins *Blaesedalen* zurücksteigt.

Kartenskizze: Siehe Seite 204.

Routenvorschlag

Nördlich von *Qeqertarsuaq* öffnet sich ein mächtiges Tal, das zum *Kangikerlak* (Disko Fjord) führt. Es ist 22 km lang. Parallel dazu läuft im Osten das *Brededal*

»Disko«, die »Große Insel« ist etwas Besonderes. Das weite Tal Itenneq Killeq ist gut zu durchwandern. Basaltsäulen markieren den Weg.

und westlich das *Tal Itinneq Killeq*. Der *Qeqertarsuaq Trek* ist eine Rundtour zwischen diesen Tälern.

Immer an der Küste entlang von *Qeqertarsuaq* bis zum *Kuup Akua*. Die Küste ist oft steil, jedoch begehbar. Das weite *Tal Itinneq Killeq* ist gut zu durchwandern. Es empfiehlt sich, an den Bergseiten zu gehen, da das Tal oft feucht ist. Beim *Berg Luciefjeld*, 359 m, findet man sehr schöne Basaltsäulen.

Am Meer wendet man sich nach Osten. Auf der *Halbinsel Qivittut* ist ein *Fangsthus*, eine Hütte der grönländischen Jäger. Weiter nach Süden ins *Blaesedalen*, wo man Flüsse durchwaten muß. Über einen Paß weiter südlich nach *Qeqertarsuaq*.

Eine längere Alternative durch das Bbrededal ist unter »Gesamtgehzeit« beschrieben.

Diskoinsel

Die große vulkanische Insel, die man von allen Orten in der *Diskobucht* sieht, ist ein *Schlaraffenland* für Biologen, Geologen, Ornithologen, Zoologen und Botaniker. Im

Meer sieht man fast garantiert *Wale*. Der berühmte *Säulenbasalt* entzückt Geologen, und mehr als 50 % der *500 Pflanzenarten Grönlands* sind auf der Insel präsent. Von der Universität Kopenhagen wird eine arktische Forschungsstation betrieben.

Qeqertarsuaq vereint all das, was man unter Grönland versteht: riesige Eisberge, hechelnde Schlittenhunde, Mitternachtssonne und eine liebenswerte Bevölkerung, die von Fang und Fischerei lebt und in bunten Holzhäusern wohnt.

Die Stadt Qeqertarsuaq

1773 als Walfängerstation vom Kaufmann *Tvend Sandgren* gegründet, wurde die Stadt, damals *Godhavn* genannt, zu einem der Zentren des Walfangs. Jetzt setzt man hier auf den *Tourismus:* geführte Wanderungen, Walsafaris mit Boot, Schlittenfahren, Sommerskilauf, Lachsangeln, Hochseeangeln auf den Kabeljau und *Kaffeemik*, Treffen mit Grönländern zu Hause. Ein *Museum* gibt mit Schwerpunkt Walfang über die Geschichte der Insel Auskunft.

Ganz in der Nähe des Hotels ist eine hochmoderne *Krabbenverarbeitungsfabrik*, deren Besuch lohnenswert ist. Sie bildet einen Kontrast zu den 250 alten, stimmungsvollen Holzhäusern.

Hundeschlittenfahrt im Sommer

Qeqertarsuaq bietet im Sommer etwas Besonderes an: Hundeschlittenfahrten. In der Höhe von etwa 1000 bis 1400 Meter liegt der *Sermersuaq*, ein 75 km langer Gletscher, der auch im Sommer schneebedeckt ist. Eine Hundeschlittenfahrt auf diesem großen Eisfeld ist ein nettes Erlebnis und dauert zwei Tage.
Mit einem Boot wird von *Qeqertarsuaq* die *Bucht Itinneq* erreicht. Dann Wanderung durch leichtes Gelände bis zum ewigen Schnee in Höhe von 600 m (3 Stunden, 7 km). Mit Schneemobil wird man zu einem permanenten Zeltlager befördert, das auf 1000 m Höhe liegt. Hervorragende Rundsicht. Dann wird die eigentliche Hundeschlittentour über den Gletscher durchgeführt.

Nützliche Hinweise

Anreise/Rückreise: *Qeqertarsuaq* wird von *Ilulissat* mit Helikopter mehrmals wöchentlich bedient. Schiffsverbindung zum 50 km entfernten Ilulissat fast täglich.
Übernachtung: Es gibt ein *Hotel* (Hotel Puisi, Tel. +299 47310, Fax +299 47313) sowie eine *Jugendherberge* in *Qeqertarsuaq*. Zeltbiwaks an beliebigen Stellen und eine Jagdhütte auf der Tour – bei Qivittut.
Informationen: *Qeqertarsuaq Turistkontor* c/o Museet, DK-3953 Qeqertarsuaq, Grönland, Tel. +299 47153. Disko Travel, Tel. +299 47527, Fax +299 47322.
Karten: 1:1 000 000: 2057 Disko; 1:250 000: 69V1 Godhavn.

19 Eisberge und Eskimogräber: Der Ilimanaq Trail

Kurzcharakteristik

In der südlichen *Diskobucht* liegt das kleine Dorf *Ilimanaq*, von dem aus man den *Jakobshavn Isfjord* erreicht und auf einer Aussichtskanzel bewundern kann. Dieses Gebiet war seit Tausenden von Jahren bevorzugtes Jagdrevier der Eskimos. Auf der Strecke gibt es unzählige *Eskimogräber*, einzelne wie auch ganze Friedhofsanlagen. Die Wanderung führt mit spektakulären Ausblicken am Eismeer entlang und über eine Hochebene nach *Ilimanaq* zurück.
Beste Jahreszeit: Anfang Juni bis Ende September.
Gesamtgehzeit: 2 Tage, wobei empfohlen wird, am *Jakobshavn Isfjord* länger zu verweilen.
Kartenskizze: Siehe Seite 206.

Routenvorschlag

Vom Dorf nördlich immer an der Küste entlang auf der in der Karte eingezeichneten Hundeschlittenspur nach *Illumiut*. Hier trifft man auf die ersten Eskimograbstätten, auch auf Wikinger-Ruinen. Sie sind nicht leicht zu entdecken, da sie in zugewachsenen Geröllfeldern liegen. Weiter an der Küste entlang bis *Aqquluk* und dem *Kap Eqi* am *Isfjord*. Das hügelige Gelände mit steiler Felsenküste und kleinen tiefen Schluchten ist interessant zu wandern, bis man an einem einzigartigen Aussichtspunkt steht. Man blickt hinüber nach *Ilulissat* und auf den Eisstrom des *Jakobshavn Isfjord*.

Der Rückweg verläuft im Landesinneren über die weite Ebene mit vielen Seen. Bei einer kleinen Erhebung findet man eine Höhle, in der *menschliche Skelette* liegen. Die Sage erzählt, daß diese Eskimos von einem Schneesturm überrascht wurden, in der Höhle Schutz suchten und hier erfroren sind.

Paradies für Archäologen

Vor allem in der Gegend von *Illumiut* und *Aqquluk* gibt es unzählige Gräber. Die Region von *Qasigiannguit* ist ein Paradies für Archäologen. Durch die vielen Funde mußte sogar die Geschichtsschreibung geändert werden: Heute weiß man, daß Eskimos hier schon vor 4000 Jahren siedelten. Die Ausgrabungen sind noch nicht

beendet. Wenn die Registrierungen und Analysen abgeschlossen sind, sollen die Ausgrabungen in einem *Museum in Qasigiannguit* aufbewahrt werden. Es wird, was die Frühgeschichte betrifft, mit Sicherheit eines der *wichtigsten Museen der Arktis.*

Der gesamte Distrikt ist außergewöhnlich fruchtbar und hat eine *überreiche Flora*: hohe Gräser und Täler mit dichten Büschen. Vor allem im Spätsommer gibt es viele Blaubeeren, Krähenbeeren und Preiselbeeren.

Kombitour mit Kajak und Rucksack

Die dänische Reiseorganisation *DVL-Rejser* (siehe Adressen im Serviceteil) veranstaltet seit einigen Jahren eine originelle, geführte Trekkingtour. Von *Ilimanaq* werden zusammenfaltbare Kanus über den schmalen Landstreifen bis zum *Tasiusaq* getragen. Auf dem Fjord paddelt man östlich bis *Isua*, einer großen Bucht südlich vom Berg *Tulukkat Qaqqaat*. Die Kanus werden zurückgelassen, und man wandert über das Gebirge zum Gletscher, der den *Jakobshavn Isbrae* nährt.

Nützliche Hinweise

Anreise/Rückreise: Siehe Tour 17. Von *Ilulissat* wie von *Qasigiannguit* mehrmals in der Woche Schiffsverbindung zur Siedlung *Ilimanaq*.
Übernachtung: Keine Übernachtungsmöglichkeit in *Ilimanaq*, Zelt erforderlich.
Informationen: *Qasigiannguit Turist Service* c/o Hotel Iglu, POB 160, DK-3951 Qasigiannguit, Tel. +299 45081, Fax +299 45524.
Karten: 1:1 000 000: 2057 Disko; 1:250 000: 68V2 Christianshab, 69V2 Jakobshavn.

Diese Mumie aus dem Museum in Nuuk ist ein Zeugnis der Siedlungsgeschichte der Inuit, die vor 4000 Jahren begann, als sie über die zugefrorene Beringstraße von Asien aus die Küsten Grönlands, Baffins und Nordamerikas besiedelten.

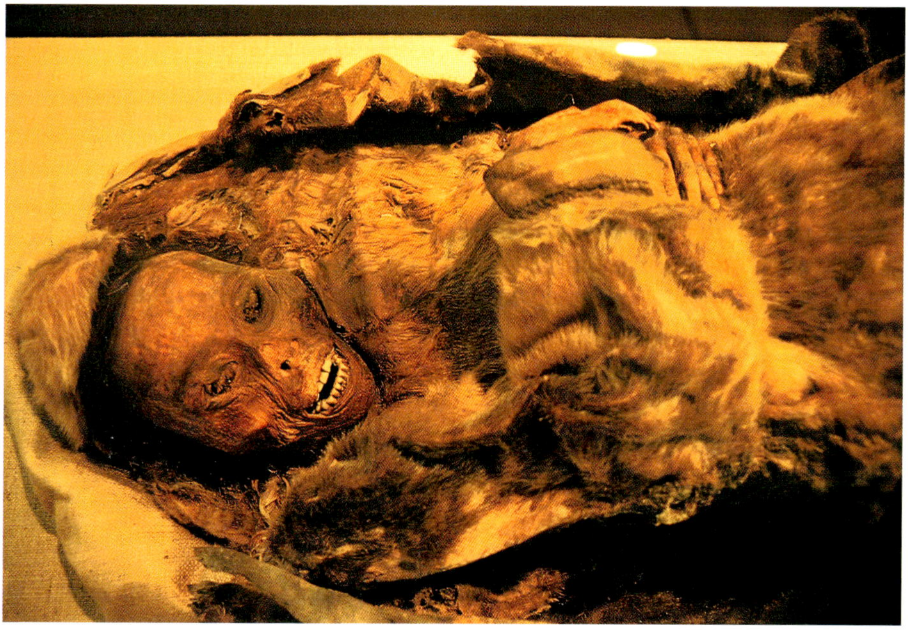

20 Paddeltraum Uummannaq Fjord

Kurzcharakteristik

Die grönländische Fjord- und Inselwelt ist ein *Paddler-Paradies für Geübte*. Dieses Superlativ gilt vor allem für die *Bucht von Uummannaq*. Dieser Fjord ging in die Literatur ein: Hier schleppte *Alfred Wegener* 1930 Propellerschlitten aufs Inlandeis, und hier entstand 1932 der berühmte Film von *Arnold Fanck*, *SOS Eisberg*.
Eine Welt auch heute noch wie vor 10 000 Jahren in Europa: Eiszeit pur.
Das Paddeln in den *geschützten Fjorden* kann viel einfacher sein als auf der Nordsee oder in der Ägäis. Es gibt kaum Brandung, keinen hohen Seegang, *kaum Gezeitenunterschiede*. Das sollte nicht zum Leichtsinn verleiten; denn es können *unberechenbare Wetterfronten* von Westen auf das Gebiet prallen, oder der *Föhn* vom Inlandeis wird zum Sturm. Auf das Kentern sollte man durch eine fundierte Paddelerfahrung vorbereitet sein, oder man muß die richtige Einstiegstechnik in das umgeschlagene Boot beherrschen. *Faltboote* bieten sich wegen der guten Transportmöglichkeit an, ebenso *aufblasbare oder faltbare Kanadier*. Bei etwas Vorsicht besteht kaum Gefahr, daß die Bootshäute durch Eis beschädigt werden. Eisbergen kann man nur mit einer Technik begegnen: Großen Abstand halten!
Auf der empfohlenen Route werden gleich fünf grönländische Siedlungen besucht.

Paddeltips für das Eismeer finden Sie auch bei den Touren 1 und 3.

Beste Jahreszeit: Juli und August.
Gesamtfahrzeit: Etwa 10 Tage. Es kann verkürzt oder verlängert werden.
Kartenskizze: Siehe Seite 211.

Einzigartige Stimmung im Uummannaq Fjord. Die Fischer schätzen die Sicherheit der geschützten Fjorde ebenso wie der Seekajakfahrer. Es gibt kaum Brandung, wenig Tidenhub und hoher Seegang ist selten.

Routenvorschlag

Die Boote baut man im Hafen von *Uummannaq* auf. Westlich paddelt man etwa 7 km bis zur Küste und weiter an dieser entlang nach *Qaarsut*. Nach der Besichtigung des kleinen Ortes an der Küste zurück zu einem Fangsthus bei *Qaarsuarsuk Kangilleq*. Sie paddeln im Meerarm *Saqqarput*. Der Küste südöstlich folgen, unter den mächtigen Wänden des *Kingittoq*, 1150 m, bis auf die Höhe des Berges *Soqqaq*. Die Gebirgslandschaft ist überwältigend. Gletscher fließen bis fast ins Meer hinein. Unterwegs findet man bei *Qaajanaq* eine Hütte. Die auf der Karte eingezeichneten Wikinger- und Eskimo-Ruinen sind gute Lagerplätze.

Über den Fjord nach *Ikerasak*. Auch hier gibt es ein *Fangsthus* in der Nähe des Ortes. Die Insel nordwestlich entlang und zur gegenüberliegenden Insel ans Kap *Akuliaruseq*. Genau nordwärts zur *Insel Akulleq* und an die Westseite der Insel *Qaqullussuit* übersetzen. Hier hat man Probleme mit dem Anlanden: Steile Berge, bis 1080 m hoch, bilden eine eindrucksvolle Wand. Beim Kap *Anorituup Nuua* ist wieder eine Jagdhütte. Direkt oder via der

Zwischen Eisbergen zu paddeln, entbehrt nicht eines gewissen Nervenkitzels. Sich vorzustellen, daß dieses traumhaft schöne Gletscherstück, das 100 Meter über die Wasserlinie ragt, ein Berg von vielleicht 800 Metern ist, fordert sowohl mathematisches Verständnis wie Phantasie und Vorsicht.

Insel *Tuullittalik* zur Insel *Saattut* mit dem gleichnamigen Dorf. Durch ein Schärengebiet nach Norden, östlich um die *Insel Appat* herum in den *Torsukattak* zum *Dorf Ukkusissat*.

Für den Rückweg wird die Route westlich um *Appat* empfohlen. Via *Saattut* auf die nördliche Seite der Insel *Salliaruseq* und weiter an der steilen Westseite vorbei nach *Uummannaq*.

Es empfiehlt sich, nicht immer die direkteste Route über das Meer zu nehmen, sondern sich von Insel zu Insel zu »schleichen«, um bei einem eventuellen Wettersturz größere Chancen zu haben.

Impressionen einer Kanufahrt

Der folgende informative Auszug aus der Zeitschrift NORDIS schildert die Eindrücke einer Kajakfahrt.

20
Mallak
Appatsiaat
Tupersuatsiaat
Qeqertanngiut
Perlerfiup Kangerlua
Fangsthus
Akuliarusersuaq
Ukkusissat
Akuliaruseq
Akuliarutsip Qaqqaa
1450
Sermikassak
1340
Fangsthus
Qeqertat
Torsukattak
1330
1450
Nunaarsussuaq
1450
Salleq
970
1070
Appat Ikerat
Appaalik
1490
1690
1585
Appat
1688
Appat
Appat Qaqqaa
1470
1190
Salliarusiarsuup Qaqqarsua
Naqerlorsuaq
1516
1480
Uiffaap Qaqqaa
1300
Innarsuaq
1020
Ukalilik
339
Tupersuaqarfiit
Uummannaq Fjord
Saattut
Saattoqqissut
Tuullittalik
Saattut
Niaqua
255
180
Tuullittalik
Saqqarput
Qaarsut
Anorituup Nuua
Fangsthus
1080
Qaqullussuit
Alannquaqqap Sullu
Uummannaq
1170
Assorput
1350
1418
Salliaruseq
Qaarsuarsuk Kangilleq
Fangsthus
Uummannaq
1295
1053
440
A 20
Illunnguaq
1245
Fangsthus
1977
Qilertinnguit
Kingittoq
1150
Qaajanaq
Salthus
Sermiarsuit
Sermiarsuit Sermikassaat
Uummannatsiaq
460
Akuliaruseq
2090
1080
Iterlaap Illutaa
Ikerasak
Ikerasannguaq
Nuussuaq
Assakaat Qaqqaat
Umiartorfik
Issua
356
1181
Soqqaap Illutaa
Uummannatsiaq
Taleruata Illutaa
Ikerasak
2020
Fangsthus
2000
Umiartorfiup Sermia
Soqqaq
1745
1361
Fangsthus
Kuussuaq
N
1540
1710
0
5km
1720

Uummannaq: Grönländer, Schlittenhunde, Trangestank und unsere Expeditionskiste erwarten uns am Kai. Faltboote entstehen unter kritischem Blick rotznäsiger Kinder. Treibeis klirrt um uns, Mini-Eisberge wälzen sich unvermutet im flaschengrünen Seewasser. Gewaltige Eisberge verlangen Umwege, und die 1000-Meter-Wand vom Storöen (Anm: Salliaruseq) zwingt den Kopf in den Nacken. Das Wasser ist eiskalt, die Sonne heiß. Wir paddeln auf eine Hochgebirgskulisse zu, die so unwirklich erscheint, daß wir zu träumen glauben ... Die brennende Julisonne lädt zum Faulenzen ein. Aber der Tundrahang, der mit arktischem Mohn bedeckt ist, lockt zu einem steilen Aufstieg. 1000 Höhenmeter ohne Weg müssen zurückgelegt werden, dann aber belohnt uns ein unvergeßlicher Blick aufs Meer, den Fjord und das Inlandeis, das den Horizont auszufüllen scheint …

Saattut: Ein anderes Dorf mit den typischen bunten Häuschen auf Granitfelsen. Heulende Schlittenhunde sind zu hören, aber kein Mensch weit und breit zu sehen. Sie sind alle auf der nahen »Speckinsel«, wie wir mit Hilfe des Fernglases erkennen. Dort wird ein erlegter Finnwal geschlachtet … Wir lassen wegen der nächtlichen Sonne die Zelte offen. Der herzförmige Hochgebirgszacken der Insel Uummannaq liegt wieder auf unserem Kurs. Da ertönt ein lautes Schnaufen, diesmal in unmittelbarer Nähe. Wir sehen die Atemwolke eines mächtigen Wals … Wir wissen, daß Wale friedliche, aber auch neugierige Riesen sind. Der wohl 20 Meter lange Koloß schwimmt elegant unter meinem Boot durch und ist plötzlich neben mir, zum Anfassen nahe. Dann hebt sich die querstehende Rückenflosse, die Fluke, aus dem Wasser, und der Wal geht steil in die Tiefe ...

Nuussaq-Halbinsel

Der westliche Horizont von *Uummannaq* wird durch einen enormen Berg, den *Qilertinnguit*, 1977 m, bestimmt. Dieser Gipfel auf der *Nuussaq-Halbinsel* kann während der beschriebenen Kanutour weglos aber moderat bestiegen werden. Der Ausgangspunkt kann aber auch mit Charterboot von *Uummannaq* erreicht werden.

Überhaupt ist die gesamte *Nuussaq-Halbinsel* ein Trekkingparadies, so zum Beispiel die Wanderung zum *Saqqap Tasersua*, einem großen See, der den zentralen Teil der Halbinsel dominiert.

Für alle Touren in der Region Uummannaq empfiehlt es sich, die Polizeistation im Dorf zu informieren. Die Region ist, bedingt durch ihre nördliche Lage, noch »weltferner« als die sonstigen Gebiete der einsamen Nordwestküste.

Nützliche Hinweise

Anreise/Rückreise: Mehrmals wöchentlich Helikopterverbindung nach *Ilulissat*, siehe Tour 17.

Übernachtung: In *Uummannaq* gibt es das *Hotel Uummannaq*, POB 202, DK-3961 Uummannaq, Grönland, Tel. +299 48518, Fax +299 48262, das allerdings teuer ist, aber akzeptablen Standard bietet. In den anderen Orten bestehen keine organisierten Übernachtungsmöglichkeiten. Während der Fahrt ist das *Zelt* notwendig. An den Küsten befinden sich mehrere *Jagdhütten (Fangsthus)*, die allgemein benutzt werden können. Ob man diese einem Zeltbiwak vorzieht, ist wegen der nicht besonders hohen Sauberkeit zweifelhaft.

Informationen: *Uummannaq Turist Service* c/o Hotel Uummannaq (siehe Übernachtungen).

1:1 000 000: 2057 Disko; 1:250 000: 70V2 Umanak.

21 Der Sermilikvejen an Ostgrönlands Küste

Kurzcharakteristik

Die beeindruckende, zerklüftete Bergwelt der *Insel Ammassalik* und die vielfältige Fjordlandschaft eröffnen dem Trekker die einzigartigen Möglichkeiten einer unberührten Natur. Während im *Ammassalik Fjord* große Eisberge treiben, fasziniert nur wenige Meter entfernt im *Tal der Blumen* eine üppige Vegetation mit mehr als 30 verschiedenen Blumen- und Pflanzenarten.

Die Zwei-Tage-Wanderung ist eine »Schnuppertour«. Der *Distrikt Ammassalik* ist ein einziges *Trekkingparadies*: Kajakland, Hundeschlittentouren (siehe Tour 5), mehrwöchige Wanderungen, Gletschertouren, die Besteigung des höchsten Berges Grönlands …

Beste Jahreszeit: Juni bis September.

Gesamtgehzeit: 2 Tage oder länger mit Abstechern.

Kartenskizze: Siehe Seite 215.

Routenvorschlag mit Abstecher ins »Tal der Blumen«

Nordöstlich den Fjord *Tasiilaq* am Ufer entlang. Nach etwa 3 km Abstecher westlich ins *Tal der Blumen*. Die Farbenpracht der Flora erstaunt – Sie sind am Polarkreis! Weiter bis fast zum Ende des Fjords und westlich landeinwärts. Entlang der auf der Karte eingezeichneten Schlittentrasse *Sermilikvejen* an drei Seen vorbei zu einem Paß. Fantastischer Blick auf einen der längsten Fjorde Grönlands, den *Sermilik*, mit unzähligen Eisbergen. Steiler Abstieg über ein Geröllfeld zur Küste und südlich und dann westlich zur Siedlung *Ikkateq*. Es ist möglich, daß diese im Sommer nicht bewohnt ist, sie wird im Winter als Jagdbasis verwendet. Von hier Abholung durch Charterboot und rund um die Südspitze der *Ammassalik Ö* zurück zur Stadt.

»Nanooq«, der Polarbär, wird auf den Schollen des Treibeises mit dem Ostgrönlandstrom von der Polkappe bis zum Kap Farvel nach Süden getrieben. Er überwindet dabei auf der Jagd nach Robben bis zu 3000 Kilometer. Selten entdeckt man daher Spuren des größten Landraubtiers der Erde »an Land«.

Die Besiedelung an der Ostküste Grönlands ist äußerst dünn. Die »Schweizer Berge« am Horizont sind ein hervorragendes Trekking-Gebiet. Nur wenige Wochen im Jahr ist das Meer schiffbar.

Mega Trek in die »Schweizer Berge«

Wer sich eine etwa zweiwöchige Tour in absoluter Einsamkeit und alpiner Umgebung zutraut, dem bietet sich ein Höhepunkt unter den Wanderungen Grönlands an. Ausgangspunkt ist das Dorf *Kuummiit* im *Ammassalik Fjord* nordöstlich von *Ammassalik*. Schon bei der Einfahrt mit dem Boot durch das Packeis sieht man in nördlicher Richtung den Fjord *Qinngertivaq* und die Gletscher *Kilikilaat* und *Solporten*. Dort im Inneren, hinter den Bergen, liegt eine wilde und gewaltige Welt für alpinorientierte Trekker, mit steilen Gipfeln, weißen Gletschern und weiten Tälern: Eine großartige Kulisse der Natur. Nachstehend ein Tourenvorschlags-Stenogramm: *Kuummiit – Torsukattak – Tunup Kuua – Tasiilaq – Dödemandsdal – Sermilik – Sapulik – Ikaasattivaq – Tiniteqilaaq.* Von diesem Ort kann man mit dem Lokalboot nach *Ammassalik* zurückkehren.

Nützliche Hinweise

Anreise/Rückreise: Die *Ammassalik-Region* wird von *Kulusuk* auf der Insel *Kap Dan* mit Helikopter und Schiff bedient. *Kulusuk* ist ein internationaler Flughafen, den man von *Island* oder von *Kangerlussuaq* anfliegen kann. Die Rückreise auf der beschriebenen Tour erfolgt mit Charterboot von *Ikkattek*, dem Endpunkt des Treks. Das Boot muß vorher im Touristenbüro von *Ammassalik* organisiert werden.

Übernachtung: In Ammassalik zwei *Hotels*, auf dem Trek *Zelt*. Hotel Angmagssalik, POB 3, DK-3913 Ammassalik, Tel. +299 18293, Fax +299 18393.

Informationen: *Ammassalik Turistkontor*, POB 120, DK-3913 Ammassalik, Grönland, Tel. +29918176,
Fax +299 18143. Siehe auch Tour 5.

Karten: 1:1 000 000: 2085 Angmagssalik; 1:250 000: 65Ö1 Angmagssalik, 66Ö2 Schweizer Land.

21
Aammangaa
Pikiitsi
Siaqqitseq
Qeertaalanngivaq
Itti
Qipa
Ujaajittuk
Pikkelhuen
1989
Storebror
2096
1676
Solporten
Schweizer Berge Trek
Illinnera
1434
1680
1500
Qaqqarsuaq
1545
Tasiilap Kuua
Paarnakajiit
Fangsthus
739
1341
Falkefjeld
1500
Tasiilaartiip Nuua
Ikaasaalp Illinnera
1479
Saputit
Itterajik
1018
1405
Qinngertivaq
1302
Tasiilaq
612
Innartivaq
Nappaajaq
1123
1539
Innatsiaat
Innartivaq
Akorluiak
550
1100
Tasiilap Nuua
1500
1400
1201
1200
Sioraq Dal
Isi
Innertivik
500
Iiunup Kuua
Sermilik
Pikkivartivit
1000
Niiniartivaraq
1438
1295
Ikerasaalaq
1137
Ilertak
417
Tiniteqilaaq
Apuseerajik
1074
1250
Nanerersarpik
1080
Nanerersarpik
Tiniteqilaaq
1200
Ileqqit
Sarpaq
Uunartip Akia
967
Torsukattak
Kuummiit
Kuugarmiit Aqqutaat
1070
Ikaasatsivaq
Ajinngaat Ulinnerat
Kangaartik
Avalaatseq
821
Uunarteq
Qoornip Qaqqartivaa
Noorajik
Ikaasak
Eeqi
610
1050
600
906
462
Ittikasaat
Qaqqaat
840
Unqujuk
943
Nuugaat-
siakajik
Hjelmen
735
Akernernaq
600
Imiilaa
Ammassalik Fjord
Mittivakkat
1000
Niiaiikkap Ikaasaa
Tasiilaq
Salisaalik
Ammassalik Ö
1046
Ikaasatsivaq
810
Mittivakkat
973
800
Ikaasap Ittiva
Ikaasak
Qernertivartivit
Imertivap Qaqqartivaa
Qorlotoq Sö
Vegas Fjeld
1012
Qittattit
1084
855
Qimmeertaajalik
271
1002
1030
Sermilikvejen
830
Ittitalik
Aammaqqaaq
Apusiaajik
Nertiilat
622
Ikkatteq
Aammangaaq
633
Tasiilaq
Kiittertivaq
Qittalivaajik
585
Attereq
Tunutteq
Uunnguttoq
660
Akinnaaq
985
Ammassalik
Tasiilaartik Kitteq
Taatsukajik
Kiitti
Ymers Bjerg
800
Ingiingaleq
A 21
Amitsivartik
Tunu
700
809
Qaqqartivakajik
829
718
Anertijivitseq
A 5
Ikaasaartik
N
Kulusuk
Kap Dan
0
5km
Akinnatsiaat

22 Der Ikuvik Trail bei Pangnirtung

Kurzcharakteristik
Ikuvik bedeutet »Der Platz, wo die Jäger sich vor der Karibou-Jagd treffen«. Der Trail führt auf den 671 m hohen Gipfel des *Mt Duval*, der in Inuktitut *Allinik* genannt wird. Vom Gipfel hat man eine spektakuläre Aussicht auf den *Pangnirtung Fjord*, die umliegenden Berge und die Gletscher. Er gleicht einem flachen Adlerhorst über der weiten Landschaft.
Die Berge rundum und der gleichnamige Fluß wurden nach *William Duval* benannt, einem Siedler im *Cumberland Sound*. Er war ein Deutscher, der mit einem Walfängerschiff 1881 von Amerika nach Baffin Island kam. Er heiratete eine Inuit-Frau und gründete eine Familie.
Der Trail ist mit *Inuksuit*, Steinmännern, wie sie die Inuit seit Jahrhunderten benutzten, markiert und ca. 13 km lang.
Beste Jahreszeit: Anfang Juni bis Ende September.
Gesamtgehzeit: 1 knapper Tag.
Kartenskizze nebenstehend.

Routenvorschlag
Der Trek beginnt bei einem großen *Inuksuk* an der Ostseite des *Duval River*, den man vom Dorf aus in wenigen Minuten erreicht. Er führt parallel zum Fluß, bis er auf einem kleinen Ableger auf Felsblöcken überschritten wird. Hier wendet sich der Fluß nach rechts, während der Trail gerade aufwärts über leichte Hänge weiterführt.

Ein zweiter Flußlauf wird überquert, und die Route folgt steil aufwärts einer breiten Rippe zwischen dem zweiten Nebenfluß und dem *Duval River*. Das schluchtartige Flußbett endet in einem breiten Tal mit einigen Seen. Der Trail wendet sich nach links. Nach einem steilen Aufstieg steht man auf dem Plateau des *Mt Duval* mit seiner schönen Aussicht.

Abstieg auf dem Anstiegsweg.

Ukama Trail
Ukama bedeutet »Ein seichter Platz, wo die Boote getragen werden müssen«. Der mehrtägige Trek ist einfach 22 km lang, führt von *Pangnirtung* am Westufer des *Duval River* nach Süden, ist unmarkiert und leitet in eine herbe Fjell-Landschaft

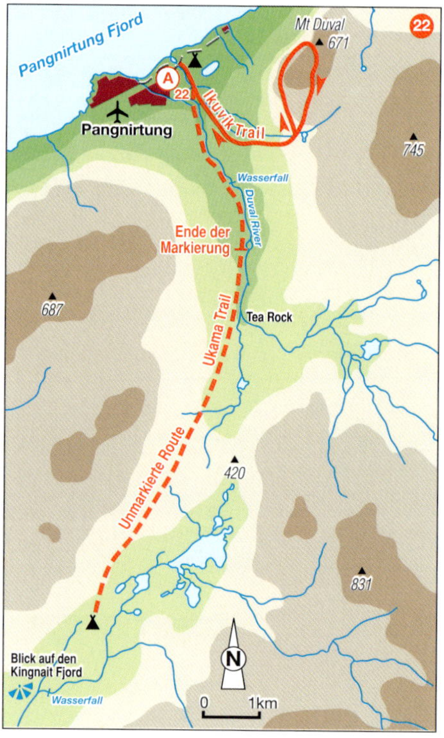

hinein. Er ist kein »Spaziergang«, wie der *Ikuvik Trail*, sondern erfordert die in der Arktis übliche Orientierungsfähigkeit. Auf der Drei-Tage-Tour – auf dem gleichen Weg hin und zurück – wandern Sie durch die Tundra zu einem Platz oberhalb des *Kingnait Fjord*, der eine weite Sicht über den *Cumberland Fjord* und auf die Inseln des *Kekerten Historic Park* zuläßt. Eine englische Beschreibung des Trails sowie der Umgebung erhält man im *Angmarlik Center* in Pang. Hier sollte man sich auch an- und abmelden.

Pang: Trekking-Zentrum in Südbaffin

Von *Pangnirtung* aus kann man nicht nur die spektakulären Routen des *Auyuittuq National Park* erreichen, sondern auch auf zwei moderaten Trails wandern. Der *Ikuvik Trail* ist eine knappe Tagestour, der *Ukama Trail* dauert mindestens zwei Tage und kann beliebig ausgeweitet werden. Auf beiden lernt man die herbe Landschaft *Südbaffins* kennen.

Inuksuk und Inuksuit

Bei schlechtem Licht oder Nebel waren kunstvoll geformte *Steinmänner* traditionelle Routenmarkierungen, die auch in den Alpen in ihrer Grundform verwendet werden. *Inuksuit* ist der Plural von *Inuksuk*. Sie sind ein Symbol der Inuit, und der Begriff bedeutet *»Der wie ein Mann aussieht«*. Über Generationen waren sie nicht nur richtungsweisend, sondern auch Markierungen, wo gute Fischgründe waren oder wo man einen guten Zeltplatz fand. Sie sind ein bedeutender Teil der Inuit-Kultur und *die* Wegweiser in der Tundra.

Nützliche Hinweise

Siehe Tour 8.

Vom 671 Meter hohen Gipfel des Mt Duval, der von einem Inuksuk gekrönt ist, hat man einen beeindruckenden Blick über den Pangnirtung Fjord und das Dorf »Pang« auf Baffin Island.

Ab Mitte des 17. Jahrhunderts drangen europäische Seefahrer in den »Arktischen Garten Eden« im Cumberland Sound bei Pangnirtung vor, um die Lampen Europas brennen zu lassen. Der Walfang erlebte eine 200 Jahre dauernde Blüte.

23 Der Tarr Inlet Trail für »Einsteiger« bei Iqaluit

Kurzcharakteristik

Um *Iqaluit* gibt es eine Handvoll netter Sehenswürdigkeiten und Treks. Der *Tarr Inlet Trail* dauert nur etwa fünf Stunden und ist leicht. Trotzdem ist die für die Arktis übliche Vorsicht und Ausrüstung angebracht. Die Route führt entlang einer Bay im Osten der Stadt und gibt einen guten Eindruck über die bei größeren Touren zu erwartende *arktische Tundra*. Die Chance Karibous zu sehen ist groß. Die weglose Route ist mit etwa *13 Inuksuit* markiert, den Steinzeichen der Inuit-Jäger (siehe Tour 22).

Beste Jahreszeit: Mitte Mai bis Ende September.

Gesamtgehzeit: Ein halber Tag.

Kartenskizze: Siehe Seite 220.

Routenvorschlag

Folgen Sie der Straße aus *Iqaluit* heraus Richtung Osten nach *Apex*, dem alten Iqaluit, am besten mit dem Taxi. Der Start bei einem Müllplatz ist nicht sehr einladend. Dieser Eindruck verliert sich nach einigen hundert Metern, man ist in moderater Wildnis. Der Blick über *Tarr Inlet* mit seiner fast 30 (!) Meter hohen Tide begleitet den Wandertag. Bei Ebbe kann man das Meeresbecken auf morastigem Grund begehen. Von einer Überquerung wird dringend abgeraten!

Man folgt den Steinmännern, immer erhöht am Ufer des *Inlet* entlang, bis zu seinem Südostende. Die Landschaft ist von Gletschern geformt, die sich vor etwa 6000 Jahren zurückgezogen haben. Die Pflanzenwelt, vor allem die zahlreichen Beerenformen, ist beeindruckend – und verlockend! Hier ist die Heimat der *Lemminge*, jener kleinen Nager, die in der arktischen Nahrungskette eine wichtige Rolle spielen. Um eine *Hügelkette* herum wendet man sich nach Norden und erreicht nach Westen abbiegend wieder die Fahrspur am Nordteil des Inlet.

In *Iqaluit* erhält man in den Hotels einen *Folder* mit vielen Erläuterungen über diesen Trail.

Sylvia Grinnell Territorial Park

Iqaluit ist eine faszinierende Stadt, eingebettet in eine fast unendliche Wildnis, prosperierend wie kaum eine zweite in der Arktis und gesegnet mit einer für Trek-

»Igloo« ist der Inuitname für alles, was Haus bedeutet. Iqaluit auf Baffin Island hat eine moderne Kirche, deren Form einem Schneehaus nachempfunden wurde. Sie wurde von einheimischen Künstlern entworfen und von Handwerkern vor Ort im »Eskimostil« ausgestaltet.

Iqaluit
Apex
A 23
23
Felsküste
Tarr Inlet Bay
Felsküste
Wasser-Grenze bei Ebbe
McLaren Island
N
0
500m

ker interessanten Umgebung. Unmittelbar hinter dem Flugplatz – der übrigens ein Reservelandeplatz für amerikanische Raumfähren ist – erreicht man in einem viertelstündigen Spaziergang eine *Camping Area*. Hier zelten die »Eingeborenen« an Wochenenden, picknicken und grillen. Ein Wildfluß, der *Sylvia Grinnell River*, rauscht mit einem Wasserfall aus den Hügeln herab und ist ein beliebtes *Kajakrevier*. Auch *Raftings* sind möglich und können bei lokalen Organisationen in *Iqaluit* gebucht werden. Man kann entlang dem Fluß wandern oder sich mit geliehenen Kajaks im Wildwasser tummeln. Im Park gibt es ein halbes Dutzend hübscher Wanderungen. Von den Hügelgipfeln spektakuläre Aussicht auf den Fluß mit seinen Wasserfällen. Die Nähe der Stadt ist kaum noch zu spüren: *160 verschiedene Pflanzen* wachsen und *33 verschiedene Vogelarten* tummeln sich hier.

Qaummaarviit Historic Park

Zwölf Kilometer westlich von *Iqaluit* liegt eine kleine Inselgruppe, die seit Jahrhunderten von Eskimos bewohnt war. Der Name bedeutet »Leuchtender Platz«, weil die Felsen der Inseln im Abendlicht leuchten.

Heute ist der *Qaummaarviit Historic Park* ein beliebtes Ausflugsziel, nicht nur für die wenigen Touristen, sondern auch für die Einheimischen. Im Winter erreicht man ihn mit Hunde- oder Motorschlitten über die zugefrorene *Frobisher Bay*. Im Sommer bucht man eine der organisierten Bootstouren in *Iqaluit*. Auf den Inseln siedelten schon vor 1000 Jahren *Thule-Eskimos* und jagten Wale, Karibous und Seehunde mit Pfeil und Bogen und Harpunen. Hier fand man mehr als 3000 Werkzeuge und 20 000 Knochen.

Der Besuch der Inseln ist ein interessanter Ausflug, der Kenntnisse und Verständnis um die Inuit vertieft. Elf *Thule-Eskimo-Hausruinen*, aus Stein, Walknochen und Sand halbhoch gebaut, sind nach Süden und Osten orientiert.

Nützliche Hinweise

Siehe Touren 7, 8.

◁ **Der Qaummaarviit Historic Park auf Baffin Island war zu Zeiten des Walfangs eines seiner Zentren und für die Eskimos ein beliebtes Jagdrevier. Qaummarviit bedeutet auf Inuktitut »Strahlender Platz«. Die Zeltruinen aus Walknochen wurden mit Fellen bedeckt.**

Für viele Menschen ist der hohe Norden gleichbedeutend mit »Ende der Welt« oder »Hölle auf Erden«. Das sind Vorurteile! Arktische Regionen bilden eines der letzten Trekkinggebiete, die den Namen »Wildnis« verdienen. Und schon Thoreau erkannte weitsichtig: »In der Wildnis liegt die Rettung der Erde.«

Serviceteil

Travel-Tips von A bis Z

Alkohol

Grönland: Der Verkauf ist beschränkt. Der Versuch, ein völliges Verbot durchzusetzen, ist aufgegeben worden. Alkoholische Getränke wie Bier, Wein, Schnaps, die in Läden überall zu kaufen sind, sind teuer. In den KNI-Läden werden alkoholische Getränke ab 13.00 Uhr, in Restaurants, Seemannsheimen und Cafeterias ab 18.00 Uhr verkauft.

Baffin Island: Hier hat immer eine der *drei Vorschriften* – verboten/kontrollierte Abgabe/frei – Gültigkeit. Lake Habour und Pangnirtung sind »trocken«, es gilt Alkoholverbot innerhalb eines Radius von 20 km. »Kontrollierte« Orte wie Broughton Island verlangen eine Erlaubnis, um Alkohol einzuführen. In »freien« Ortschaften, wie Iqaluit, schenken Restaurants – teuren! – Alkohol aus. Es gibt Bars und private Clubs. Für den Trekker ist die Restriktion sicher nicht wichtig. Aber ein Bier nach einer Expedition durch den Auyuittuq Park vermißt man in Pang doch.

Anreise und Ausrüstungsversand

Grönland: Per *Schiff* von Dänemark erreicht man Grönland in drei bis fünf Wochen. Auskunft geben dänische Reisebüros. *KNI Grönlandshavnen, Postbox 8100, DK-9220 Aalborg Ost, Tel. +45 98 15 78 77*, verschickt *Ausrüstung* per Schiff. Im *Flugzeug* gilt ein Gewichtslimit von 20 kg Pax. *Flugverbindungen* von Deutschland, Österreich und der Schweiz via Kopenhagen zweimal wöchentlich nach *Narsarsuaq* oder *Kangerlussuaq* (SAS). Von dort Anschlüsse per Helikopter und Turboprop in die anderen Landesteile. Auch Flugverbindung über Island/Reykjavík. Von dort nach *Nuuk, Kulusuk oder Narsarsuaq*. »Imaqa-Airlines« ist ein stehender Begriff für die vom oft strengen Wetter gebeutelten Fluglinien. *Imaqa* bedeutet in *Inuktitut* »vielleicht«. Treffender kann man die Zuverlässigkeit der Transportmittel nicht beschreiben. Vor allem in der Sommerzeit empfiehlt sich eine rechtzeitige Buchung, insbesondere die inländischen Anschlußflüge sind schnell ausgebucht! Auch von *Kanada* aus kann man Grönland anfliegen. Mit Anschlußflug von Montreal ist die grönländische Hauptstadt *Nuuk via Iqaluit* zweimal in der Woche zu erreichen (Grönlandsfly, Bradley Air Service). Damit ist ein Besuch von Grönland/Baffin Island problemlos möglich.

Baffin Island: *Iqaluit Airport* ist *der* Verbindungsflughafen. Es gibt *drei Fluglinien*, die ihn aus Ostkanada (Montreal, Toronto, Quebec, Ottawa) bzw. Westkanada (Yellowknife) anfliegen: Canadian Airlines International, First Air oder NWT Air. In Europa gebucht und als Anschlußflug eines Transatlantikflugs kann ein Flug nach Iqaluit billiger sein (Canadian Airlines). First Air und Air Baffin bedienen *Iqaluit, Pangnirtung* und *Broughton Island* meist täglich. Es ist wichtig, in Iqaluit den *aktuellen Tagesflugplan* zu erfragen, da manchmal die Flüge durch schlechtes Wetter verspätet sind, ganz ausfallen oder die Flugzeuge für Krankentransporte benötigt werden. *Flugbestätigungen*, etwa 24 Stunden vor Abflug, sind Pflicht.

Bekleidung

Aktivitäten in der Arktis bedeuten *Abhängigkeit vom Wetter*. Daher sind warme wind- und wasserfeste *Sportbekleidung*, feste *Schuhe* mit Profilsohlen, auch *Gummistiefel* sowie *Handschuhe und Mütze* Grundausstattung. Es ist wichtig, bei Ganztagestouren zusätzliche Bekleidungsstücke im Handgepäck mitzunehmen, da schnell große Temperaturunterschiede auftreten können. Bei Wildniswanderungen, Boots-, Hundeschlitten- und vor allem Wintertouren muß *spezielle Funktionskleidung* mitgenommen werden (siehe hierzu Kapitel »Ausrüstung«). Unerläßlich sind ein gutes *Sonnenschutzmittel* und eine gute *Sonnenbrille*. Im Sommer sollten *Mückenbalsam und Mükkennetze* nicht vergessen werden. *Expeditionen* sind speziell zu planen (siehe bei den Touren und die Kapitel »Was zu beachten ist«, »Planung, Vorbereitung und Ausrüstung«, »Expeditionen«).

Bevölkerung

Die »Dichte« entzieht sich jeder mitteleuropäischen Vorstellung. »Städte« und Dörfer findet man ausschließlich an den Küsten.

Grönland: Die größte Insel der Welt (ca. 2 Mio km²) hat nur etwa 56 000 Einwohner. Davon sind 80% Inuit, der Rest vor allem Dänen.

Baffin Island: Die fünftgrößte Insel der Welt (ca. 500 000 km²) hat nur 11 000 Einwohner, von denen über 85% Inuit sind. Unvorstellbar: ein europagroßes Gebiet mit den Bewohnern einer deutschen Kleinstadt!

Einfuhrbeschränkungen

Einige westeuropäische Länder haben ein *Einfuhrverbot* für Seehundfellprodukte, Bärenfelle und Elfenbein vom Narwal, Walroß und Wal. Schmuck und Skulpturen aus Elfenbein sind beliebte Souvenirs. Gut ist es, wenn man im Heimatland ein Attest vorlegen kann. In **Grönland** erhält man ein solches Zeugnis bei den Fremdenverkehrsbüros. Diese haben auch nähere Informationen über die Einfuhrbeschränkungen der einzelnen Länder. Oft sind die Waren auch bereits mit Zertifikaten versehen. Auf **Baffin Island** ist das Department of Renewable Resources in Iqaluit zuständig.

Einreisebestimmungen

Grönland: Die Paß- und Visabestimmungen entsprechen denen von Dänemark. Für einen Aufenthalt bis zu drei Monaten genügt für den Reisenden aus europäischen Ländern ein *gültiger Reisepaß*. Wer länger bleiben will, muß einen entsprechenden Antrag bei einer Polizeidienststelle unter Vorlage des Reisepasses stellen. Für Reisen in *das Sperrgebiet um Thule* werden besondere *Genehmigungen* benötigt, die auf Antrag direkt vom dänischen Außenministerium oder über eine dänische Botschaft erteilt werden. Außerhalb bewohnter Gebiete erteilt das *Danish Polar Center* in Kopenhagen schriftliche Genehmigungen, zum Beispiel für Bergbesteigungen, Gletschertouren, Inlandeisdurchquerungen (siehe Tour 6 und Kapitel »Expeditionen«) oder Besuche *des Nordostgrönländischen Nationalparks*. Es kann Unternehmungen untersagen, die es für unverantwortlich hält.

Baffin Island: Es gelten die Bestimmungen einer Reise nach Kanada. Man sollte bei der kanadischen Botschaft des eigenen Landes nachfragen. Für Europäer ist im allgemeinen ein gültiger Reisepaß ausreichend. Für die Parks *Auyuittuq* und *Katanillik* benötigt man zwar kein Permit, muß sich jedoch an- und abmelden.

Elektrizität

Grönland: 220 V-Wechselstrom, europäische Normalstecker.

Baffin Island: 110 Volt-Wechselstrom, 120 Volt nordamerikanisches System. Europäische Stecker passen nicht, daher sind Zwischenstecker erforderlich, die man sich schon zu Hause besorgen sollte.

Essen

Grönland: In Hotels und Restaurants wird meist dänisch gekocht; eine originale *Inuit-Küche* wird nur in wenigen Hotels mit Restaurant geboten. Sie würde unsere europäischen Gaumen auch kaum in Entzücken versetzen. Zu den *grönländischen Spezialitäten* gehört Seehundfleisch in vielen Zubereitungsvariationen. Das Nationalgericht ist *suaasat*, Robbenfleisch mit Reis und Zwiebeln gekocht – eine herzhafte Suppe, bei der man dazu das Fleisch ißt. Die vitaminreiche Leber des Seehunds ist roh besonders begehrt. Für europäische Geschmacksnerven besser geeignet ist frisches *Walsteak*, das den Vergleich mit Rindfleisch nicht zu scheuen braucht. Besonders beliebt bei den Inuit ist *matjak*, rohe Walhaut, die einen nußähnlichen Geschmack hat. Unumstrittene Delikatessen sind grönländische *Lachse, Krabben und Kaviar*. Neben Fischen aller Art ist aber vor allem das köstliche *Lamm- und Rentierfleisch* zu empfehlen.

Baffin Island: Es gibt Fische aller Art, wobei *der Arctic Char*, als weltbester Fisch apostrophiert, der beliebteste und beste ist. Sein Geschmack liegt zwischen Lachs und Forelle. *Karibou*, das wilde Rentier, ist ein Haupterzeugnis des Nordens und wegen seines nahrhaften und mageren Fleisches beliebt. Arktisches Klima und eine saubere Umwelt sorgen für eine Vielfalt feinster Rohwaren. Die Natur ist »Herr im Hause«, und jede Jahreszeit hat ihre Spezialitäten.

Feiertage

Grönland: 1. und 6. Januar, Gründonnerstag, Karfreitag, Ostermontag, Christi Himmelfahrt, Buß- und Bettag, Pfingsten, 24./25./26. und 31. Dezember. Der

»Matjak«, rohe Walhaut, ist nicht nur für die Inuit ein Leckerbissen. Seit Urzeiten hat diese Art der vitaminreichen Ernährung die Menschen in der kargen Umwelt vor Krankheiten bewahrt. Kosten Sie davon! Der angenehme nußartige Geschmack überrascht.

21. Juni ist der *Nationalfeiertag Ullotuneq*, das bedeutet *Längster Tag*. Dann gibt es überall kulturelle Ereignisse, Reden und Feste im Freien. Dies ist auch der Tag der grönländischen rotweißen *Nationalfahne*. Deren weiße Fläche symbolisiert das Eis und der rote Kreis die Mitternachtssonne. Es gibt auch lokale Feiertage: Um den 13. Januar wandert die *Bevölkerung von Ilulissat* zu einem hochliegenden Aussichtspunkt, um die Sonne über den Horizont steigen zu sehen. Über Ostern werden in einigen nord- und ostgrönländischen Städten *Hundeschlittenrennen* durchgeführt. In Südgrönland gibt es jedes Jahr das *Fest der Schafzüchter*. Am besten fragt man beim örtlichen Fremdenverkehrsamt nach.

Baffin Island: 1. Januar, Karfreitag, Ostermontag, Victoria Day (der 1. Montag vor dem 25. Mai), Dominion Day (Canada Day, Nationalfeiertag, 1. Juli), Civic Holiday (1. Montag im August), Labor Day (1. Montag im September), Thanksgiving Day (2. Montag im Oktober), Weihnachten am 25./26. Dezember. In *Iqaluit* wird Mitte April jährlich ein sehenswertes Festival durchgeführt, *Tunik time*: Skidoo-Wettrennen, Modeschauen, Igloo-Bauwettbewerbe, Golfmatches auf dem Meereis, Tanzveranstaltungen der Bevölkerung (siehe Tour 8).

Fotografieren

Die Arktis bietet wegen des sensationellen Lichtes und der einzigartigen Szenerie *spektakuläre Fotomotive*. Sie sollten *UV- oder Skylight-Filter* und wegen der tiefstehenden Sonne unbedingt eine Gegenlichtblende benutzen. Da Sie vielleicht per Boot reisen, sollten Sie die Kamera gegen *Salzwasser* schützen. Im *Winter* muß die Mechanik der Apparate mit einem besonderen Gleitmittel geschmeidig gehalten werden. Nehmen Sie aus Europa genügend *Ersatzbatterien* mit (die Sie bitte auch wieder nach Hause zurückbringen!). Zu empfehlen sind *Lithiumbatterien*. Bei sehr niedrigen Temperaturen ist eine *mechanische Kamera* besser. Auch *Filme* nimmt man am besten von zu Hause mit. Auf **Grönland** ist Fotografieren während des Gottesdienstes in Kirchen und bei anderen kirchlichen Handlungen von Glaubensgemeinschaften verboten. *Respektieren Sie die Privatsphäre der Menschen!* Auch Sie haben es nicht gern, wenn Ihnen ein ausländischer Tourist die Kamera vor das Gesicht oder gar ins Schlafzimmer hält!

Geld und Geldwechsel

Grönland: Dänische Münzen und Banknoten gelten auch in Grönland, ihre Ein- und Ausfuhr ist nicht beschränkt. *Devisen und Euroschecks* werden von einheimischen Geldinstituten akzeptiert, die auch *Reiseschecks* einlösen. *KNI-Läden* (Grönlands Handel) gelten in kleineren Städten und Orten als Bankvertretung. *Kreditkarten* werden nur in Städten akzeptiert. In *Narsarsuaq* kann man die gängigsten Währungen im Hotel wechseln, während der Flughafen von *Kangerlussuaq* keinen Bankservice hat.

Baffin Island: *Kreditkarten und Reiseschecks* werden in den wenigsten Siedlungen akzeptiert, auch nicht von Hotels. Ausnahmen sind Iqaluit und Pangnirtung. Es ist kaum möglich, deutsches Geld zu wechseln. Man sollte ausreichend *kanadisches Bargeld* oder US-Dollar mit sich führen.

Gesundheitswesen

Impfungen sind für die Arktis nicht erforderlich.

Grönland: In allen Städten sind *Krankenhäuser* eingerichtet. In den Dörfern gibt es meist eine *Erste-Hilfe-Station*. Die ärztliche Versorgung bei akuten Krankheits- und Notfällen ist grundsätzlich *kostenlos*. Alle Städte haben eine *zahnärztliche Versorgung*, wobei Akutfälle *kostenlos* behandelt werden. *Persönliche Medikamente* sollten mitgebracht werden, spezielle Pharmaartikel sind oft nicht zu kaufen.

Baffin Island: *Iqaluit* ist mit seinem *Baffin Regional Hospital* die Hauptanlaufstelle. Problemfälle der anderen Orte werden hierhergeflogen. In den kleineren Gemeinden werden die *Krankenstationen* nur periodisch von Krankenschwestern und Ärzten besucht. Auch nach Baffin Island sollten *persönliche Medikamente* mitgebracht werden. Ausländische Besucher müssen alle Kosten, die durch eine Krankheit entstehen, darunter auch der teure Transport per Luft, *selbst bezahlen*. Es empfiehlt sich, zu Hause eine entsprechende *Versicherung* abzuschließen.

Postdienste

Grönland: Jede Stadt, jedes winzige Dorf hat ein »*Postamt*«. Von dort kann man faxen und telefonieren. In den kleineren Orten übernehmen die *KNI-Büros* diese Aufgabe. Südgrönland hat die Besonderheit, daß die Schafzüchter über *UKW-Sprechfunkgeräte* verfügen, mit denen sie sich in das allgemeine Telefonnetz einschalten können.

Baffin Island: Die *Postämter* der Gemeinden sind unabhängige Einrichtungen, deren *Öffnungszeiten*, vor allem außerhalb von Iqaluit, sehr unterschiedlich und bedarfsabhängig sind. In jeder Gemeinde gibt es einen *Telefonservice*, aber Automaten, wie in Europa, sind unbekannt. Kann man als Besucher nicht in seinem Hotel telefonieren, so ist ein Telefonat aus jedem öffentlichen Gebäude möglich. Allerdings geht das nur bargeldlos. Eine Kreditkarte, deren Nummer dem Telefonoperator genannt werden muß, ist hilfreich, vor allem für Gespräche nach Übersee.

Grönland hat Küstenklima, das im Sommer vom Polarstrom beeinflußt wird. Dieser führt große Eismassen vom nördlichen Eismeer an der Ostküste entlang und treibt sie an der Westküste aufwärts bis nördlich von Nuuk.

Preise

Grönland: Die Preise entsprechen etwa denen in Dänemark und sind in allen *KNI-Läden* – egal ob im Norden, im Süden, in großen Städten oder winzigen Siedlungen – einheitlich. Allerdings variiert das Angebot erheblich. Importierte Waren sind wegen der Transportkosten etwa *10% teurer als in Dänemark*. In den meisten KNI-Läden kann man auch *Kunstgegenstände* kaufen, wie Schmuck, Schnitzereien aus Speckstein, Leder- und Fellartikel sowie Perlenstickereien. Oft können diese preiswerter direkt vom Künstler eingekauft werden, der sie in den Hotels anbietet.

Baffin Island: Alles muß per *Luftfracht* oder mit dem *Schiff* herbeigeschafft werden und ist teurer als im Süden Kanadas. Je weiter man nach Norden kommt, um so höher werden die Preise, besonders für Lebensmittel. Die harten Lebensbedingungen, in erster Linie die Kälte, verteuern die Lebenshaltungskosten. *Kunstgegenstände* sind auch hier an der Quelle günstiger zu erwerben.

Reisezeit
Für *Sommeraktivitäten* wie Wandern, Kajakfahren, Klettern, Angeln usw. ist die günstigste Zeit *Mitte Juni bis Mitte September*. Die überraschende Vielfalt der arktischen *Flora* ist im Juli/August am besten zu bewundern. Für *Winteraktivitäten* ist die vom Wetter her stabilste *Zeit Mitte März bis Anfang Mai*. Früher im Jahr ist es noch zu kalt und zu dunkel.

Sprache
Inuktitut, die Sprache der Inuit, wird der Besucher bei seinem kurzen Aufenthalt kaum erlernen oder verstehen (siehe eigenes Kapitel »Asujutidli – Wie geht's?«, Seite 246). Was Englisch für das kanadische *Baffin Island* ist, ist Dänisch für *Grönland*, nämlich die eigentliche Landessprache, die in der Schule gelernt wird. Viele der Jungen, die im Tourismus ihre Chance sehen, versuchen in Grönland auch Englisch zu lernen.

Zeitdifferenz
Bezogen auf MEZ (Deutschland, Österreich, Schweiz): *Ostgrönland* minus drei Stunden, *Restgrönland* minus vier Stunden, *Baffin Island* minus fünf Stunden. Der Wechsel von Sommer- und Winterzeit erfolgt zu den selben Terminen wie in Mitteleuropa.

Planung, Vorbereitung und Ausrüstung

Wer die Natur besiegen will, ist chancenlos
In der wilden Natur der Arktis ist der Trekker meist sich selbst überlassen. Er allein trägt die Verantwortung für sich, für sein Leib und Leben! Das macht den Charme eines Trekkings in Grönland und Baffin Island aus. Wesentliche Merkmale für das Leben in der Natur sind Herausforderung und Erlebnis: Unbekanntes meistern und den Unbilden der freien Natur begegnen.

Es gilt nicht, die Natur zu »besiegen«, sondern sich ihr anzupassen. Wählen Sie Ihre Tour innerhalb eines eng gesteckten Rahmens. Einen Trek über diese Fähigkeiten hinaus zu wagen ist nicht mutig, sondern dumm!

Im Notfall liegt der *Rettungsdienst* auf **Grönland** in den Händen der Polizei, die im notwendigen Umfang die Hubschrauber von Grönlandsfly, dem dänischen Militär sowie eigene und private Schiffe einsetzt. Die Gebiete sind enorm groß, und der *Rettungsdienst in Grönland* verfügt nicht über die Ressourcen und die Organisationsstruktur, wie sie in anderen Trekkinggebieten üblich sind. Auf eine »Rettungsflugwacht« wie in den Alpen zu setzen, wäre purer Leichtsinn! Im Notfall wenden Sie sich an die nächste Polizeistation. In Südgrönland haben alle Schaffarmen und viele Boote Funkgeräte.

Auf **Baffin Island** sind die besten Adressen für Problemfälle die Parkverwaltungen.

Ausrüstung: Buy the best, leave the rest

Gute, warme, wind- und wasserdichte *Kleidung* ist notwendig. Dazu gehören beim Wandern vernünftiges, stabiles *Schuhwerk* mit Profilsohlen. *Gummistiefel* werden im Frühsommer und in Feuchtgebieten empfohlen. *Handschuhe* und eine geeignete *Kopfbedeckung* gehören ins Standardgepäck. Es ist wichtig, daß man seine Bekleidung den oft und stark *wechselnden Temperatur-, Wind- und Niederschlagsbedingungen* flexibel anpassen kann (»Zwiebelschalenprinzip«). Auch wenn die Sonne strahlt, bleibt es bei Wind kühl.

Die intensive Sonne und ihre Reflexion durch Wasser und Eis sowie die klare Luft machen eine *Sonnenbrille* und *starke Sonnencreme* zur unbedingten Notwendigkeit. Im Inneren der Fjorde und des Landes wird die Verwendung von insektenabweisenden Präparaten, ergänzt durch ein *Mückennetz,* im Hochsommer empfohlen.

Wer im *Winter* reisen will, muß auf *niedrige Temperaturen* vorbereitet sein. So können z. B. in Baffin Island oder an der Ostküste Grönlands *Temperaturen um –40 °C* vorkommen. Wer zum *Hundeschlittenfahren* kommt, sollte besonders warme Kleidung, wie z. B. Daunenbekleidung, mitbringen. Normale Winterkleidung ist oft nicht warm genug, wenn man längere Zeit still auf dem Schlitten sitzt. An der grönländischen Westküste verleihen einige Hotels und Fremdenverkehrsbüros für diesen Zweck *spezielle Fellkleidung*.

Die richtige Kleidung hängt von Jahreszeit, Ort und Aktivitätsniveau ab – und natürlich vom Wetter und dem eigenen Geschmack. *Das Regenzeug auf einer Wanderung im sommerlichen Grönland zu vergessen, kann katastrophale Folgen haben.* Es ist nicht Aufgabe dieses Führers, eine Checkliste zu liefern. Der erfahrene Trekker – und nur der hat etwas in der Arktis verloren – kennt die Grundregeln.

Markierte Wege gibt es in der Arktis kaum. Eine Karte, so es eine gibt (!), ist ein unverzichtbares Hilfsmittel für die Bestimmung von Standort und Route. Die Maßstäbe sind jedoch meist grob. Merke: »Du mußt Karte und Kompaß immer dabei haben, damit umgehen können und über die aktuelle Mißweisung informiert sein!«

Flüsse und *Flußdurchquerungen* stellen eine typische Herausforderung in der sommerlichen Arktis dar. Niederschläge, Schmelzwasser und Topographie können aus einem friedlichen Bach ein brausendes Inferno machen. Das mit Sedimenten geladene Schmelzwasser der Gletscher läßt oft keinen Blick auf den Flußuntergrund zu. Das Wasser ist meist eiskalt, die Furten sind lang und die Strömung oft stark. Ein Paar gute *Turnschuhe* sowie *Wanderstöcke* gehören zur Standardausrüstung. Ein *Seil* ist ein Sicherheitsfaktor

Die Zehn Gebote für Arktis-Trekker

1. Du sollst ohne vorheriges Training keine langen Touren unternehmen!
2. Du sollst eine Nachricht über die geplante Tour und den zu erwartenden Zeitpunkt der Rückkehr hinterlassen!
3. Respektiere Wetter und Wettermeldungen!
4. Höre auf erfahrene Trekker!
5. Du mußt auf schlechtes Wetter und Unfälle vorbereitet sein – auch auf kurzen Wanderungen!
6. Du mußt Karte und Kompaß immer dabeihaben, damit umgehen können und über die aktuelle Mißweisung informiert sein!
7. Du darfst niemals allein gehen!
8. Du mußt rechtzeitig umkehren können!
9. Spare deine Kräfte und suche rechtzeitig Unterschlupf!
10. Du hast immer die richtige Ausrüstung dabei!

bei Flußdurchquerungen. Es ist selbstverständlich, daß die Brust- und Hüftgurte des Rucksacks beim Durchwaten offen sind, so daß man sich sofort befreien kann. Eine Faustregel besagt, daß man niemals tiefer als bis zu den Knien waten sollte. Sonst muß man warten, bis der Wasserstand sinkt, oder man muß dem Fluß aufwärts folgen, bis er sich in kleine Bäche zerteilt. In manchen Fällen kann man flußabwärts darauf hoffen, daß der Fluß mäandert und sich in mehrere Arme teilt.

Der *Schlafsack* sollte zum Besten gehören, was es zu kaufen gibt, vor allem für Wintertouren. Wir empfehlen, selbst im Sommer, Daunensäcke zusammen mit einem atmungsaktiven Biwaksack zu verwenden. Auch die *Zelte* sollten alpinen Verhältnissen angepaßt und sturmfest sein. Ein billiges Campingzelt aus dem Kaufhaus hat in der Wildnis nichts verloren.

Dem *Kocher* muß vor allem in der winterlichen Arktis besondere Aufmerk-

Schönes Wetter, Windstille und fröhliche Mücken gehören von Ende Juni bis Mitte August zum Arktisalltag in Küstennähe. Ab einer Höhe von etwa 500 Meter verschwinden die Plagegeister, deren man sich mit einem Mückennetz sehr gut erwehren kann.

Sorgfältige Planung, gewissenhafte Vorbereitung und gute Ausrüstung sind wichtige Voraussetzungen für Trekkings in arktischen Regionen. Sie tragen dazu bei, daß die Tour ein Erlebnis fürs Leben werden kann.

samkeit geschenkt werden. Benzinkocher, beispielsweise das *Modell Peak 1* von Coleman haben sich bewährt. Gereinigtes Benzin bekommt man normalerweise überall. Auf Baffin Island wird es unter der Bezeichnung *Naphta* im Supermarkt verkauft. Bedenken Sie, daß Sie im Flugzeug weder Gaskartuschen noch Benzin transportieren dürfen! Informieren Sie sich vor der Reise, ob Brennstoffe und Kocher auszuleihen oder zu kaufen sind.

Eine *Erste-Hilfe-Ausrüstung* gehört ebenso ins Reisegepäck wie *Signalraketen*. In Grönland kann man ein sogenanntes *ANNA-Notpaket* in vielen KNI-Läden erwerben. Es wiegt etwa 560 g, hat ein Volumen von knapp einem Liter und enthält: Trillerpfeife, Kompaß, Signalraketen, Signalspiegel, Biwaksack, Signalflagge sowie eine Anleitung.

Bei *Seekanufahrten* ist ein *Trockenanzug* empfehlenswert. Wegen des Eises herrscht selten hoher Seegang, aber eiskaltes Spritzwasser kann die Kräfte lähmen (Paddlerpfötchen). *Kenterungen sind immer lebensbedrohend*, berstende oder kenternde Eisberge ebenfalls. Halten Sie Abstand, klettern Sie nie auf Eisberge! In der Nähe großer Gletscherabbruchkanten sind hohe Kalbungswellen möglich. Wählen Sie die Lagerplätze hoch über dem Wasserspiegel. Der *aufblasbare Kanadier* XR-Trekking von Big Pack (Tel. +49 7023 95110) oder *Faltboote* der Firma Walther GmbH (ehemals Klepper, Tel. +49 8031 21670) bieten sich für den Flugreisenden besonders an.

Als *Grundverpflegung* können *dehydrierte Menüs* (Simpert Reiter, Tel. +49 821 2407500) und in der Kälte

Pemmikan (CATHAY, Josef Metzmacher, Tel. +49 2452 2621) empfohlen werden. Sonstige Verpflegung kann man vor Ort kaufen.

Bei Gletscherbegehungen gehören eine *alpine Ausrüstung* (Steigeisen, Pickel, Seile, Brust- und Sitzgurte) und die notwendigen Kenntnisse der Spaltenbergung zu den Voraussetzungen. Wegen der speziellen Ausrüstung einer *Inlandeisüberquerung* (Tour 6) wird nochmals auf das Buch *Herausforderung Grönland* hingewiesen, das bestellt werden kann bei *Unlimited Activities,* Fax +49 8153 89102.

Für *Ski- und Langlauftouren*, bei denen es weniger um die Abfahrt als um »Strecke machen« geht, werden *Cross-Country-Ski* oder *Telemark-Ski,* möglichst mit Schuppen, empfohlen. Felle können oft hilfreich sein. Als *Bindungssystem* eignet sich der *Salomon-Standard* und als Schuh der dazu passende halbhohe Stiefel *Modell Greenland.* Für kältere Abenteuer empfehlen sich alpine *Schalenbergschuhe* mit warmem Innenschuh und die einfache Silvretta-300-Bindung, andere Skitourenbindungen eignen sich für »Strecke« nicht.

Wem das Wetter nicht paßt, der muß nur fünf Minuten warten

Stürmisch bis elementar

In Grönland oder Baffin Island nach der *Wettervorhersage* des nächsten Tages zu fragen, ist müßig. Hier ändert sich das Wetter oft von Stunde zu Stunde. *Abrupte Temperaturstürze* gibt es, die innerhalb eines Tages 30 °C und mehr betragen können. Der *Wetterwechsel* vollzieht sich oft rasant: innerhalb einer Stunde vom schönsten Sonnenschein mit lauen Temperaturen zum eisigen Schneesturm. Aber auch *wochenlange Schönwetterperioden* sind keine Seltenheit.

Außerdem gibt es Windstärken, die den stärksten Mann umwehen. So ist der *Piteraq* ein in Ostgrönland gefürchtetes Naturphänomen. Er entsteht an der Küste durch das Aufeinanderprallen von winterlich-kalter Eiskappenluft und wärmerer Meeresluft und bildet Orkanböen bis zu 300 km/h! Nicht umsonst sind die Häuser von Ammassalik mit Drahtseilen verankert. Die gleiche Art der Sicherung findet man an den Häusern von Pangnirtung auf Baffin. Auch dieser Ort ist berüchtigt wegen seiner starken Stürme. Der Piteraq kann zu jeder Jahreszeit vorkommen, und eine Vorhersage ist nicht möglich. *Linsenförmige Wolken* sind stets ein Hinweis auf starken Wind in den höher gelegenen Luftschichten und damit eine Vorwarnung auf Sturm. An den Küsten gibt es das Föhn-Phänomen, in Inuktitut *nigeq* genannt. Windstöße mit 50 m/sec wurden gemessen. Auf den Föhn folgen mit großer Wahrscheinlichkeit Niederschläge.

Klima

Das arktische Klima **Grönlands** wird vom enormen Kältereservoir des Inlandeises und dem kalten Ostgrönlandstrom geprägt. Die Bandbreite reicht vom hocharktischen Kontinentalklima in Nordgrönland bis zum subarktischen in Südgrönland. Dank eines Golfstromausläufers sind die Küstengebiete der Diskobucht milder.

Durchschnittstemperaturen (in °C)

Jahreszeit	Ammassalik	Nuuk	Qaqortoq	Iqaluit
Frühling	–6	–8	–7	–6
Sommer	5	5	6	4
Herbst	0	2	3	–1

Arktisches Klima herrscht auch auf *Baffin Island*. Es ist kälter und nässer als in Nuuk, das ungefähr auf der gleichen Breite liegt. Januar, Februar und März sind die kältesten Monate. Der Rekord in Iqaluit lag bei –46 °C. Die tiefste, je in der Arktis gemessene Temperatur war –70 °C! »Weathered in« und »weathered out« gehören auf Baffin zum Alltag. Schlechte Sicht und heftige Winde können der Grund sein, daß Flugzeuge weder starten noch landen können. Mit kleinen Maschinen ist nur Sichtflug möglich.

Niederschläge

Im allgemeinen ist das Klima beider Inseln trocken. Die Arktis ist eine polare Wüste, allerdings eine faszinierende! Die Luft ist sauber und klar – ein Genuß für unsere Großstädter-Lungen. Wenn keine Berge im Wege sind, beträgt die Sicht oft 200 km. Lange wolkenlose Tage ohne jeglichen Niederschlag sind nichts Außergewöhnliches. Der Hauptniederschlag fällt zwischen Mitte Juli und Ende August, kurz nachdem das Meereseis aufgebrochen ist. Die *Trockenheit* führt dazu, daß Temperaturen anders als in Europa empfunden werden. Minus zehn bis minus 15 °C wirken warm, minus 10 °C bei Windstille und Sonnenschein kann als sehr angenehm empfunden werden. Andererseits kann Wind schon bei geringen Minustemperaturen *Frostbeulen* verursachen (Phänomen »Hypothermia« und »Chill-Faktor«, Seite 146 und »Besondere Gefahren«, Seite 238).

Aurora borealis

Im Winterhalbjahr, in den südlichen Teilen Gönlands auch schon ab August, erlebt der Trekker das großartige Naturschauspiel des Nordlichts. Wellenförmig, in Weiß, Gelb, Grün, Rot, gibt das Polarlicht

Für Nordlicht, bei den Völkern des Hohen Nordens auch »Eisiges Feuer« genannt, gibt es eine nüchterne physikalische Erklärung. Diese sagt jedoch nichts über den fantastischen Reiz der »Aurora borealis« aus.

– auf Inuktitut *arsarnerit*, Ballspiel – in ewiger, flüchtiger Bewegung am dunklen, klaren Himmel seine faszinierende Galavorstellung. Einer wehenden Gardine kann es gleichen oder sich strahlenförmig aus einem einzigen Punkt am Himmel ausdehnen. Für die Inuit sind es die Fackeln der Götter, die Verstorbene ins Paradies geleiten.

Für alle Naturvölker im hohen Norden ist das Nordlicht fester Bestandteil ihres Lebens und ihrer Mythologie. Das *»eisige Feuer«* wird durch die elektrische Korpuskularstrahlung der Sonne verursacht, die durch das erdmagnetische Feld eingefangen, in den hohen, stark verdünnten Schichten der Atmosphäre durch Energieabgabe und Ionisierung Leuchtprozesse anregt. Jedem *Nordlicht* entspricht übrigens, mit der Verzögerung vom Bruchteil einer Sekunde, ein *Südlicht* über der Antarktis. Nach eskimoischer Tradition bildet sich das Licht, wenn die Toten am Himmel mit einem Walroßkopf Ball spielen.

Sie haben kostenlosen Eintritt zum Nordlicht auf einer großen himmlischen Leinwand!

Mitternachtssonne und Polarnacht

Mitternachtssonne bedeutet, daß das Gestirn innerhalb einer bestimmten Jahreszeit auch nachts über dem Horizont zu sehen ist. An den Polarkreisen, die den Erscheinungsbereich der Mitternachtssonne in Richtung Äquator begrenzen, ist diese Zeit nur ein Tag, der mit der Sommersonnenwende zusammenfällt. Zu den Polen hin nimmt die Dauer der Erscheinung zu und dauert bis zu einem halben Jahr. In dieser Zeit ist es Tag und Nacht hell. Nachts wirkt die Natur durch das warme, weiche Licht und die langen Schatten der niedrig stehenden Sonne unwirklich, ja beinahe überirdisch schön, und bietet *perfektes Fotolicht*. Um ein Uhr nachts spielen Kinder auf der Straße, und es herrscht reges Leben. Das ist die Arktis!

Der Gegensatz ist die Zeit der *Polarnacht*, dann, wenn es Tag und Nacht dunkel ist. Im Winterhalbjahr steigt die Sonne nördlich des Polarkreises auch während des Tages nicht über den Horizont. Der kürzeste Tag in Iqaluit, wie Ammassalik knapp südlich des Polarkreises gelegen, hat nur drei Stunden zwischen Sonnenauf- und -untergang. In der Diskobucht liegt dann tagsüber nur ein Dämmerlicht über der Landschaft.

Die echte Polarnacht kann man nur im hohen Norden erleben. Die Rückkehr der Sonne nach dem Winterdunkel, d. h. der Tag, an dem die Sonne zum ersten Mal wieder über den Horizont steigt, wird in vielen Orten gefeiert.

Mitternachtssonne

Dieses Phänomen erlebt man beispielsweise in Ilulissat vom 25. Mai bis 25. Juli. Südlich der Diskobucht, in der Nuuk- oder Iqaluit-Region, sinkt die Mitternachtssonne so weit nach unten zum Horizont, daß man sie nur von Berggipfeln sehen kann. Durch die hellen Nächte ist der Trekker nicht mehr vom Tageslicht abhängig. Mitternachtswandern ist nicht nur ein Erlebnis, sondern für die Ausnutzung von Schönwetterperioden bestens geeignet.

Nur auf wenigen in diesem Trekkingführer beschriebenen Touren brauchen Sie eine Waffe. Je weiter Sie jedoch nach Norden vorstoßen oder an den Ostküsten der beiden Inseln unterwegs sind, erhöht sich, wegen der Chance auf Eisbären zu treffen, die Notwendigkeit, eine Gewehr mitzunehmen. Haben Sie einen Inuit als Begleiter, ist dieses Problem gelöst.

Was zu beachten ist!

Expeditionen

In den *Bekanntmachungen über Reisen nach und in Grönland* des Danish Polar Center heißt es: »*Jeder, der nach Grönland einreisen möchte, um Bergbesteigungen oder Gletscherwanderungen, Inlandeispassagen oder andere gleichwertige sportliche Aktivitäten zu unternehmen, soll sich beim Grönland-Ministerium anmelden ... Es kann bestimmt werden, daß einzelne Expeditionen vor Reisebeginn eine Kaution zur Deckung der Ausgaben in Grönland bereitstellen. Hierzu gehören auch die eventuellen Auslagen des dänischen Staates für Hilfsmaßnahmen.*« Alle, die eine Expedition (z. B. Tour 6, Grönlanddurchquerung) unternehmen, müssen das Projekt beim Danish Polar Center anmelden. Dieses kann eine *Search- and Rescue-Versicherung* fordern. Die Versicherungssumme variiert nach Art des Projektes, beläuft sich jedoch erfahrungsgemäß auf 100 000 und 300 000 Kronen. Außer der Grönlanddurchquerung sind alle anderen Touren dieses Führers genehmigungsfrei.

Sportliche Expeditionen in abgelegenen Gebieten können nicht mit schneller Hilfe rechnen. Expeditionen haben im öffentlichen Leben einen niedrigen Stellenwert. Die ansässige Bevölkerung besitzt Priorität, was lebenswichtige Hilfe angeht. Alle Ausgaben bei einer Such- und Rettungsaktion obliegen der Expedition. Das Grönland-Ministerium hat einen *Leitfaden* in Dänisch und Englisch herausgegeben: *Danish Polar Center/Ministeriet for Grönland*, Hausergade 3, DK-1128 Kopenhagen K, Tel. +45 33136825. Eine dänische Firma bietet fachmännischen Rat für Expeditionen in Grönland an: *Arctic Expeditions Adviser*, Gunnar Jensen, Kastanie Alle 5, DK-3520 Farum, Tel. +45 42952202.

Auf *Baffin Island* meldet man jede Tour bei der zuständigen *Parkverwaltung* in Lake Harbour, Iqaluit, Pangnirtung oder Broughton Island an.

Besondere Gefahren

Hypothermia (siehe Tour 7) ist ein besonders in der Arktis gefürchtetes Problem. Nässe, Temperaturen um 0 °C und starker Wind führen sehr schnell zu einer körperlichen und geistigen Erschöpfung, der man nur mit einer ausgezeichneten Kleidung und stabiler Psyche begegnen kann. Atmungsaktive, wind- und wasserdichte Überkleidung gehört zur Grundausstattung eines jeden Trekkers.

Nicht allein die Temperatur ist es, die zu Erfrierungen führt. So wird trockene Kälte angenehmer empfunden als feuchte. Erst das Zusammenwirken von Temperatur und Wind bestimmen das physische Temperaturempfinden des Menschen. Im Fachjargon wird diese Tatsache *Wind-Chill* genannt. Der Körper empfindet z. B. eine Lufttemperatur von minus 10 °C bei einer

kleine Gefahr — mäßige Gefahr

effektive Temperatur [°C] \ Windgeschwindigkeit [km/h]	30	50	70
−10	−27	−32	−35
−20	−53	−60	−65

subjektiv empfundene Temperatur [°C]

große Gefahr — Lebensgefahr

In der hier wiedergegebenen Tabelle ist die subjektiv empfundene Temperatur in °C eingetragen. Am linken Rand ist die effektive (physikalische) Lufttemperatur und am oberen Rand die Windgeschwindigkeit in km/h vermerkt. Große Gefahr besteht bei einer effektiven Temperatur von −20 °C und einer Windgeschwindigkeit von 50 km/h. Hier wird eine subjektive Temperatur von −60 °C empfunden, d. h. die Lufttemperatur wird dreifach so kalt empfunden. ***Quelle: TGSE***

Windgeschwindigkeit von 30 km/h subjektiv als minus 27 °C, bei einer Windgeschwindigkeit von 70 km/h bereits als minus 35 °C. Die Erfrierungsanfälligkeit wird durch den Wind-Chill bestimmt und

Der Chill-Faktor ist ein Gradmesser für die erhöhte Abkühlung durch den Wind. Sturm und Kälte potenzieren sich zu niedrigen Minusgraden. Der Effekt ist in der Arktis bekannt und zu respektieren.

nicht nur durch die physikalische Temperatur. Die Ursache ist, daß durch die stärkere Verdunstung der Hautoberfläche und die raschere Abführung der Körperwärme durch den Wind die Haut schneller auskühlt. Um bei Beispielen zu bleiben: Bei minus 35 °C gefriert Fleisch innerhalb von 20 Sekunden.

Die *Mißweisung* des Kompasses nimmt zu, je weiter man nach Norden vorstößt. Hinzu kommen Variationen in Folge der magnetischen Gesteinsarten. Bei *Paamiut* beträgt die Mißweisung ungefähr 39 Grad West, in der Gegend von *Nuuk* ungefähr 40 Grad. In der Umgebung von *Sisimiut* liegt sie schon bei 49 Grad. Erkundigen Sie sich in jeder Region nach der aktuellen Mißweisung und berücksichtigen Sie diese bei Ihrem Kompaßkurs (siehe Kasten bei Tour 6, Seite 133).

Reisen im Land

Imaqa heißt »vielleicht«

Imaqa steht über jeder Reise auf beiden Inseln. Die Arktis ist ohne Straßen, Busse und Eisenbahnen. Die einzigen *Verbindungen* zwischen den Orten sind Flugzeuge, Helikopter und Schiffe, auch Linienschiffe, die besonders für treibeisgefährdete Gebiete konstruiert sind.

Reisen in Grönland

Für alle *Landreisen*, sei es zu Luft oder zu Wasser gilt: *rechtzeitig reservieren!* Allerdings bietet auch eine Vorausbuchung keine Sicherheit dafür, daß man sein Ziel erreicht; denn die besonderen arktischen Verhältnisse können zu erheblichen Verspätungen und Ausfällen beim Linienverkehr der einzelnen Transportmittel führen. Neu ist, daß *Grönlandsfly*, die Städte und Siedlungen anfliegt, die Kosten für Aufenthalte und Verpflegung übernimmt, wenn wegen der Witterung, technischer Probleme oder aus anderen Gründen Verspätungen oder Ausfälle vorkommen. Diese Neuerung ist zweifellos eine »Verbeugung« vor dem Tourismus; denn eine nicht einkalkulierte Übernachtung in einem Hotel kann ein gehöriges Loch in die Reisekasse reißen. Ein solcher Service existiert auf *Baffin Island* nicht, hier muß man die Mehrkosten selbst tragen.

Flüge kann man beim *Grönlands Rejsebureau* (siehe Kapitel »Wer Ihnen auf Reisen nach Grönland und Baffin Island helfen kann«) in Nuuk oder Ilulissat buchen. Die *KNI-Passagierbüros* in den einzelnen Städten verkaufen ebenfalls Tickets für Flug, Hubschrauber und Schiff. Zugrunde gelegt sind den Tarifen die Preise für Hubschraubertransporte. Sie sind also ziemlich hoch. Der Heli ist das wichtigste Verkehrsmittel.

Per *Schiff* unterwegs zu sein, bedeutet nicht nur Tuchfühlung mit den Einheimischen, sondern auch die Gelegenheit, die Natur, Eisberge, Meeresvögel und -säugetiere zu beobachten. Bei Aufenthalten in den Orten kann man die *besondere Atmosphäre* der grönländischen Siedlungen kennenlernen. Touristen sind meist eine Seltenheit, und es gehört zum Service, daß der fremde Reisende im KNI-Laden aufgespürt wird, um ihm mitzuteilen, daß das Schiff nur noch auf ihn wartet.

Grundsätzlich bestimmen die *Eisverhältnisse* den Fahrplan. Von Dezember bis Mai ist Schiffsverkehr oft nicht möglich. In Südgrönland, wo zwei Schiffe, die »*Taateraaq*« und die »*Aleqa Ittuk*«, die Städte und Siedlungen miteinander verbinden, kann Packeis den Schiffsverkehr behindern. Narsaq, Narsarsuaq und Nan-

Eisberge und aufgebrochenes Packeis treiben an Grönlands Ostküste. Für die Schiffahrt ist das Eis ein ernsthaftes Hindernis. Nur drei Monate im Jahr ist die Versorgung der wenigen Siedlungen per Schiff möglich.

ortalik sind drei Hauptorte in Südgrönland, die im Laufe einer Woche regelmäßig angelaufen werden. Alle zwei Wochen befährt auch die »*MS Disko*« auf ihrer Route zwischen Südgrönland und Upernavik die Gegend. Jede Kommune hat *kleinere Versorgungsboote*, die zehn bis zwölf Personen befördern können. Die Abfahrtszeiten müssen vor Ort erfragt werden, und es gibt Wartelisten, so daß man u. U. nicht immer mitgenommen wird. Es gibt auch die Möglichkeit einen Einheimischen mit Boot zu chartern. Die Preise sind vom Verhandlungsgeschick, dem Wetter und der Laune des Skippers abhängig.

Die »*MS Disko*« verbindet zusammen mit der »*Kununnguaq*« Paamiut, Ilulissat, Narsarsuaq und Upernavik. Ansonsten gibt es in Mittelgrönland hauptsächlich Versorgungsboote, die nur wenige Plätze für Passagiere haben, und diese sind oft von Einheimischen besetzt. Die *Diskobucht* ist per Schiff gut erschlossen. Die vier Hauptorte Aasiat, Qeqertarsuaq, Qasigiannguit und Ilulissat werden von der »*MS Disko*« und »*Kununnguaq*« regelmäßig angesteuert. Auch das Lokalboot »*Tuullik*« ist zwischen diesen Orten regelmäßig unterwegs und bedient *Saqqaq* auf der *Halbinsel Nuussuaq*. Die Routen werden nach geraden und ungeraden Wochen gewechselt. Es ist notwendig, sich vor Ort zu informieren.

In Grönland gibt es *Hotels* der verschiedenen Kategorien. Die meisten sind in den letzten Jahren erbaut worden und haben oft Bad, WC, TV, Telefon, ein Restaurant oder eine Cafeteria. Die Preise sind hoch und sagen oft nicht viel über den Standard aus. Aber es gibt auch sehr gute Hotels (z. B. in Narsarsuaq und Ilulissat), die mitteleuropäischen Standard haben.

Billiger sind *Seemannsheime*, die jedem, der eine einfache Übernachtung sucht, offenstehen und in fast jedem Hafen zu finden sind. Besonderen Luxus kann man hier nicht erwarten, aber sie sind ordentlich, sauber und haben meist eine Cafeteria. *Jugendherberge, Youth Hostel,* ist in Grönland ein weiter Begriff. In den größeren Städten sind sie gut ausgestattet mit Küche, Schlafsälen, Bad, WC und Kiosk. Bettzeug und/oder Schlafsack kann man mieten. In kleineren Orten sind sie primitive Hütten. Ein Höhepunkt ist die Jugendherberge in *Nanortalik*, eine kleine, einfache Hütte in einem alten Fischerhaus am Gammel Havn – urgemütlich! Während der Sommerferien werden auch *Studentenheime* und Schulen zu Herbergen. Auch hier ist man gut und preiswert untergebracht. Speziell in Südgrönland bieten einige *Schafzüchter* privat Unterkunft an. Diese ebenfalls als *Herbergen* bezeichneten Übernachtungsmöglichkeiten haben ihren eigenen Charme, sind aber selten komfortabel.

Hütten, Fangsthuse, sind in Grönland außerhalb der Siedlungen über das ganze Land verteilt und in entlegenen Gebieten oft der einzige Schutz. Sie sind selten verschlossen und werden von den Einheimischen während der Jagd benutzt. Sie sind weder gepflegt noch sauber, bieten aber immer »ein Dach über dem Kopf« – ein in der Wildnis nicht gering zu schätzender

Wer bei Reisen nach Grönland und Baffin Island helfen kann

Angmarlik Interpretive Center, Pangnirtung, Tel. +1 819 473 8737
Arctic Adventure Aps., 30 Reventlowsgade, DK-1651 Kopenhagen V, Tel. +45 33 253221, Fax +45 33 256308
Arktis Reisen Schehle, Bahnhofstraße 13 R, D-87435 Kempten, Tel. +49 831 5215946, Fax +49 831 5215953.
Canadian Parks Service Visitors Center, Pangnirtung, Tel. +1 819 473 8828
DAV Summit Club GmbH, Am Perlacher Forst 186, D-81545 München, Tel. +49 89 6510720, Fax. +49 89 65107272
Grönlands Reijsebureau A/S, POB 330, DK-3900 Nuuk, Tel. +299 24455, Fax +299 23369
Grönlands Reijsebureau, Box 130, DK-1004 Kopenhagen K, Tel. +45 33 130111
DVL-Reijser, Kultorvet 7, DK-1175 Kopenhagen K, Tel. +45 33 132727
Hauser Exkursionen, München, Tel. +49 89 2350060, Fax +49 89 2913714
Joavee Alivaktuk (Outfitter), Pangnirtung, Tel. +1 819 473 8721
Nanortalik Tourist Service, René Nielsen, POB 160, DK-3922 Nanortalik, Tel. +299 33441, Fax +299 33442
North Winds Arctic Adventures, POB 849, Iqaluit NWT, XOA OHO, Canada Tel. +1 819 979 0551, Fax +1 819 979 0573
Reisebüro Norden, Tel. +49 40 3600150, Fax +49 40 366483
Katanillik Territorial Park Reserve, Iqaluit, Tel. +1 819 979 5081, Fax +1 819 979 6026
Unikkaarvik Visitors Centre, Iqaluit, Tel. +1 819 979 4636, Fax +1 819 9791373

Vorteil. Auf den Karten sind sie nur selten verzeichnet. Lassen Sie sich diese Unterkünfte im lokalen Touristenbüro in die Karte eintragen.

Reisen in Baffin Island

Hauptverkehrsmittel ist das Flugzeug. *Air Baffin* (Tel. +1 819 979 2400) bietet regelmäßige Verbindungen von Iqaluit nach Pangnirtung, Cape Dorset und Broughton Island an. *First Air* (Tel. +1 613 839 1247) fliegt von Iqaluit mit Twin Otter oder HS748 in Orte der Baffinregion wie Broughton, Lake Harbour und Pangnirtung. Ist das Wetter schlecht, kann dies zu Verspätungen führen, die manchmal mehrere Tage Wartezeit bedeuten. Chartern eines Flugzeugs ist in Baffin kein Luxus, wenn es darum geht, Gegenden zu erreichen, die keinen regulären Flugverkehr haben. In Iqaluit fliegt z. B. *Air Baffin* mit einmotorigen Maschinen mit Rädern, Ski- oder Wasserkufen. Drei Zweimotorige befördern Passagiere nicht nur in der Baffin-Region, sondern auch nach Quebec und Grönland.

In den meisten Siedlungen auf Baffin gibt es *Unterkünfte* in Hotels oder Pensionen, *Lodges* genannt. Die Bandbreite reicht vom *Sternehotel in Iqaluit* bis zu einfachen Pensionen, die von der Gemeinde betrieben werden. Plant man, in einem Hotel oder einer Pension zu übernachten, sollte man darauf gefaßt sein, hohe Preise für einfache Unterkünfte zu zahlen oder das Zimmer teilen zu müssen. Gemeinschaftsdusche und -WC sind die Regel.

Eine Schiffahrt mit erfahrenen Kapitänen durch das Eismeer, durch die Welt der Eisberge, ist ein beeindruckendes Erlebnis.

Meist ist das Essen als Vollpension im Zimmerpreis enthalten. Wichtig ist, sehr zeitig im voraus zu buchen.

In den Nationalparks gibt es *Hütten* und *Camping Areas*. Sie sind auf den Karten verzeichnet. Erwarten sie einfachste Bedingungen. Ein »Campground« bedeutet meist nur eine Plattform aus Holz, so daß man wenigstens einen trockenen Untergrund für sein Zelt hat. Manchmal sind in unmittelbarer Nähe auch Toilettenhäuschen aufgebaut. Es sind primitive Plumpsklos. Die *Emergency Shelters* sollen nur im Notfall als Unterkunft dienen. Sie sind mit Funk ausgerüstet und haben einen Brennholzvorrat. Grundsätzlich soll in ihrer Nähe gezeltet werden.

Ihre Reise kann von einem *Outfitter* abhängen. Seien Sie auf hohe Preise vorbereitet. Allerdings können das Erleben, aber auch Ihr Leben (!) von dessen Kompetenz und Ausrüstung abhängen. Ein Preisvergleich vor Ort ist empfehlenswert. Pangnirtung hat eine Outfitter-Vereinigung, die Preise für spezifische Treks festgelegt hat.

Kartenmaterial

Ein genaues *Routenprofil* für die einzelnen Touren dieses Trekkingführers zu liefern, ist weder möglich noch erstrebenswert. So wird derjenige von Ihnen, der an genaues Kartenmaterial mit geringerer Äquidistanz der Höhenlinien und großem Detailreichtum gewöhnt ist, vielleicht enttäuscht sein. Er sollte umdenken: Der Trekker in diesen Regionen ist – noch! – oft Pionier. Die Kartensituation paßt dazu. Die Tourenvorschläge in diesem Buch sind eher Anregungen als ein »Kochbuch«, in dem alle Einzelheiten erklärt sind. Für die in diesem Führer angebotenen Trekkingtouren sind Intuition und ein gut ausgebildeter *Orientierungssinn* die besten Begleiter.

Grönland: Die Landkarten lassen sich in drei Gruppen einteilen. Für die erste *grobe Reiseplanung* gibt es Karten im *Maßstab 1:1 000 000* der International Civil Aviation Organization (ICAO). Auf ihnen sind größere Gebirgszüge, Flußläufe und Fjorde erkennbar. Zweitens werden hervorragende Karten im *Maßstab 1:250 000* angeboten, und zwar für die gesamten Küstengebiete Grönlands. Allerdings sind auch diese nicht sehr detailliert, da sie nur Seen, Flüsse und Küstenlinien ab einer bestimmten Größe sowie Gebirgszüge aufzeigen. Und drittens existieren *Wanderkarten* im *Maßstab 1:100 000* für *Südgrönland*, den *Nuuk Fjord* und das Gebiet zwischen *Kangerlussuaq* und *Sisimiut*. Obwohl nicht genauer, sind sie benutzerfreundlicher, weil sie kontrastreicher sind. Bemerkenswert ist, daß die *Meridiane für den magnetischen Nordpol eingezeichnet* sind. Jeder, der sich mit der Mißweisung schon einmal herumgeschlagen hat, wird dies als großen Vorteil empfinden. Man braucht die Mißweisung dann nicht von den geografischen Meridianen ableiten. Für Kanutouren empfehlen sich zusätzlich *Seekarten*. Bei der Reiseplanung, speziell für Treks in einem unbekannten Gebiet, sind Luftaufnahmen zu empfehlen.

Baffin Island: Wer auf die Insel reist, muß sich mit den Maßstäben 1:1 000 000 und 1:250 000 begnügen.

In Deutschland kann man Karten und Seehandbücher bestellen bei:

Geografische Buchhandlung,
Rosental 6, D-80331 München,
Tel. +49 89 265030,
Fax +49 89 263713

NORDIS Reiseführerverlag GmbH,
Postfach 100343,
D-40767 Monheim,
Tel. +49 2173 953712,
Fax +49 2173 54278

ILH–Internationales Landkartenhaus, GeoCenter GmbH,
Postfach 800330,
D-70565 Stuttgart,
Tel. +49 711 78893 40,
Fax +49 711 78893 54

Arktis Verlag Schehle,
Bahnhofstraße 13–15,
D-87435 Kempten,
Tel. +49 831 5215946,
Fax +49 831 5915953

Bibliographie

»Muß«-Literatur für den Trekker

Kalaallit Nunaat Atlas Greenland ist ein hervorragendes und beispielhaftes Übersichtswerk über Grönland in Englisch, Dänisch und Inuktitut. Es ist mit sehr gutem Kartenmaterial ausgestattet und bietet eine Fülle von Informationen: Naturbedingungen, Wetter, Klima, reichhaltiges statistisches Material. Jede Region ist einzeln beschrieben. Bezugsadresse: Atuagkat Boghandel, POB 1009, DK-3900 Nuuk, Grönland, Fax +299 23378.
The Baffin Handbook: Travelling in Canada's Eastern Arctic, das »kleine« Pendant, ist zu bestellen *bei Baffin Handbook,* POB 8, Iqaluit NWT, XOA OHO, Canada. Das Paperback bietet eine Fülle an Informationen für Trekker, die des Englischen mächtig sind.

Barüske, Heinz: Grönland – größte Insel der Erde, Reise zum grünen Eisland zwischen den Machtblöcken der Welt, Berlin 1968

Barüske, Heinz: Grönland, Kultur und Landschaft am Polarkreis, DuMont-Landschaftsführer, Köln

Egede, Hans: Die Heiden im Eis, Als Forscher und Missionar in Grönland 1721–1736, Stuttgart 1986

Gallei, Konrad/Thorer, Axel: Ost-Grönland, Kajakreise in das Land der Menschen, Karlsruhe 1987

Handbuch des Nordwest-Atlantischen Ozeans: Island, Grönland, Kanada, Deutsches Hydrografisches Institut, Hamburg

Krug, Michael: Quer durch Grönland, Haina 1991

Ludwig, Alfred: Grönland, Reiseführer mit Landeskunde, Mai's Weltführer Nr. 35

Memminger, Hans: Die Arktis im Kajak, Von Grönland nach Kanada 2400 km durch das Eismeer, Rosenheim (ca. 1989)

Mirsky, Jeanette: Die Erforschung der Arktis, Zürich 1953

Nansen, Fridtjof: Auf Schneeschuhen durch Grönland, Hamburg 1891 (auch verschiedene moderne Nachdrucke)

Pörtner, Rudolf: Die Wikinger-Saga, Düsseldorf 1971

Vogeley, Michael: nunatak – Meine Abenteuer und Grenzerlebnisse im hohen Norden, München 1992

Wally, Herbert: Jäger des hohen Nordens, Die Eskimos, Amsterdam 1981

Weiss, Walter: Arktis, Wien und München 1975

Wilts, Heide: Wo Berge segeln, Mit der »Freydis« in die Arktis, Bielefeld 1988

Ydegaard, Torbjörn: Wandern in Grönland, Essen 1990

Allgemein zum Trekking:

Baumann, Bruno/Siller, Toni: Trekking – Ratgeber für unterwegs, München 1992

Asujutidli – Wie geht's? Inuktitut, die Sprache der Inuit

Insgesamt existieren sechs eigenständige Eskimo-Sprachen. Das Grönländische gehört zum *Inupiaq Inuktituk*, das auch in Kanada, Nord- und Nordwest-Alaska gesprochen wird. Charakterisiert wird die Sprache als polysynthetisch und inkorporierend. Alles klar? *Inkorporierend* will sagen: Inuktitut ist eine lebendige Sprache, die flexibel ist im Aufnehmen neuer Begriffe. Dadurch können technische oder kulturelle Neuerungen, die das Leben verändern, sprachlich zum Ausdruck gebracht werden. *Polysynthetisch* beschreibt die Art, wie dies passiert, nämlich durch das Zusammenketten einer Reihe von Begriffen zu einem einzigen Wort. Zweifellos ist die Sprache für uns verwirrend. Es gibt keine Artikel, Adjektive, Präpositionen und Konjugationen. Im wesentlichen besteht sie aus Substantiv und Verb. Es gibt sogar eine eigene Schrift. Glücklicherweise werden beim Schreiben aber auch lateinische Buchstaben benutzt, so daß die Worte für uns lesbar werden.

Heute ist es für die Inuit eine spannende Aufgabe, nicht nur ihre eigenständige Sprache zu erhalten, sondern durch diese ihre alten Sagen und Legenden, ihre Lieder und Gedichte und alles, was in der Vergangenheit die eskimoische Kultur bestimmte, zu bewahren. Die meisten Ortsnamen haben eine Bedeutung, die den Ort beschreiben: *Kulusuk* bedeutet »Flügelbeuge des Vogels«, *Sermilik* steht für Gletscherfjord, *Tunu* für Rückseite und *Nuuk* bedeutet Landspitze.

Bis Mitte des 18. Jahrhunderts war Inuktitut eine Sprache der Natur und des täglichen Inuit-Lebens. Als die Walfänger ins Land kamen, brachten sie neue Dinge mit, die auch das Leben der Inuit veränderten. Worte wie Tee, Zucker, Papier wurden zu *ti, sukaq, paipaq*. Die Moderne brachte Begriffe wie Radio *(naalaut,* »von dem man etwas hört«) oder Flugzeug *(qangatajuq,* »ein Ding, das fliegen kann«). Inuktitut ist lebendig und in steter Veränderung begriffen. Die Sprache bleibt in Entwicklung und adaptiert neue Begriffe: Computer *(qaritaujaq;* »wie ein Gehirn«), Fax (*sukatunik titiraut*; »schneller Brief«) und HIV *(anamaijautiqarunituq,*

Tungngasugit inuit nunanganuut!
Herzlich willkommen im Land der Inuit! heißt dieser Zungenbrecher.
Hier einige weitere Inuktitut-Kostproben.

Inuktitut uqariurumavunga	–	ich möchte Inuktitut sprechen lernen
uvanga Ingrid	–	ich heiße (ich bin) Ingrid
namipunga?	–	wo bin ich?
kinauvit?	–	wie heißt du?
ajunngilat	–	ich bin glücklich
uiga	–	mein Mann
qitungaka	–	meine Kinder
nuliara	–	meine Frau
Ilaka	–	meine Familie, meine Verwandten
ulumisilaasiaq	–	ist heute gutes Wetter?
ijunaqtuq	–	es macht Spaß!
Illali	–	bitte!
tavanvutit	–	auf Wiedersehen!
nakurami	–	danke!

»Es gibt nicht länger gute Verteidiger im Körper gegen schlechte Infektionen«). Mit dem Überleben des Inuktitut, das erst 1967 in Grönland neben dem Dänischen als Amts- und Unterrichtssprache zugelassen wurde, ist der Fortbestand der eskimoischen Kultur und die Wiederbelebung verlorengegangener Traditionen gesichert. Die Identitätsfindung der Menschen in der Arktis wird unterstützt.

Die Inuit aller Polargebiete auf drei Kontinenten verstehen einander. Dialekte und Akzente variieren von Region zu Region, aber Inuktitut ist eine einzige Sprache.

»Asujutidli!« Das Wort wird zur Begrüßung benutzt. Etwa: »Hallo! Wie geht's!« Tatsächlich war es so, daß die Inuit sich nicht mit Worten, sondern mit einem warmen Lächeln und einem festen Händedruck begrüßten. Daher ist *asujutidli* unübersetzbar. Die direkte Übersetzung wäre etwa: »Bist du es?« oder »Das bist sicher du!«

Probleme mit der Nomenklatur

Die Schreibweise der Namen der Arktis ist, vor allem in Grönland, problematisch. Ein Beispiel von vielen: Die Hauptstadt Grönlands heißt Godthab oder auch Godthåb; auch Nûk; oder Nuuk. Der Fjord nahe der Stadt wird auf diversen Karten Godthåbsfjord genannt, auch Nuuk Fjord, gelegentlich auch mit Bindestrich geschrieben (Nuuk-Fjord), aber auch Nûp Kangerdlua oder Nuuk Kangerdlua.
Solche Beispiele gibt es zahlreiche. Soweit wie möglich stützt sich die Schreibweise der Namen in diesem Buch auf das Kartenmaterial des »Kalaallit Nunaat Atlas Greenland« (siehe Seite 245). Gleichzeitig werden aber auch historisch wichtige Namen weiterverwendet. Wir recherchierten mit Akribie!
Auf Baffin Island ist die Situation nicht ganz so dramatisch. Aber auch hier gibt es für viele Orte mindestens zwei Namen. Beispiel: Iqaluit oder Frobisher Bay …
Dazu kommt die komplizierte Schreibweise der Namen und Begriffe des Inuktitut und deren schwere Aussprache.
Autoren, Lektorat und Zeichner der Kartenskizzen bitten die Leser um Verständnis, wenn unterschiedliche oder »fehlerhafte« Schreibweisen verwendet wurden, oder wenn die in diesem Buch verwendete Namengebung nicht immer mit der in anderen Veröffentlichungen verwendeten Schreibweise übereinstimmt. Wir bitten um Nachsicht und sind für entsprechende Hinweise dankbar.

Fridtjof Nansen, der erste Grönlanddurchquerer (1888) hat das Inlandeis zeitlos exakt beschrieben: »Wie ein weißer, diamantbesäter Teppich, fein und weich wie Daunen, breitet sich die Schneefläche in schwachen fast unsichtbaren Wellen aus.«

Register

Die geradestehenden Ziffern verweisen auf Textstellen, die **fetten** auf die ausführlichere und unter mehreren Erwähnungen und die *kursiven* Ziffern auf Stichworte in Bildlegenden

DIE WELT
UND
SICH SELBST
ERLEBEN
AUF ÜBER 200
TREKKINGROUTEN
WELTWEIT
Hauser
Exkursionen
international GmbH
Marienstr. 17 80331 München
Tel. 089/235006-0 Fax 089/ 2913714

„The Spirit of the North"

Stille und Weite – Einsamkeit und Reinheit.
Mitternachtssonne und Polarlicht.
Mystischer Zauber des Nordens!

Wer ihn erlebt hat, den läßt er nie mehr los.

Nach Forschern und Entdeckern zieht es heute viele Menschen in die Regionen des Nordens. In Grenzbereiche wagen – Entdecktes neu entdecken – unvergeßliche Stunden im rauhen Atem der Natur. Vom arktischen Eis bis zu den Wüsten, wo Grenzbereiche begangen werden, ist BIG PACK mit dabei.

In vier Sommern durchquerte Hans Memminger mit seinem Team 4000 Kilometer Eismeer und bewältigte erstmals mit Kajak und bloßer Muskelkraft den gefürchtetsten Eisteil der Nordwest-Passage.

Bruno Baumann schaffte in einzigartiger Weise die Durchquerung der Wüsten Gobi und Takla-Makan. Meisterleistungen an Willen und Ausdauer, aber auch ein Beweis für den hohen Qualitätsstandard der Ausrüstung. „An sie stelle ich höchste Ansprüche", sagt Hans Memminger.

„Daß sie funktionell ist, ist Grundbedingung. Aber sie soll auch leicht sein und so variabel, daß ich mich damit den unterschiedlichen klimatischen Bedingungen meiner Reisegegend anpassen kann. Das ist letztlich nur möglich, wenn die Kleidung aus mehreren dünnen Lagen besteht.

BIG PACK hat das mit seinem 5-Lagen Climate Clothing System optimal gelöst. Wobei ich besonders darauf achte, daß die Unterwäsche weder im Schritt noch unter dem Arm scheuert und daß ich trotz des guten Feuchtigkeitstransports der TREVIRA-Mikrofaser ein naßgeschwitztes Hemd schnell wechseln kann.

Ich persönlich ziehe es vor, mich für den aktiven Teil eines Unternehmens lieber leichter anzuziehen. Für Pausen und Ruhephasen habe ich aber immer Windbreaker und Daunenjacke griffbereit.

Um Tage und Wochen optimale Leistung zu erbringen, ist guter Schlaf Voraussetzung. Das heißt, Schlafsack und Unterlage grundsätzlich für Komfortbereich auswählen. Nicht nur die Länge eines Schlafsackes muß den Körpermaßen entsprechen, sondern ebenso die Breite.

Ein Schlafsack unter 85 Zentimeter wird nur sehr schmalen Personen Freude bereiten, Qualitätsdaune ist weit weniger feuchtigkeitsempfindlich als üblicherweise angenommen, schließlich stammt sie ja von Wasservögeln.

In den vielen Monaten im Eismeer gab uns der Daunen-Schlafsack nie Anlaß zur Beschwerde, obwohl wir häufig die naßgeschwitzte Kleidung darin trockneten. Ein Schlafsack mit Baumwoll-Innenseite ist für Anwendungen dieser Art allerdings nicht empfehlenswert. Sie trocknet nur schwer, ist kalt und bringt unnötiges Gewicht.

Lang wäre die Liste der Ausrüstungsempfehlungen: Zelt, Kocher, Rucksack – für Extremunternehmungen ist nur das Beste gut genug, auch wenn es seinen Preis hat. Letzten Endes kommt ein hochreißfestes Zelt weit billiger als ein Unternehmen, das wegen eines zerfetzten Zeltes abgebrochen werden muß.

Eines möchte ich jedem empfehlen: sich mit jedem Teil der Ausrüstung vor Antritt einer Reise vertraut zu machen und wenn irgend möglich, alles unter ähnlichen wie den zu erwartenden Bedingungen zu testen. Und zu wissen, daß die optimale Ausrüstung nur eine, wenn auch wichtige Seite eines Unternehmens sein kann.

Die andere Seite ist unsere physische und psychische Kraft und die Fähigkeit, mit den Gesetzen der Natur in Einklang zu stehen."

SALOMON TREKKING

Überzeugende Schuhkonzepte für jede Zielgruppe

»Für jeden Anspruch den richtigen Schuh« – so lautet die Devise bei SALOMON. Deshalb hat SALOMON für die unterschiedlichen Motivationen und Anforderungen der Wanderer und Outdoor-Freaks die passenden Schuhlinien für unterschiedlichste Freizeitaktivitäten auf den Markt gebracht. Innerhalb jeder Schuhlinie werden technische und attraktive Modelle speziell für Frauen angeboten, die der weiblichen Fußanatomie entsprechen.

Die Linie **Super Mountain für den alpinen Leistungsbereich** in Eis, Schnee und Fels. Durch den innovativen Aufbau aus Kunststoff und Leder und die interne, individuelle Anpassung ist unvergleichliche Vielseitigkeit im Alpinismusbereich garantiert.

Die Linie **Adventure für ambitionierte Bergsteiger** und Wanderer, die technische Innovation suchen. Die Modelle sind technisch hochwertig, leicht innovativ im Design und bieten außergewöhnliche Griffigkeit und Paßform.

Die Linie **Authentic für die traditionellen Bergwanderer**, die einen klassischen Bergschuh bevorzugen. Die Schuhe sind aus Volleder, sehr widerstandsfähig, bequem und zeichnen sich durch ausgezeichnete Griffigkeit aus.

Die Linie **Discovery für die Freizeitwanderer**, denen der Komfort und die Funktionalität eines modischen Trekkingschuhs wichtig ist. Die Modelle sind sehr leicht, feuchtigkeitsbeständig (die meisten Modelle sind mit einer Gore-Tex-Membran) und haben eine extrem griffige Sohle.

Die Linie **X-Hiking: Die neue Schuhgeneration für sportliche Outdoor-Freaks**, die auf einen trendigen, aber auch funktionalen Schuh für unterschiedlichste Freizeitaktivitäten setzen. Die X-Hiking Schuhe sind sehr leicht, modisch und bieten optimalen Fußhalt und eine sehr griffige Contagrip-Sohle.

Contagrip und Sensifit – innovative und technische Funktionen

- **Die Contagrip-Sohle:** Griffigkeit in feuchtrutschigem Gelände ist für jeden Wanderer extrem wichtig. Speziell dafür hat SALOMON die Contagrip-Sohle entwickelt. Sie ist das Ergebnis der Zusammenarbeit mit einem in der Entwicklung für Formel-1-Reifen spezialisierten Labor und besteht aus 100 Prozent Kautschuk. Die Contagrip-Sohlen sind außergewöhnlich haftfähig und abriebfest. Die erste Trekkingsohle, die von der schweizerischen Beratungsstelle für Unfallverhütung (bfu) wegen ihrer außergewöhnlichen Griffigkeit empfohlen wird.

Alle SALOMON Produktlinien sind mit der Contagrip-Sohle ausgestattet, je nach Funktion unterscheiden sich Sohlenaufbau und Stollenprofil.

- Die **Sensifit-Paßformregulierung:** Für richtigen Fußhalt und Tragekomfort sorgt Sensifit, das von SALOMON entwickelte Konzept zur internen und externen Paßformregulierung.

Die **interne Paßformregulierung** besteht aus einem weichen und luftdurchlässigen Netz an der Innenseite des Schuhs, das dem Fuß optimalen Halt gibt und schmerzhaftes Reiben oder drückende Zehen verhindert.

Die **externe Paßformregulierung Sensifit** (bei X-Hiking Modellen). Die flexible Bandagenschnürung umhüllt den Rist vollständig, wodurch der Fuß fest im Schuh gehalten wird. Der externe, vom Schaft unabhängige Adapter ermöglicht ein Schnüren mit homogener Druckverteilung.

Hauser Exkursionen international

Der Spezialveranstalter Hauser Exkursionen aus München bietet weltweit über 200 verschiedene Trekkingreisen in die schönsten Regionen an.

In Ostgrönland arbeitet Hauser mit dem Grönlandexperten Robert Peroni zusammen. Seit 14 Jahren lebt Peroni einen Teil des Jahres in Grönland, wo er sich selbstlos für Mensch und Natur einsetzt. Folgende Reisen hat er in Zusammenarbeit mit den Bewohnern vor Ort für Sie ausgearbeitet, die meisten davon leitet er auch selbst:

„Pulverschnee über dem Polarmeer"
Ein festes Quartier in Ammassalik dient als Ausgangspunkt für die Skitouren.
16 Tage, ab DM 3880,–

„Hundeschlittentrail"
9tägige Expedition mit Hundeschlitten über Gletscher und Packeis rund um die Insel Ammassalik im Schein der Frühlingssonne, ab DM 3880,–

„Im Reich der gläsernen Berge"
Skitour im Expeditionsstil, bei welcher jeder seinen Schlitten mit dem Gepäck selbst zieht. Sie übernachten in Zelten und erleben den Winter in den kleinen Siedlungen entlang der Küste.
16 Tage, ab DM 3480,–

„Rausch der Arktis"
16tägige Wanderreise im Sommer, ab DM 3880,–

„Zum Einhorn der Meere"
Einmal im Jahr, wenn der Eisstrom vom Polarbecken schwächer wird, zieht es die Jäger der Region Ammassalik nach Norden. Sie dürfen sie in ihren offenen Kleinbooten auf der Suche nach alten Routen Richtung Norden begleiten. 16 Tage, ab DM 3880,–

„Im Zauber des Polarlichtes"
Wanderungen und Bootsfahrten rund um Ammassalik. 12 Tage, ab DM 3880,–

Detaillierte Programme und persönliche Beratung erhalten Sie beim Veranstalter: HAUSER EXKURSIONEN international, München, Telefon 0 89/2 35 00 60, Fax 0 89/2 91 37 14.